住田正樹

子ども社会学の現在

いじめ・問題行動・育児不安の構造

九州大学出版会

子ども社会学の現在――いじめ・問題行動・育児不安の構造／目次

第Ⅲ部　母親の育児不安と育児サークル

第Ⅳ部　子ども社会学の現在

子ども社会学の現在——いじめ・問題行動・育児不安の構造——

第Ⅰ部 子どもの発達と居場所

第1章 子どもの居場所と子どもの発達

1 子どもの「居場所」問題の社会的背景

近年、子どもの問題を語る際に「居場所」という言葉が使われるようになってきた。「居場所」というのは、本来は、文字通り人の居所、人がいるところという一定の物理的空間を意味する。しかし近年の使われ方は、それに安心とか安らぎとかくつろぎ、あるいは他者の受容とか承認という意味合いが付与されて、自分のありのままを受け入れてくれるところ、居心地の良いところ、心が落ち着けるところ、そこに居るとホッと安心して居られるところというような意味に用いられるようになってきた。

「居場所」がこのような意味に使われるようになった背景には、子どもの場合、不登校の問題がある。これまでは子どもにとって学校は生活の中心的な場であり、あるいは中心的な場であるべきであり、子どもが学校に通い、勉学に勤しむのは当然だとされてきた。ところが近年になって、学校での生活の厳格さ、窮屈さ、息苦しさ、また人間関係の煩わしさから学校を拒否して学校に行かない、あるいは学校に行けないという不登校の児童・生徒が急激に増えてきた。(1) だが、学校は子どもの生活の中心であって、学校は子どもに関わるすべての問題の解決機関だという学校信仰あるいは学校偏重とでも言うべき、いわば学校価値が広く社会の隅々にまで浸透していたから、不登校の児童・生徒は周囲から理解されず、怠け者とか脱落者とか問題児であるかのように扱われ、また不登校児童・生徒自身も、そうした学校的文脈のなかにあって学校に行けない自分自身に対してとうてい肯定感を抱くことはできず、劣等感や不安感、焦燥感を抱いて自己を否定的に評価せざるを得なかった。家庭でさえ学校価値が深く浸透し、学校的文脈のなかに巻き込まれていたから、彼らにとっては、学校内においても学校外においても安心して居心地よく居られるような場所はなかったのである。

そこで不登校の子どもたちが、学校価値に囚われることなく、安心して居心地よく居られるような場所、自由に活動できるような場所、つまり不登校の子どもたちの「居場所」を設けようという親の運動が起こってきたのである。その先駆けになったのが一九八五（昭和六〇）年に開設された「東京シューレ」であった[2]（東京シューレ編 二〇〇〇：六二）。東京シューレは不登校児の親をメンバーとする「登校拒否を考える会」（一九八三年設立）が不登校児童・生徒を対象に「学校外の学びの場所を作り出し、子どもが自由に通ってくる居場所」（奥地 一九九二：四九）として東京都北区に開設されたものである。だが、不登校児童・生徒が安心して通ってくることができるためには、まず親たちが学校的文脈から脱却して学校価値を放棄し、不登校を事実として認め、それを肯定するような価値に転換しなければならない。「登校拒否を考える会」は、親たちの、そうした価値転換への取り組みの場であった。だが、反面、それは子どもの不登校に悩んでいる親同士の相互理解と共感の場でもあった。その意味では「登校拒否を考える会」は親たちにとってはまさに自分たちの「居場所」でもあったわけである。

しかし、この「東京シューレ」が設立されてから子どもの「居場所」という使われ方が広く浸透してきたから、これが子どもの「居場所」の原型だと言ってよい[3]。だから子どもの「居場所」の神髄は、学校的文脈を離れたところにあって、学校価値に否定的あるいは対立的な意味合いが含まれていたのである。

こうした「居場所」の意味や使われ方は、子どもの問題に関してばかりではない。近年は、夫の居場所、妻の居場所あるいは働く女性の居場所とか高齢者の居場所、また居場所探しという使われ方もされている。[4] 現代の人々が「居場所」を求めるようになったのは、人々の日常的な人間関係が希薄化してきたという背景があるだろう。現代の人々は日常生活のなかでの人間関係が希薄なために自己に共感してくれるような、自己に同情ある理解を示してくれるような他者を持てず、したがって他者を通して自己を再確認することができないために自己肯定感、自己存在感あるいは安定感や安心感を実感することができないのである。だから自己を再確認させてくれるような、そして自己肯定感や自己存在感を感じさせ、安定感や安心感といった感覚を実感させてくれるような「居場所」を求めているのである。

2　子どもの「居場所」の形成条件

では、子どもの「居場所」はどのような条件によって成立するのだろうか。そこで自己を確認し、自己肯定感や安心感を感じて安らぎを覚え、ホッと安心して居られるという「居場所」の条件である。

こうした「居場所」の条件には主観的条件と客観的条件という二つの条件がある。

主観的条件というのは、子ども自身がその場所を自分の「居場所」として実感し、その場所に自分の「居場所」としての意味を付与するという主観性のことである。「居場所」は、そこに居ると子ども自身が安心とか安らぎとかくつろぎを感じ、またありのままの自分をそこに居る他者が受け入れてくれると確信できるようなところであるから、まず何よりも子ども自身がホッと安心できる、心が落ち着ける、くつろげる、そこに居る他者から受容されているという実感を持ち、そのような意味をその場所に付与することができなければならない。物理的な場所のいかんにかかわらず、子ども自身が「居場所」としての意味をその場所に付与することができるということが、ここで言う主観的条件である。だから子ども自身が抱く実感や意味によって同一の場所であっても「居場所」となったりならなかったりする。「居場所」は個々の子どもの主観性によってそれぞれに形成されるのである。だから子ども自身の主観性が第一の条件なのである。

次に客観的条件であるが、これには関係性と空間性という二つの条件がある。

「居場所」は、子ども自身がホッと安心できる、心が落ち着ける、そこに居る他者から受容されていると実感できるような場所であるから、当の子どものありのままを、そこにいる他者が受け入れ、その子どもに共感的な、同情的な理解を示しているという関係がそこになければならない。安心、安らぎ、くつろぎ、そして自己確認、自己肯定感や安定感といった感覚は他者との関係のなかでこそ実感できるものなのだ。安心、安らぎ、くつろぎといった個人的だと思われるような感覚であっても、それは他者による受容や承認、肯定的評価があってこそ実感できるのである。人間は誰でも自分自身についての概念、すなわち自己概念（self-concept）を持っている。だが、自分の抱く自己概念を受容し、承認し、確認してくれるような他者がいなかったならば、子どもは自己に確信を持つことができず、不安な、不安定な、そして孤独な状態に陥ることになるだろう。そうした場合、子どもは自己の内で自己の確認を繰り返し行いながら自己を安定化させようとする。しかし自己の内で繰り返し自己を確認したとしても、それは他者に肯定されるという確証に乏しいから、子どもは自己に不安を感じざるを得ないのである。自己の安定と安心のためには他者による承認とそれを通しての自己の再確認が必要なのである。端的に、他者の受容・拒否あるいは肯定・否定といった評価や反応が自己の安定感や安心感、居心地のよさを左右するのである。とくに子どもの場合は、未だ自立した生活能力を持たない保護依存的な存在であるから、子どもが依存しなければならない他者、すなわち「重要な他者」（significant others）——とくに両親、さらに仲間や教師、近隣の大人など子どもが日常的に接触する人々をも含む——の評価は重要である。

こういうわけで自己を承認し、再確認させてくれるような他者との関係がなければ、子どもは自己肯定感や安定感、安心感を実感することはできず、居心地のよさやくつろぎを感じることはできない。子どもが自己を再確認できるというのは、具体的に言えば、子どもがありのままの自分自身を示しても、つまり自由に思うがままに振る舞っても、他者から決して無視されたり否定されたりすることはなく、また取り残されるという不安もなく、その、ありのままの自分が受容され肯定されているのだという、他者に対する信頼感や安心感を抱くことができ、自己を肯定的に評価することができるということである。そしてそうした、他者に対する信頼感や安心感は、その他者が子どもに対して示している共感的な理解や同情的な態度によって形成される。他者が子どもに共感的な、あるいは同情的な理解や態度を示せば、子どもは他者の、そうした態度を通して、その他者に対して信頼感や安心感を覚え、その他者との関係性のなかに安心とか安らぎ、くつろぎといった居心地の良さという感覚的な意味を付与することができるのである（主観性）。

したがって子どもの「居場所」というからには、子どもと、そうした共感的な、同情的な理解や態度を示す他者との関係がそこになければならない。だからそこでは子どもに対して命令し、禁止し、管理し、指示し、期待するといったような要求的な、あるいは強制的な行動は否定されるのである。子どもがそれぞれに自分の意志にしたがって自由に振る舞っても、そうした行動を他者が共感的に、同情的に理解し、受容し、承認してくれているのだと子どもが判断し解釈できるような他者との関係がそこになければならない。と同時にその関係は、一時的ではなく、継続的で、安定的でなければならない。そうでないと子どもは落ち着いて他者との関係性のなかに入っていくことはできない。先の、不登校の子どもたちの「居場所」としての「東京シューレ」は、まさにそうした関係性が形成されている場所なのである[5]。

こうした安定的な他者との関係性のあり方が子どもにとっての「居場所」の条件になる。そして他者との関係性のあり方こそが子どもの主観的条件を大きく規定するわけである。だから他者との関係性は子どもの「居場所」の最も重要な要因だと言ってよい。

客観的条件の、もう一つは空間性である。「居場所」を規定する第一の条件が、そこにおいて形成される安定的な他者との共感的関係であるとしても、その実際の関係は一定の物理的空間において営まれる。ここにおいて、人の居所、人が居るところという居場所の本来の意味が表れてくる。だから、そうした安定的な他者との関係が構成されている一定の物理的空間が居場所となるのである。しかしその他者との関係性とその物理的空間とは意味的に連関していなければならない。つまり関係性は空間性と意味的に結びつけられ、一体的に組み合わされて「居場所」となるのである。子どもは、安定的な他者との関係性を通して確認できる自己肯定感、安心感、居心地のよさ、安らぎといった感覚的意味を、その関係が現に営まれている、あるいは営まれていた、まさにその空間に付与して、関係性と空間性を一体として組み合わせて捉えているのである。それが「居場所」なのだ。だから「居場所」は、主観的に意味づけられた［関係性―空間性］という一体化された形で捉えられる。居場所が、冒頭で述べたように、そこに居るとホッと安心して居られるところ、自分のありのままを受け入れてくれるところ、居心地の良いところ、心が落ち着けるところというのは、そのような感覚をもたらす関係性と空間性とが一体的に結びつけられ、組み合わされて捉えられていることを意味する。

こういうわけで、子どもの「居場所」は、子どもが自分自身で解釈し、実感した自己肯定感、安心感、居心地のよさ、安らぎといった感覚的意味（主観的条件）を［関係性―空間性］という形で一体化された一組の客観的条件に付与することによって形成されるものなのである。

3 子どもの「居場所」と子どもの発達

(1) 子どもの「居場所」と子どもの発達

子どもが安心とか安らぎ、くつろぎといった居心地の良さ、そして安定感や安心感を実感することができるのは、前述のように、子どもがありのままの自分自身を示しても、その、ありのままの自分が受容され、承認され、肯定されているのだという、他者に対する信頼感や安心感を抱くことができるからである。それは子どもがすでに持っている自己概念に共感的な、あるいは同情的な理解や態度を示し、自己概念を再確認させてくれるような他者との関係が、そこに形成されているということである。

人間の自己概念は、他者の期待や態度、評価や反応に基づいて構成されている。だから他者から肯定的に、あるいは好意的に評価されれば、その人間はその評価をそのままに受容して自己概念を安定化させ、またその評価を自己の内に統合して、その評価の方向に自己概念を発展させていく。だから多様な他者に肯定的に評価されるほどに自己概念は安定化するのである。多くの他者に受容され、承認され、肯定されているのだという確証が自己に自信と安定をもたらすのである。言うなれば多様な「居場所」を持つほどに自己は強く確認されて安定化し、自尊的な自己を形成していくわけである。とくに子どもの場合にはまだ独立性に乏しいから他者の意図を忖度することができず、ために他者の直接的な評価をそのままに受容して自己概念の内に取り入れていく。

だが、他者の評価が、子どもが抱いている自己概念を毀損したり制約したり、あるいは敵対するといったように否定的であるならば、子どもの自己概念はその基盤を失って不安定となり、子どもは不安な、そして孤独な状態に陥ることになる。そうなれば子どもは、緊張感や不安感を感じ、疎外感や敵対感を覚え、そうした他者との否定的関係を忌避するようになる。あるいは子どもはそれまでに形成してきた自己の立場からそうした否定的評価を修正したり、屈折させたり、あるいは無視したり、拒否をして自己を安定化させようとする。しかし子どもの場合は、自立的な大人とは異なり、他者の評価を修正したり、無視したり、拒絶するほどの力はない。したがって他者の評価が否定的なものであったとしても、子どもはそれに抗することはできず、その否定的評価の視点から自己を規定し、自己概念を歪な形に矮小化したり、歪曲化させてしまうこともある。とくにその他者が大人であれば、その、権威を伴った優越的な立場からの評価を子どもは無条件に受け入れてしまうことになる。そして周囲からの否定的評価が継続するようであれば、子どもの自己概念は不安定な状況のままに置かれ、ために孤独と不安の源泉となって、ときには自己概念の安定化のためにことさらに自己をその否定的な方向に形成し、助長していくことにもなるだろう（反動形成による逸脱行動）。

また他者との関係が否定的であれば、そうした他者との関係性を一切排除して、子どもは閉塞的な狭い殻の「居場所」に閉じ籠もってしまうことになる。そうなれば子どもの自己概念は自分だけの閉ざされた狭い自己概念からしか引き継がれず、それを自己の内で繰り返しつつ自己を確認していく以外にないから子どもの自己概念は、何ら修正されることもなく、その狭いままに継続していくことになる。そうなれば当然のことながら外の広い社会に適応できなくなる。自らを護るために閉塞的な狭い世界に閉じ籠もってしまうのである。これが近年増加している「引きこもり」である。(6)

こうして子どもは、自己を再確認させてくれるような他者とか、自己に共感的・同情的な理解や態度を示して肯定的に評価してくれるような他者を意識的、無意識的に選択しようとするのである。とりわけ「重要な他者」の評価は重要であって、「重要な他者」の評価こそが子どもの自己概念の中核となり、自己概念の形成と維持に影響する。しかも子どもは、まだ自立的でないために、ときに「重要な他者」の評価を――それが肯定的評価であろうと否定的評価であろうと――拡大して解釈し、自己概念の形成に反映させることもある。

こうした他者との関係性を通しての子どもの感受性のいかん（主観的条件）が「居場所」を決定するのである。同じ物理的空間であっても、そこにおける他者との関係性によって子どもの感受性は異なり、したがって「居場所」になったりならなかったりする。例えば、学校という社会的な場において親密な友人が自己概念を再確認させてくれるならば、子どもにとっては、その学校が「居場所」になるだろう。子どもは、その親密な友人との共感的な関係から自己に対する受容感、肯定感を実感し、満足感、安定感、安心感を覚えるが、そうした友人との共感的な関係性と学校という社会的な空間とを意味的に連関させ、両者を一体化して「居場所」と捉えているのである。だが、学校という社会的な場において自己概念を再確認させてくれるような親密な友人が全くいないならば、学校は子どもにとって居心地よく安心して居られるような「居場所」とはならない。子どもは、学校内での、自己に無関心か、自己を否定的に遇するような人間関係のなかで緊張感や不安感を感じ、ときには強いストレスや苦痛を受けるようになり、それが継続すれば不登校にもなりかねない。そうなれば子どもは学校を忌避して、例えば家庭という私的な場に退いて、家族に自己の承認と確認を求めるようになるだろう。だが、家庭が子どもを受容し、肯定的に対応すればまだしも、家族が学校価値の文脈に巻き込まれ、子どもに同情的な理解ある態度を示さないならば、子どもは全くの私的空間（例えば自室）に閉じ籠もり、他者との関係の一切を遮断するだろう。こうした子どもにとっては、自己の内で繰り返し自己を確認できる狭い私的空間だけが「居場所」なのである。あるいは学校においても家庭においても自己を再確認させてくれるような他者が存在しないならば、子どもは、例えば逸脱的な世界に自己の再確認を求めるようになるだろう。

⑵ 子どもの「居場所」の類型

ところで、子どもの「居場所」といっても一つとは限らない。子どもの社会生活も多様な領域から成り立っている。だから、それぞれの生活領域ごとに共感的な関係性を持ち、したがってそれぞれの生活領域ごとに「居場所」を形成する場合もある。学校という生活領域においても、また家庭という生活領域においても、それぞれに自己を再確認させてくれるような、共感的な関係が安定的に形成されるならば、その子どもにとっては学校も家庭も「居場所」となる。さらに家庭に自分の部屋を持っている子どもが、その部屋のなかで学校での人間関係からも家族との関係からも解放されて思うがままに振る舞って安心感と居心地の良さを感じるならば、その部屋も子どもにとっては「居場所」となるだろう。自分の部屋で子どもは自己の内で自己を確認しつつ安定化させているわけである。だから同じ生活領域であっても関係性と空間性が異なれば複数の「居場所」を持つことになる。社会的な場であろうと、私的な場であろうと、自己を再確認させてくれるような、つまり自己を受容し、肯定的に評価してくれるような安定的な共感的関係と結びついている空間が「居場所」なのだ。

ただし、私的空間、例えば自室を「居場所」にするとき、二つの場合がある。（a）同時に社会生活領域においても「居場所」がある場合と（b）社会生活領域においては「居場所」がないために私的空間に逃避して、そこだけを「居場所」としている場合である。前者（a）の場合、子どもは社会生活領域においても他者との安定的な共感的関係を持っており、したがってそうした他者との関係性における肯定的評価水準がそのままに自室という私的空間においても継続しているわけである。だから私的空間において自己の内で自己を確認するといっても、それは社会的な場における関係性の水準と方向に沿って行われる。しかし後者（b）の場合は、いずれの社会生活領域においても他者との安定的な関係を形成することができないために私的空間という閉鎖的な狭い世界（自室）に逃避したのであって、したがって自己に否定的な外界と対立し、外界との繋がりを一切持たないという場合である。

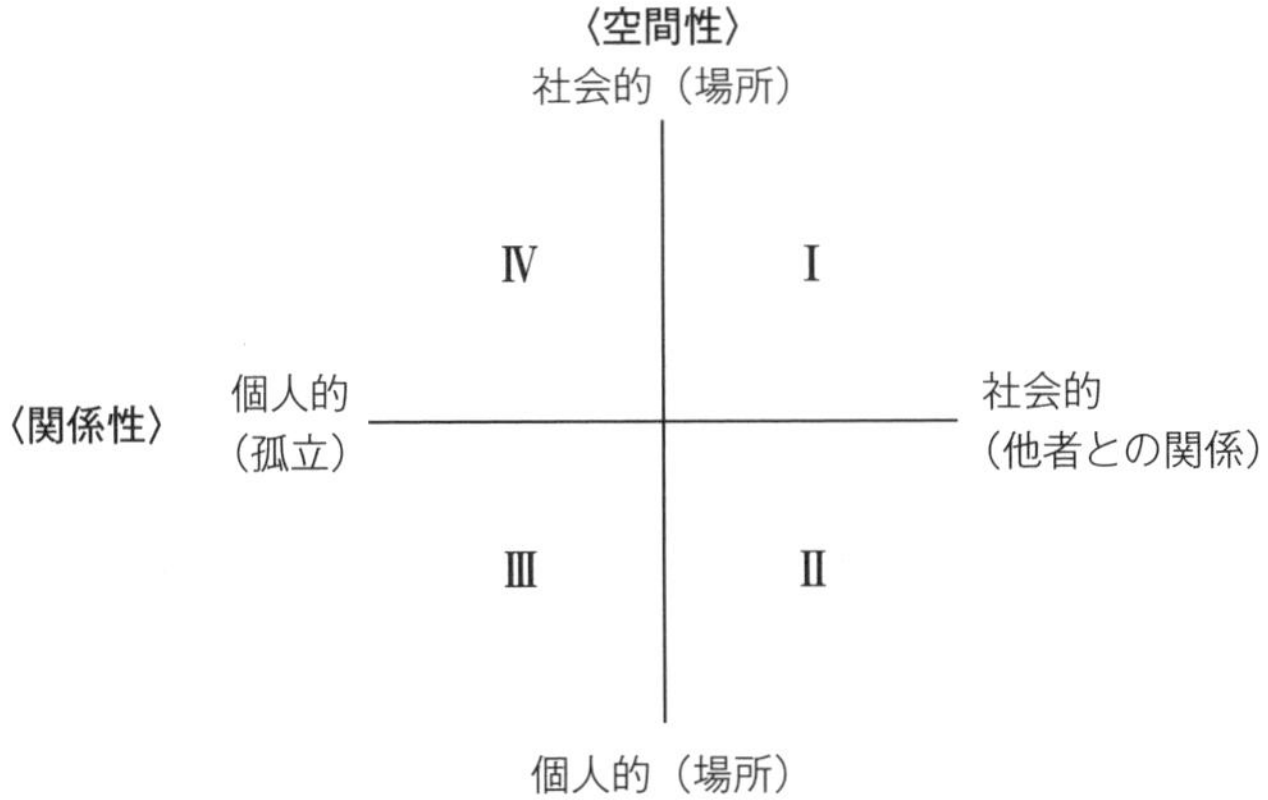

図1-1　居場所の類型

このように考えてくれば、「居場所」の客観的構成要素である関係性と空間性には、社会的―個人的という軸を立ててそれぞれを二つに分類することができるだろう。関係性において、社会的というのは自己の再確認を可能にするような、他者との共感的な関係が形成され、そうした安定的な関係性を有しているという意味であり、個人的というのは他者との安定的な関係を持たず、他者との関係から切り離され、孤立しているという意味である。簡略に他者との安定的関係の有無である。そしてこの他者というのは自己以外のすべての人を指す。また空間性において、社会的というのは安定的な共感的関係における他者と共有している同一の場所、あるいは本来、他者との共有を目的としている場所という意味である。そして個人的というのは他者との関係から切り離されて個人が私的に自由に使用できる専有の場所という意味での私的空間である。簡略に社会的場所、個人的場所と言ってもよい。ただしこの場合、個人的場所、すなわち私的空間というのは個人の私的自由が及ぶ範囲、個人のコントロールが可能な範囲、平たく言って個人の意のままになる範囲までを指す。したがってそれを越えた範囲はすべて社会的場所である。だが、実際には大人であっても個人的場所は精々家庭内までであろう。そしてこの二軸を組み合わせると、図1-1のような居場所の4タイプが見出せる。

いま簡略に各タイプの性格を仮説的に示すと以下のようである。

Ⅰ型は、他者との共感的な関係性が安定的に形成されている社会的な場所としての「居場所」のタイプである。子どもが学校で親密な友人関係を形成し、その友人に信頼感や安心感を抱いて自己を再確認できるような場合、あるいは地域において形成される仲間集団に所属感覚や安定感を感じることができるような場合、子どもにとっては学校や地域（例えば仲間との溜まり場）での仲間集団が居場所となる。

Ⅱ型は、他者との共感的な関係が私的空間において形成されているというタイプの居場所である。したがって典型的な例をあげれば、親やきょうだいといった家族のメンバーとの親密な関係が形成される家庭を「居場所」とする場合である。あるいは今日の中学生には家のなかでの自分の部屋を「居場所」とするものが多いが、その場合、その関係の相手は多くが同級生の友人である。だから彼らは同級生との関係性と私的空間とを一体化して捉えているわけである。

Ⅲ型は、他者との関係性から切り離されて孤立した状態のまま、私的空間を「居場所」とするタイプである。すでに述べたように、社会生活領域において、自己を再確認させてくれるような他者の選択に失敗し、共感的な関係性を形成できないような場合、子どもは自己を否定するような他者との関係性を遮断して私的空間（自室あるいは家庭内）に閉じ籠もり、そこだけを唯一の世界、唯一の「居場所」とする（右記のb）。しかし一方で、（a）同時に社会生活領域での「居場所」をも有している場合には、そうした社会生活領域における人間関係から離れて解放感と安定感、安心感に浸り、憩いの場所とすることができる。

Ⅳ型は、他者との関係性から切り離され、孤立しているにもかかわらず社会的な場所を「居場所」とするタイプである。どのような生活領域においても他者との安定的な関係性を形成することができず、だからといって自由に振る舞えるような私的空間もないためにともかくも自分の身の置き所を社会的な場に求めるわけである。学校においても親密な友人はおらず、家庭においても自室を持たない中学生が、例えばゲームセンターなどの娯楽施設で興味・関心を同じくする類似的な人間タイプのなかに身を置くことによって束の間の解放感と安定感に浸るといったような場合である。だからこのタイプの「居場所」は、子どもにとっても大人にとっても「仮の居場所」でしかない。だから他に受容してくれるような関係性が形成されれば、たとえ逸脱的であったとしても、直ちにその「居場所」の方向に移動する。

子どもはそれぞれの生活領域において一つ以上の「居場所」を持つだろうが、そうした「居場所」は、このような四つのタイプに類型化されるだろう。

そしてこうした「居場所」はそれぞれのタイプによってその機能が異なる。例えば、藤竹は「居場所」を社会的居場所（図のⅠ型に当たる）と人間的居場所（主要にはⅢ型、場合によってはⅡ型に当たる）に分け、前者は自分の存在が必要とされている場所であり、後者は自分であることを取り戻すことのできる場所だとしている（藤竹二〇〇〇：四八‐四九）。しかし子どもの場合、後者は妥当するだろうが、前者は妥当しない。大人は、社会的人間として、すでに自己の役割遂行能力を身につけているから資質や能力を社会的に発揮して他人から必要とされるだろうし、またそうした機会を見出すことができるだろうが、子どもの場合はいまだ社会的人間への形成過程にあって役割学習期に位置しているから他者から必要とされるほどの明確な役割期待を持たない。子どもの場合、藤竹の言う社会的居場所に相当するのはⅠ型のタイプであって、例えば学校で形成される友人集団や地域で形成される仲間集団を「居場所」としている場合である。子どもはこうした集団に所属することによって「われわれ意識（we-consciousness）」や帰属意識、あるいは共属感覚を実感し、安定感や安心感、自己存在感を感じるだろう。そして藤竹の言う人間的居場所は、ここで言うⅢ型、またⅡ型に該当する。この「居場所」の機能は安らぎを覚えたり、ホッとして、心地よさを感じることのできる「居場所」であって、自己回復的な休息機能を果たしていると言えるだろう。

「居場所」はそれぞれのタイプによって機能が異なるが、だからこそ子どもは複数のタイプの「居場所」を持つほどに子どもの自己概念は安定化するのである。このことについてはすでに述べた。

4 現代社会と子どもの「居場所」

現代社会は急激な変動のなかにあって人々の生活は大きく変化してきた。子どもたちの生活といえども例外ではない。情報化、消費化、管理化、脱産業化あるいは「豊かな」社会として現代社会は特徴づけられてきたけれども、しかし子どもたちの世界では受験地獄、学級崩壊、不登校、父親不在、母親不在、家庭内暴力、児童虐待、地域社会の崩壊、人間関係の希薄化、性の商品化、少子化、非行の凶悪化、道徳的退廃等々が今日の子どもたちを取り巻く問題として語られている。現代社会は、子どもたちにとっては、もはや社会それ自体が問題化していると言ってもよい。こうした急激な変化の渦中にあって、子どもたちは一体、何に情緒的な結びつきを感じているのか、あるいはどこにいるときに緊張を解放し、安心感や安定感、充実感を覚えているのか。平たく言えば心の拠り所である。確固とした心の拠り所がなければ、子どもたちは常に不安を伴った不安定な状況に置かれることになる。その心の拠り所が、ここで言う「居場所」である。今日の子どもたちは一体、どのようなところを「居場所」としているのか。そしてそうした「居場所」はどのような対人関係から構成され、そこでどのような行動をしているのか。すでに述べたように、子どもたちにとって「居場所」は自己の形成過程においてきわめて重要な意味を持つが、一体に今日の子どもたちが「居場所」としている「居場所」は子どもたちの発達過程において実際にはいかなる役割を果たしているのか。子どもの「居場所」研究は、こうした視点からアプローチして今日の子どもたちの「居場所」の現実的様相を浮き彫りにしていかなければならない。

[注]

(1) 例えば、東京都が一九九九（平成一一）年に都内の不登校児童・生徒の居場所活動を行っている民間フリースクールを対象にした調査によれば、不登校の原因は、学校に魅力がない三五%、対人的・集団的不適応三三%、いじめ二七%、教師不信二七%、家庭家族の問題一七%、学業不振一三%となっている（東京都教育庁生涯学習部社会教育課 一九九九：二九-三〇）。また学校を調査対象とした総務庁の報告書にも同様の傾向が指摘されている（総務庁行政監察局編 一九九九：三一）。

(2) この間の経緯については、奥地（一九九一）に詳しい。

(3) 芹沢も不登校の子どもたちの自由な集合場所を居場所の原型としている（芹沢 二〇〇〇：三五-四六）。また一九九〇（平成二）年には東京メンタルヘルスアカデミーが不登校や引き籠もりの若者たちのために開設した「フレンド・スペース」も「居場所」づくりの原型だと言ってよいだろう（荒井 二〇〇一：一五五-一六二）。

(4) 藤竹暁編『現代人の居場所』（二〇〇〇）では、さまざまな立場からの「居場所」論が取り上げられている。

(5) 東京シューレは、管理や競争などに「追い立てられずにのびのびと、自分の意思と感性を大事にしあいながら、自らの成長力を発揮していけるような場」を作り出すことを目的としていた（奥地 一九九二：五一）。

(6) 引き籠もりの理由や経緯については、例えば田辺裕『私がひきこもった理由』（二〇〇〇）を参照。また斎藤環『社会的ひきこもり』（一九九八）を参照。

[引用文献]

荒井俊、二〇〇一、「ひきこもりと彼らの生活空間」、武藤清栄・渡辺健（編）『ひきこもり』（『現代のエスプリ』四〇三：ひきこもり）、至文堂。

藤竹暁（編）、二〇〇〇、『現代人の居場所』（『現代のエスプリ』別冊：生活文化シリーズ三）、至文堂。

藤竹暁、二〇〇〇、「居場所を考える」藤竹暁（編）、『現代人の居場所』至文堂。

奥地圭子、一九九一、『東京シューレ物語』、教育資料出版会。

東京シューレ編、一九九二、『学校は必要か』日本放送出版協会。

東京シューレ編、二〇〇〇、『フリースクールとは何か』、教育資料出版会。

東京都教育庁生涯学習部社会教育課、一九九九、『民間フリースクール等実態調査報告書』。

芹沢俊介、二〇〇〇、「居場所について」、藤竹暁（編）『現代人の居場所』、至文堂。

総務庁行政監察局編、一九九九、『いじめ・不登校問題などの現状と課題』。

斎藤環、一九九八、『社会的ひきこもり』、ＰＨＰ新書。

田辺裕、二〇〇〇、『私がひきこもった理由』、ブックマン社。

第2章 子どもの居場所と臨床教育社会学

はじめに

本章の目的は、教育問題の解決に資することを目的とする臨床教育社会学の可能性について考察するとともに、教育問題の実際例として子どもの問題を取り上げ、その対症療法として近年浮上してきた「居場所」の、子どもの問題解決に対する実践的有効性について臨床教育社会学の視点から考察することにある。

言うまでもなく教育社会学は教育事実および教育問題を社会学的に研究する経験科学であり、実際、これまでさまざまな教育事実・教育問題を分析・解明してきた。しかし近年、不登校、引きこもり、いじめ、学級崩壊、非行・犯罪などさまざまな教育問題が噴出するに及んで教育社会学も単に教育事実・教育問題の分析・解明に留まらず、その専門的知識を生かして教育問題の実際的解決に資することが要請されるようになってきた。同じ教育学のなかでも、科学的実証性を重視する教育社会学に学問的専門性を明確化して社会的責任を果たすことが期待されるようになったのである。そこで注目されるようになったのが教育問題の解決という実践性を基本とした臨床教育社会学である。現実問題の解決を優先するという、こうした近年の学問的趨勢は教育学のみならず、心理学、社会学、福祉学、看護学等の領域にも及び、臨床教育学、臨床心理学、臨床社会学、臨床福祉学、臨床看護学などといった「臨床研究」が注目され始めた。臨床とは本来基礎理論の適用を意味する。だから臨床研究は理論研究の方法・仮説・概念枠組や実証研究の成果を実践活動に適用して、その実践的有効性を高めることを目的としている。しかし臨床研究は理論研究や実証研究を適用するばかりではない。問題解決の実践的有効性を高めるためには臨床研究独自の方法・仮説・概念枠組みがなければならない。

では、臨床教育社会学の可能性はどうか。しかし教育という営みは本来が子どもに対する臨床的な活動ではなかったか。

1 教育社会学と臨床教育社会学

(1) 科学性と実践性

教育社会学は教育事象を客観的実証的に研究する経験科学であるから、その目的は教育に関する諸事象を分析し、客観的普遍的な知識を獲得することにある。そのために客観的データを蒐集し、仮説検証の方法によって仮説命題を論理的に証明して理論形成を図ろうとする。これに対して臨床教育社会学は教育問題の解決という実践性を優先し、研究は実践的有効性を高めるために行われる。だから研究の目的は現実の教育問題に介入(intervention)し、問題解決に何らかの影響を与えることにある。臨床教育社会学の研究活動は、同時に現実問題に介入するという実践活動でもあるわけだ。教育社会学が科学性を基本とするのに対して臨床教育社会学は実践性を基本とする。[1]

しかし教育社会学においても実践の問題は以前からあった。もともと教育社会学は、問題意識が現実社会の実際の教育問題に触発されたものであるから、教育問題の解決に何らかの形で貢献することが期待されていた。[2]「社会的実践に資しえないような社会科学は無意味である」(福武・日高 一九五二:三七九)とされていたのである。だから教育社会学の内部領域は、一般社会学も同じだが、理論、実証、実践の三部門に分けて考えられてきたのである。しかしこの場合の実践の意味は、手段の適否と結果の予測、目的や手段の論理的整合性といった技術的レベルに限られていた。社会学的知識を用いて「人間生活の向上に役立たせようとすることは社会学研究者の資格において直接関係することではない」(家坂 一九五九：五)とされていた。科学的研究の目的は客観的事実を究明し実証的理論を形成することであり、研究者は客観的事実・実証的理論を恣意的に歪めることのないように徹底して客観的な研究態度を保ち、事実を究明しなければならないとされていたのである(価値判断の問題)。だから科学的研究から価値規範を含んだ実践的処方箋を導き出すことはできないのであって、科学は「真理を真理として追求することによって実践に寄与する」(福武・日高 一九五二：三八一)べきだとされていた。

そして実践が問題とされる場合であっても、それはあくまでも理論と実証の枠内で取り上げられるに過ぎなかった。実践を重視し、社会的現実の改革・改良のための処方箋を探る実践部門の社会学(実践社会学)においても、それは理論部門の社会学(理論社会学)や実証部門の社会学(実証社会学)がすでに確立した理論命題や仮説、概念枠組み、また調査研究の成果を前提にして、それを現実の社会問題の解決に適用しようというものであった。その意味で実践社会学は応用社会学と呼ばれる。だから実践といっても理論と実証という科学性を前提にした、あるいはその周辺に位置するという応用的実践でしかなかった。

しかし臨床教育社会学の言う実践性は科学性よりも優先され、現実社会の教育問題の実際的解決を意味している。

(2) 臨床研究と応用研究

臨床研究も基礎理論の実践への適用であるから、その意味では臨床教育社会学も応用社会学だと言える。しかし応用社会学の意味する実践とは以下の点で異なる（以下、臨床研究、応用研究と呼んでおく）。

第一に、応用研究はすでに確立された理論や命題のなかから問題解決策を見出し、それを実践的目的に適用しようとするのに対し、臨床研究は初めから特定の現実問題の解決を志向して理論を確立しようとする。だから応用研究の視点や分析枠組みは、その基礎としての理論研究や実証研究によって与えられるのに対して、臨床研究は初めから特定の問題の解決に有効な、独自の実践的視点や分析枠組みを必要としているのである。したがって第二に、応用研究は理論研究と実証研究を前提とした［基礎―応用］という関係にあるのに対して、臨床研究は理論研究・実証研究と並列関係にあると言ってよい。科学性を基本とする理論研究・実証研究と実践性を基本とする臨床研究というわけである。そして第三に、応用研究は実践を目的にしていても、その研究過程は厳密な客観的手続きにしたがった遂行過程であるから、あくまでも科学性を重視した研究であるが、臨床研究は実践からの要請が主体となって現実問題の解決策を探ろうとするのであるから実践性を最優先しており、したがっていかに理論命題や仮説、概念枠組みが科学的に精緻なものであっても実践的有効性に乏しければ何の役にも立たず、研究の意味はない。

しかし、だからと言って臨床研究は科学性を軽視しているというわけではない。これまでの科学的研究が論理実証主義に基づいて量的データや統計的仮説検証を前提とする方法論に傾斜していたのに対して、臨床研究は質的データや意味解釈といった質的研究方法論をとる（後述）。だが、質的研究方法と言ってもデータに基づいた実証的方法であり、また臨床研究の実践的有効性は客観的に測定されなければならないから、その意味で臨床研究は科学的なのであり、また科学的でなければならないのである。

(3) 研究活動と実践活動

臨床研究は、先に見たように実践的有効性を高めることを目的にしているから、実践に関する研究（以下、実践研究と言う）を行うと同時に問題解決のために実際に問題に介入する（以下、実践活動と言う）。そしてこの、実践研究と実践活動は相互作用の過程にある。実践研究において形成された仮説は実践活動という臨床過程を通して検証され、その実践的有効性が確かめられる。そして仮説が確認されれば、その仮説は他の実践活動にも適用され、その妥当性を拡大していく。だが仮説が否定されれば仮説は修正され、再び臨床過程を通して検証されるという循環過程を繰り返す。その臨床の循環過程において実践活動は実践研究の成果を取り入れ、その研究成果を実践することによって問題解決への有効性を高めていく。と同時に実践活動の過程において新たな仮説が生成され、実践研究に取り入れられていく。

こうした臨床研究の結果や成果は理論研究・実証研究にも取り入れられて、理論研究・実証研究はその客観的事実の妥当性を拡大させるが、また逆に理論研究・実証研究の結果や成果は臨床研究に取り入れられて、臨床過程で実践的有効性を高めるような仮説に生成され、検証される。こうして研究活動全体は、(a)理論研究・実証研究、および臨床研究としての(b)臨床的実践研究と、(c)臨床的実践活動、の三領域から構成され、これらの領域が相互に影響・規定しあって研究活動全体の構造を成しているのである。したがってこれら研究活動および実践活動に携わる研究者および専門的実践者は以下の四タイプに分類される。

(a)型　理論研究・実証研究に携わる研究者
(a)(b)型　理論研究・実証研究および臨床的実践研究に携わる研究者
(b)(c)型　臨床的実践研究に携わると同時に臨床的実践活動にも関与する研究者かつ専門的実践者、すなわち実践的研究者
(c)型　臨床的実践活動に関与する専門的実践者

同じように現実社会の実際的問題に触発されて問題意識を持つとしても、(a)型は、客観的知識の組織化を目的に客観的な研究態度を守っていこうとする従来の研究者のタイプであり、(a)(b)型は、科学としての客観性や普遍性を目的とした科学的研究と同時にその科学的研究の成果を生かして実践的有効性を高め、問題解決に有効な理論形成を図ろうとする研究者のタイプである。(b)(c)型が本来の臨床研究者である。臨床心理学分野の臨床心理士がその典型である。臨床心理士は科学者かつ実践者（scientist-practitioner）とされる（Marzillier, J. and Hall, J. 1999, 訳書：一一）。(c)型は、カウンセラー、サイコセラピスト、ソーシャルワーカーなどのヘルスケアの専門的実践者であり、彼らの専門性は科学的知識を臨床的実践活動に有効に活用するところにある。

しかしながら臨床教育社会学の場合、臨床研究者と言っても、実際には(a)(b)型が多いだろうし、このタイプにならざるを得ないだろう。そこが(b)(c)型の臨床心理学と異なるところである。臨床心理学の場合は、研究活動は対象の個々の事例に介入する実践活動そのものであるから研究即実践となる。しかし臨床教育社会学が対象とする現実社会の教育問題は価値観や価値規範、そして立場を異にした複数の人々がさまざまな仕方で関与することによって成り立っている。だから教育問題に実際に介入し、問題解決を図ろうとすれば、問題が複雑なだけに時間を要し、また対象事例によっては背後の状況にも介入しなければならず、さらには関連する問題領域にまで介入の範囲を広げなければならない場合もある。だから実際には研究即実践とはなり難い。したがって臨床教育社会学の場合は、研究者と実践者とが研究活動と実践活動をそれぞれ分担して遂行していかざるを得ないだろう。そこで研究者と実践者との密接な協働が必要となる。研究者と実践者とが協働して問題に介入し、実践活動を遂行していくわけである。その過程で仮説の生成と検証の研究活動が行われる。もちろん、研究即実践という場合もあるだろうし、それが望ましい。

このように臨床教育社会学は実践に関する研究活動（research）と実践活動（practice）とから構成されている。

2 臨床教育社会学の対象と方法

(1) 臨床教育社会学の対象

臨床とは病に伏している人間に対する治療的営みを意味するから、本来は対人関係的な事象を指す。そして教育は、言うまでもなく主体（教育者）と客体（被教育者）との対人関係的な営みであるから臨床的活動である。教育者は被教育者の学習を援助・促進するために、その学習過程に介入し、学習過程を改善的な方向に向けるのである。この学習過程が教育過程である。したがって教育者は被教育者の感情や態度、行動を十分に理解していなければならない。臨床心理学の方法の中核は共感的態度に支えられた面接にあり、それを可能にするためには人間理解を深めることが必要だとされるが（河合 一九九五：一二）、教育過程も同様である。

しかし臨床という概念は、今日では広く捉えられている。臨床社会学者として著名なブルーンとレバッハ（Bruhn, J. G. and Rebach, H. M.）は臨床社会学の対象領域に個人のミクロレベルから国家システム（National systems）や世界システム（World systems）といったマクロレベルまでをも含めているし（1996, p. 6, pp. 143-162）、彼らの編による『臨床社会学ハンドブック（第二版）』の一三章にはモートン（Morton, M. A.）による「社会政策（Social Policy）」の論文が収められている（Morton, M. A. 2001, pp. 251-266）。

だが、臨床研究の基本が問題解決志向であるとしても、その対象領域を過度に拡大すると、臨床本来の概念は拡散して内容は空疎になってしまう。臨床教育社会学が現実の教育問題の解決という社会的要請に応え、その主体性を主張して社会的認知を得ようとすれば、問題解決を志向した具体的な一定の役割を継続的に果たさねばならず、そのためには対象を実際に臨床実践活動の可能な領域に限定すべきではないか。臨床が対人関係的事象を指す概念であり、そしてまた臨床教育社会学の独自の方法が現実の教育問題に介入するところにあるとすれば（後述）、その対象は自ずから個々の研究者／実践者が介入可能な領域、すなわち対人関係的次元あるいは集団的次元の領域に限定されてこよう。臨床の基本は対人関係的な治療的営みを意味し、教育の基本は対人関係的な指導的営みを意味する。

対象を対人関係的次元・集団的次元の領域に限定するということは、個人を社会的文脈において取り上げるというミクロ・アプローチを取るということである。ブルーンとレバッハは臨床社会学の領域をミクロ（micro）―メゾ（meso）―マクロ（macro）の三つのレベルの連続体として設定しているが（Bruhn, J. G. and Rebach, H. M. 1996, p. 6）、しかしマクロレベルの問題は全体的な構造的特性を示し、部分的・個人的な特性を示すミクロ―メゾレベルの問題とは性質も異なり、方法論も異なる。研究者／実践者がマクロレベルの問題に実際に介入するには限界があるし、介入すべき具体的な臨床の場も必ずしも明確ではない。ブルーンとレバッハ自身がマクロレベルはミクロ―メゾレベルとは違って、問題も解決も複雑だと述べている（Bruhn, J. G. and Rebach, H. M. 1996, pp. 143-162）。そして介入が、科学的方法にもよるが、人道主義的価値（humanistic values）によっても導かれ、しかもいずれの場合においても対象事例の個人（クライエント（clients）―後述）を中心にし、その個人の自己決定（self-determination）を尊重したものでなければならないとすれば（Rebach, H. M. 2001a, pp. 22-24）、それは対人関係的次元あるいは集団的次元の領域においてこそ可能性が高くなるのではないか。個人（クライエント）を社会的文脈において理解し、その個人の問題状況を把握することが容易になるからである。もちろん、対象領域を過度に自己規制する必要はないが、少なくとも当面は具体的な臨床的実践の場として対人関係的・集団的次元の領域に焦点を合わせ、研究を蓄積していくべきだろう。実際、これまでの臨床研究の蓄積は対人関係的次元の研究に限られている。

そしてこの社会的文脈における個人を対象とするところに、個人の内面に働きかけようとする臨床心理学とは異なった、臨床教育社会学の特徴があると言ってよい。対象事例の個人を人間関係のネットワークの中心的位置(centrality: Katz and Lazarsfeld 1955, 訳書：八四)におき、その個人の対人関係にアプローチするのである。

(2) 臨床教育社会学の方法

① 介入とデータ蒐集

臨床教育社会学が社会的文脈における個人を対象にするとすれば、具体的には教育問題は個人の発達に関わる問題となる。個人の発達に関わる問題を社会的文脈のなかで理解しようというわけである。そしてその発達に関わる問題に介入するため、その個人および対人関係や集団に関するデータを蒐集・分析して介入の具体的方法を検討しなければならない。この段階が査定(assesment)である。そしてこの介入(intervention)が臨床教育社会学の方法の特徴である(Rebach, H. M. 2001a, pp. 15-35)。だから臨床教育社会学の研究方法は、まず対象事例としての個人の発達の問題が決定され、データが蒐集・分析されて介入の方針・方法が決められ(査定の段階)、実際に介入し(介入の段階)、その介入の結果を評価(evaluation)する(評価の段階)という一連の過程を辿るのである。しかし個人の発達に関わる問題であっても、その個人を中心とした対人関係のネットワークには価値観や価値規範、立場を異にした複数の人々が加わっているから、問題は単純なものではなく、したがって一回限りの査定—介入—評価によって問題が解決するとは限らない。そこで査定—介入—評価の循環過程が起こるわけである。だが、それは同一レベルの反復ではない。循環過程は螺旋形を描きつつ繰り返される。問題の選択・決定と臨床的仮説の生成、その仮説に基づいての実践的介入、その介入結果の評価と検討、その評価と検討に基づいた新たな仮説の生成、その検証という螺旋形の過程が循環されるわけである。この循環過程が臨床的実践研究としての仮説生成—検証過程であり、臨床的実践活動としての臨床過程である。臨床教育社会学が実践に関する研究活動と実践活動とから構成されていることはすでに述べた。

ところで臨床教育社会学が対象とする事例の個人をクライエント（clients）と言う。クライエントとは介入によって利益を受ける人々のことである（Rebach, H. M. 2001a, p. 15）。このクライエントとその対人関係に関するデータはクライエント自身の語り（narrative）から蒐集される。クライエント自身に自らが抱えている問題を自由に語らせ、その語りに現れる出来事にしたがって連想を膨らませるように求めていく方法である（連想法）。同時に出生状況、学歴、生育史といった個人の社会的カテゴリーに関するデータも蒐集しなければならないことは言うまでもない(3)。しかしデータ蒐集は語りの方法が中心になる。

この語りによって研究者／実践者はクライエントの内的状態について、またその対人的状況や集団的状況の認識を得ることができる。だが、自由に語らせるためにはクライエントの不安を取り除かねばならない。何の指示も与えられずに自己について語ることにクライエントは二重の不安に襲われるからである。指示がないために研究者／実践者が自分（クライエント）をどう評価しているか皆目見当がつかないという不安と自己についての自分の語りが通常から逸脱しているのではないかという不安である。こうした不安を取り除くためには、研究者／実践者はクライエントに対して常に受容的な態度で接し、クライエントにとって「信頼できる人（reliable person）」でなければならない。レバッハは研究者／実践者がクライエントと信頼関係を築いていくためには、クライエントの語りに対して寛容的傾聴（open listening）と積極的傾聴（active listening）が必要だとし、さらに積極的傾聴のためには最低限の誘導（minimal prompts）、言い換え（paraphrasing）、問いかけ（questioning）、共感的反応（empathic responding）、感覚言語の傾聴（listen for sensory language）といった技法が必要だとしている（Rebah, H. M. 2001b, pp. 44-48）。なかでも共感的反応が最も重要である。研究者／実践者はクライエントの感情を共有し、情緒的に理解しなければならないからである。クライエントとの共感的な態度を貫くことによって介入の局面や技法や時機が生まれてくる。その意味では介入は研究者／実践者とクライエントとの協働活動だと言ってもよい。

② クライエントの問題と自己再定義

クライエントの問題とは、クライエント個人の発達に関わる何らかの歪みである。クライエント自身が悩んでいるか、周囲の人々が悩んでいるクライエント個人の歪んだ行動である。したがって実践的介入の目的はクライエントの行動を変化させることにある。そのためにはクライエント自身が抱いている価値観や価値規範を転換させ、これまでの事実認識の枠組みを再構成させてクライエントの自己イメージを変容させなければならない。「自己再定義（self-redefinition）」である。[4] 研究者／実践者は、クライエント自身が自己を再定義して、それまでの自己イメージを払拭し、積極的な自己イメージへと転換するように介入していくわけである。この過程が再社会化（resocialization）である。再社会化とは信念や価値、自己概念（自己イメージ）の転換を意味する（Gegas, Y. 2000, p. 2860）。したがって問題の解決とはクライエント自身の自己再定義にある。クライエントが自己評価を取り戻し、積極的な自己イメージを形成するように介入して自己を再定義させ、クライエントの自己を回復させることが臨床教育社会学の目的となる。

ところで個人の自己イメージは、その個人を取り巻く周囲の人々の期待と評価から形成される。だが、そうした人間関係のなかでもとりわけ重要な影響を与える人々がいる。「重要な他者」（significant others）である。「重要な他者」の期待と評価が自己イメージの形成と維持にとって特に重要である。しかし「重要な他者」も個人が成長するに伴って替わっていく。だからその個人にとって過去において「重要な他者」は誰だったのか、あるいは現在は誰なのかが分かれば、その個人の自己イメージを理解するのに有用である。そしてさらに個人が取り結ぶ「重要な他者」は、その個人の社会的地位によって制約を受け、またキャリア（career）によっても制約を受ける。だからクライエントの現在の「重要な他者」の一群を社会的地位との関連から捉え、またこれまでの「重要な他者」の配列をキャリアから捉えることができる（Gerth, H. H. and Mills, C. W. 1953, pp. 87–94, 訳書：一〇二–一〇八）。だからクライエントを対人関係的ネットワークの中心的位置において捉えなければ、クライエントを理解することができないし、問題は解決しない。これが個人を社会的文脈において理解するという意味である。

しかし、社会的文脈といっても個々のクライエントによって異なるから、蒐集されるデータは個々のクライエントをそれぞれに対象とした記述的な質的データとなる。そしてこうした質的データに基づいて臨床的実践研究としての仮説生成—検証過程が遂行される。だから臨床教育社会学における研究方法は基本的には事例研究法となるわけである。

3　子どもの居場所の臨床教育社会学

(1)　子どもの問題行動と子どもの居場所

子どもの問題行動といっても多様な形態がある。不登校、引きこもり、自殺といった非社会的問題行動もあれば、犯罪・非行、いじめ、校内暴力といった反社会的問題行動もある。あるいはそうした明確な問題行動の形態には至らない軽微な不良行為などもある。しかしいずれの問題行動であっても、そこに共通して見られるのは問題を抱えた子どもたちの否定的な自己定義である。自己を否定的に定義し、否定的な自己イメージを形成して自己の可能性を自ら狭く制限してしまっているのである。それは周囲の人々から、とりわけ「重要な他者」——両親、教師、友人・仲間など——から否定的な評価しか受けてこなかったか、あるいは全く無視されたり、軽視されてきたからである。そのために子どもは自己に確信を持つことができず、常に自己に不安を抱かざるを得ないのだ。だから自己可能性感覚を持つことができない(5)。そうした不安は解消されない限り、さらに予期された不安を呼び起こし、不安はますます増幅されていく。こうした不安状態が維持され、自己可能性感覚を持つことができないと、不安がもたらす情緒的苦痛に耐え難く、ために一時的にしろ、不安や情緒的苦痛から逃避するために問題行動に走るわけである。

子どもは未だ確固とした自己を確立しておらず、自立的に生きていく能力を持たないから周囲の人々から受ける評価が否定的であったり、態度が全くの無関心であったとしても、その否定的な評価や無関心の態度を自己の期待や都合に沿うように修正したり、屈折させたり、あるいは拒絶したり、無視したりするほどの力はない。だから周囲の人々の評価や態度、取り分け「重要な他者」の評価や態度がそのまま子どもの自己評価に反映し自己イメージとなるのである。

したがって子どもの問題行動を解決するためには、子どもたち自身が否定的な自己イメージを積極的な、肯定的な自己イメージに転換して、自己可能性感覚を持つようにしなければならない。それが先の自己再定義である。そしてその自己再定義のきっかけを与えるのが研究者／実践者の介入なのだ。だから介入とは、子どもに自己再定義の転機を作り出し、子どもを不安状態や情緒的苦痛から解放させるための援助活動なのである。そのために研究者／実践者は、まずクライエントである子どもを理解するための手掛かりとなるデータを蒐集しなければならないのだ。データを蒐集・分析して、子ども自身の価値観や価値規範、事実認識の枠組み、問題状況についての意味づけや解釈、提示された自己イメージを捉え、それを子どもが置かれてきた過去の、あるいは現在の、人間関係のネットワークの状況や集団的状況といった社会的文脈との関連において理解しなければならないのである。そしてそうしたデータを蒐集するためには子どもに自らの過去と現在をありのままに語らせることが必要である。そのありのままの語りがデータとなるからだ（連想法）。

しかし、こうした子どもたちはこれまで周囲の人々、そして「重要な他者」から否定的に評価され、無視され続けてきたために周囲の人々、ひいては一般の人々に対して強い不信と懐疑の念を抱いている。だからいかに誘導されようとも自己について語ることに躊躇したり、語ることを拒否したりする。だから研究者／実践者が最初になすべきことは、子どもたちの不信と懐疑の念を取り除き、彼らに安心感とリラックス感を与えて思いのままに語ることができるような「場」を設定することである。何をどのように語ろうとも、決して否定されたり無視されることはなく、また裏切られることはなく、語ることはすべてがそのままに受け容れられるのだという安心感と信頼感を子どもが持てるようにしなければならない。ハーマン（Herman, J. L.）は子どもの心的外傷の治療には「安全の確保」こそが最初の中心課題であるとしているが（Herman, J. L. 1992, 訳書：二四二）、それは子どもの問題行動のすべてに妥当する。

　こうした、子どもが安心感とリラックス感を持てる場こそが子どもの「居場所」である。子どもの居場所とは子ども自身がホッとして安心できる、心が落ち着ける、そこに居る他者から受容され、肯定されていると実感できるような空間を言う（住田 二〇〇三：五）。もともと子どもの居場所は不登校問題から出てきている。子どもは一日のうちの一定時間帯は学校に居なければならないが、何らかの理由で学校には行くことができない。だから家庭に居ることになる。だが、その時間帯の家庭は子どもが本来居るべきでなく、居るはずのないところである。そこで不登校の子どもたちがいつでも安心して居られるところ、すなわち居場所が問題になってきたのである。だから居場所は子どもにとって本来は避難場所、逃避場所を意味していた。だが、居場所のなかで子どもはようやく自分が居てもよいところ、自分が居られるところとして、安心感や安全感、リラックス感を覚え、自己を安定化させることができたのである。子どもが居場所に安心感やリラックス感を持つことができるのは、そこに居る同世代の子どもたちが自分と同じような立場・境遇にあって、そのために感情や現実認識を共有することができるからであり、また問題を共有していることから互いに同情的な理解と支持を示して、相互に受容的となるからである。だから子どもは居場所のなかで自己受容と他者受容を経験し、問題は自分だけではないという安堵感とともに自身が受容されているという安心感・信頼感から自己に確証を持つことができ、自己安定感を持つことができるのだ。こうして居場所に受容的態度が生まれる。この受容的態度こそが子どもの居場所の神髄だと言ってよい。精神医学者のパトナム（Putnam, F. W.）は「（治療を受ける）児童は愛情と安全とを必要とする。このニーズを満たすものは信頼できるケア関係と安定した環境である」（Putnam, F. W. 1997, 訳書：三四一）と述べているが、子どもの居場所はまさにそうした場所なのである。

こうした居場所のなかでこそ子どもは自己の否定的定義という呪縛を解いて自己を解放し、ありのままの自己を表出して自らの過去と現在を思うがままに語ることができる。研究者／実践者は子どもの語りを傾聴（listening）しつつ、介入の機会と方法を探っていく。だが、子どもの問題はそれぞれに原因も形態も内容も、そして年齢も異なるから、介入といっても、対象とする子ども一人ひとりによって技法や時機、状況が異なる。だから個々の子どもが、それぞれに異なる社会的文脈と社会的背景のもとで、どのように価値観と事実認識の枠組みを形成して自己を定義し、自己イメージを形成しているか、そしてそのような事実認識の枠組みと自己イメージは過去の、どのような生育過程や対人関係的状況から生じ、そして現在の対人関係的状況や集団的状況のなかでどのように維持されているかを研究者／実践者は、介入の前に、子どもの語りから分析し推定して明らかにしておかなければならない。そして子どもに語らせるためには、子どもに過去の、あるいは現在の生活体験を言語化させなければならないが、その際に使用された言語や語彙、表情、さらには視線やジェスチュアもコミュニケーションの形態であるから、それらすべてが子どもの語りの意味を解釈する手掛かりとなる。しかしこの、子ども自身の語りは、一方において子ども自身に対しても自らの問題行動の意味を理解させることにもなる。自己は自分自身について物語ることを通して産み出されるものなのだ（浅野 二〇〇一：四）。ただし、研究者／実践者が受容するのは子ども自身であって、つまり子どもの人格であって、子どもの価値観や事実認識の枠組みでないことは言うまでもない。

こういうわけで臨床教育社会学の研究者／実践者が最初になすべきことは、子どもに安心感とリラックス感を与える「子どもの居場所づくり」だと言ってもよい。

(2) 子どもの居場所と臨床教育社会学

居場所は子どもの問題行動の解決にとって二つの意味を持つ。一つは居場所が、いわばセルフヘルプ・グループ（self-help group）として作用しているということであり、他は居場所が研究者／実践者にとって、臨床的な介入の場だということである。そしていずれの場合も子ども自身の自己再定義の機会を作り出す。

居場所において子どもは自分と同じような立場・境遇にある同世代者と遭遇し、自己と同質的な人間、つまり仲間の存在に気づく。それは自分だけではない、仲間も同じなのだという、いわば呪縛からの解放となり、自分だけでは処理できない不安や情緒的苦痛の軽減あるいは解消となる。だから自己について思うがままに語り、表現しても、他の仲間の評価を何ら気にすることはない（自由連想的発話）。むしろ仲間は共感をもって傾聴し受容してくれる。そしてまた自分も他の仲間の語りに共感できる。そこに子どもたち相互の共感関係が形成される。この共感が子どもたちにとって、いわば集団治療の力として作用するのである。だから居場所は子どもたちに対してセルフヘルプ・グループとして作用し、自助的機能を果たしていると言えるのだ。それには二つの過程がある。一つは仲間から受容されることによって子どもは自己に確信を持つことができ、同時に閉塞的な自己を解放させていくという過程である。この過程において子どもは自己を再確認することができる。もう一つは同質的な仲間の言動を通して自己を客観的に観察することができ、それまで気づかなかった自己の側面を意識するようになるということである。まさに「鏡に映った自己（looking-glass self）」である。この過程において子どもは自己を再発見することができる。居場所は子どもにとって自己の再確認と再発見の場として機能するのである。

居場所は、また研究者／実践者にとっては実践的介入の場となる。この場合、研究者／実践者は交互に二つの立場をとる。外的観察者と治療者の立場である（Berger, D. M. 1987, 訳書：一〇九）。居場所といっても子どもは初めから研究者／実践者に安心感や信頼感を寄せるわけではないから、研究者／実践者も初めは子どもに対して外的観察者の立場をとる。子どもを観察し、語るきっかけを作り、そしてその対話の過程で子どもの内的世界に入る手掛りを探るわけである。子どもの内的世界に入れば、治療者として子どもと密接に情緒的調和を持ちつつ、その価値観と価値規範・事実認識の枠組みを探り、それが過去および現在の、どのような社会的文脈から産み出され、変遷してきたものなのかを理解しようとする。この過程は、先に述べた寛容的傾聴と積極的傾聴によって進められるが、それは子どもに対する同情的な理解と受容的な態度という共感的理解を伴っていなければならない。共感的理解を伴っているからこそ傾聴は傾聴として成り立つのである。そこに共感的関係が生まれてくる。そしてこの共感的関係の過程で介入の局面や目標、技法や時機が生まれてくるのである。また状況に応じて研究者／実践者は再び外的観察者として子どもの語りの流れを観察し、全体としての子どもの体験状態を推定して、子どもの問題状況を社会的文脈との関連において客観的・知的に評価する。この観察と推定を根拠にして研究者／実践者は介入のプログラムをデザインするのである。

この居場所で研究者／実践者が用いる実践的方法は、先に見たように「自己物語（self-narrative）」である。臨床的実践活動の目的は、問題を抱く子どもの自己再定義であるから、そのためには彼らが現に抱いている自己イメージの形成過程や変遷過程を知らねばならないが、それは子どもが自分自身の過去から現在に至るまでの出来事を物語ることによって可能となる。自己イメージは自分自身のうちで自己物語を絶えず語り続けることによって維持されているものなのだ（浅野 二〇〇一：七）。これまでの出来事を子ども自身はどのように解釈し、意味づけてきたのか。その結果どのような物語が構成されているか。そのなかで子どもは自己をどのように定義してきたのか。物語という形式をとることによって子どもは自分や周囲の人々を作者と主人公、登場人物の関係に置き換えて語ることができる。さらに作者や主人公、登場人物は複数を設定することができるから、子どもは自己を複数の、多様な視点から見ることができる。つまり複数の自己像を描くことができ、自己の多面的な理解が進むわけである。こうした多面的な自己理解に基づいて自己再定義が可能となる。それが研究者／実践者の臨床的介入の目的なのである。

[注]

（1）下山は、臨床心理学研究は実践性、これまでの心理学研究は科学性をそれぞれ重視していると述べている（二〇〇一：一六）。

（2）教育社会学における教育実践の問題についてはすでに清水（一九五五：二五五‐二六五）が取り上げている。

（3）D・M・バーガー（Berger, D. M.）は、ここで言う語りの方法を連想法、社会的カテゴリーという構造的な質問スタイルを医学モデルによるアプローチと言っている（Berger, D. M. 1987, 訳書：一〇九）。

（4）井上は政策現場における状況の定義と再定義について述べている（井上、二〇〇〇a：一九五‐二一八、二〇〇〇b、一二七‐一三五）。

（5）パトナム（Putnam, F. W.）は、自分には可能性が開けているのだという感じを「自己可能性感覚」と呼んでいる（Putnam, F. W. 1997, 訳書：三四一）。

[引用文献]

浅野智彦、二〇〇一、『自己への物語論的接近：家族療法から社会学へ』、勁草書房。

Berger, D. M. 1987, *Clinical Empathy*, Jason Aronson Inc.（＝一九九九、角田豊・竹内健児・安村直己・西井克康・藤田雅子（訳）『臨床的共感の実際』、人文書院。）

Bruhn, J. G. and Rebach, H. M. 1996, *Clinical Sociology; An Agenda for Action*. Plenum Press.
福武直・日高六郎、一九五二『社会学』、光文社。
Gegas, Y. 2000, "Socialization," Borgatta, E. F. and Montgomery, R. J. V., *Encyclopedia of Sociology* (2ed.), vol. 4, Macmillan Reference USA, pp. 2855–2864.
畠中宗一（編）、二〇〇〇、『臨床社会学の展開（現代のエスプリ三九三）』、至文堂。
Gerth, H. H. and Mills, C. W., 1953, *Character and Social Structure; the psychology of social institutions*, Harcourt, Brace & World, Inc.（＝一九七〇、古城利明・杉森創吉（訳）『性格と社会構造』、青木書店。）
Herman, J. L. 1992, *Trauma and Recovery*, Basic Books（＝一九九九、中井久夫（訳）『心的外傷と回復』、みすず書房。）
家坂和之、一九五九、「社会学の学問的性質」新明正道（編）『基礎社会学』、誠信書房、一–二一。
井上眞理子、二〇〇〇a、「政策現場の臨床社会学」大村英昭・野口裕二（編）『臨床社会学のすすめ』、有斐閣、一九五–二一九。
――二〇〇〇b、「政策現場の臨床社会学」畠中宗一（編）『臨床社会学の展開（現代のエスプリ三九三）』、至文堂、一一七–一三五。
河合隼雄、一九九五、「臨床心理学概説」河合隼雄（監修）、山中康裕・森野礼一・村山正治（編）『臨床心理学（第一巻／原理・理論）』、創元社、三–二六。
Katz, E. and Lazarsfeld P. F., 1955, *Personal Influence*, The Free Press.（＝一九六五、竹内郁郎（訳）『パーソナル・インフルエンス』、培風館。
Marzillier, J. and Hall, J. 1999, *What is Clinical Psychology ?*（＝二〇〇三、下山晴彦（訳）『専門職としての臨床心理士』、東京大学出版会）。
Morton, M. A., 2001, "Social Policy," Rebach, H. M. and Bruhn, J. G., *Handbook of Clinical Sociology* (second edition), Plenum Press, pp. 251–266.
大村英昭・野口裕二（編）、二〇〇〇、『臨床社会学のすすめ』、有斐閣。
Putnam, F. W. 1997, *Dissociation in Children and Adolescents; a Developmental Perspective*, Guilford Press, New York, London（＝二〇〇一、中井久夫（訳）『解離――若年期における病理と治療』、みすず書房。）
Rebach, H. M., 2001a, "Intervention in Clinical Sociology," Rebach, H. M. and Bruhn, J. G., *Handbook of Clinical Sociology* (second edition), Plenum Press, pp. 15–35.

――2001b, "Communication and Pelationships with Clients," Rebach, H.M. and Bruhn, J. G., *Handbook of Clinical Sociology* (second edition), Plenum Press, pp. 37-51.

Rebach, H. M. and Bruhn, J. G., 2001, *Handbook of Clinical Sociology* (second edition), Plenum Press.

清水義弘、一九五五、「教育社会学の主体性」『清水義弘著作選集　第一巻　教育社会学――政策科学への道――』（一九七八）、第一法規に再録、二五五-二六五。

下山晴彦、二〇〇一、「臨床心理学研究の多様性と可能性」下山晴彦・丹野義彦（編）『講座臨床心理学二　臨床心理学研究』、東京大学出版会、三-二四。

住田正樹、二〇〇三、「子どもたちの『居場所』と対人的世界」住田正樹・南博文（編）『子どもたちの「居場所」と対人的世界の現在』、九州大学出版会、三-一七。第一章参照。

第Ⅱ部

子どもの問題行動と集団活動

第3章

「いじめ」の構図と集団活動

はじめに

一口に「いじめ」と言ってもいくつかのタイプがあり、それぞれに形態や内容は異なる。したがって「いじめ」への対応も、それぞれのタイプの事実を把握した上で検討されなければならない。そうでなければいかなる対応策も効果を期待することはできない。今日の問題点の一つは「いじめ」の形態・内容を分析することもなく、「いじめ」をただ一律に論じ、対応策を講じようとするところにある。

本章の目的は、小学校高学年から中学生・高校生にかけて、発達段階で言えば児童後期（もしくはプレ青年期）から青年前期にかけての子どもを対象にして（以下で子どもと称するのは、この発達段階の層を指す）、「いじめ」をその加害者である子どもの加害意図に視点をおいてタイプ化し、それぞれのタイプの特徴を明らかにした上で、具体的対応策としての集団活動の有効性を考えてみることにある。加害者の子どもの加害意図に視点を置くのは、「いじめ」は「いじめる子ども」と「いじめられる子ども」という加害者と被害者の相互行為であるが、しかしそれは優位な位置を占める加害者の子どもの、劣位にある被害者の子どもに対する一方的で強引な働きかけ（action）とその反作用（reaction）という形での相互行為だからである。

「いじめ」が社会問題化したのは一九八〇年代半ばである。もちろんそれ以前にも「いじめ」はあった。しかしそれは多くの場合、何らかの「いじめる理由」があっての加害行為であり（もちろん大方は不当な理由だが）、一方的な攻撃的行為ではあるものの単発的であって、ともかくも一応の限度はあった。平たく言えば「露骨な嫌がらせ」といった行為であった。

それが一九八〇年代半ばになると、特定の子どもを標的にして、それも標的とする理由がはっきりしないままに、加害者の子どもたちが集団で継続的に、執拗に、見境なしにいじめるという「集団いじめ」の形を取るようになった。そのために被害者の子どもがその執拗な「集団いじめ」の苦痛から逃れるために自殺したり、また報復のために傷害事件を起こすようになって社会問題化したのである。

そうした「いじめ」の実態を把握するために文部省や警察庁が「いじめ」を定義して本格的に取り組み始めたのが一九八五年だった。以後今日に至るまで、さまざまな「いじめ」の事例が報告され、調査がなされ、対応策が論じられてきた。二〇〇六（平成一八）年には「いじめ」による子どもの自殺が相次いだため、同年一一月には文部科学大臣が「いじめ」を止めるよう呼びかけたのをはじめ、同月に教育再生会議が緊急提言を行い、また翌一二月には子どもを守り育てるための体制づくりが必要として有識者会議がいじめ問題についての喫緊の提案を出している。しかし「いじめ」が鎮静化する兆しはないし、むしろ二〇〇七（平成一九）年になってからは携帯電話を使っての「ネットいじめ」が横行し、被害者の子どもが心理的に追い詰められた結果としての事件が相次いで起こり、一層大きな社会問題となった。「いじめ」はさらに苛酷化し、巧妙化し、陰湿化してきたのである。

こうした事態に対して早急な対応が求められることは言うまでもない。だが、具体的な対応を考察していくためには回り道のようではあるが、「いじめ」の定義を明確化していくことから始めなければならない。なぜならいまだもって「いじめ」の定義は不統一のままであり、そのために「いじめ」の実態さえ明らかにできないでいるからである。文部科学省（当時は文部省）は一九八五（昭和六〇）年から「いじめ」の調査を継続しているが、その調査によれば一九九〇年代半ば以降「いじめ」の発生件数は減少傾向にあるとされている。しかし法務省調査では逆に増加傾向にあるとされている（『平成一九年版青少年白書』）。こうした調査結果の違いは「いじめ」の定義がそれぞれに異なり、不統一だからである。こうした事態を踏まえて文部科学省は、それまでの「いじめ」の定義を見直し、二〇〇七（平成一九）年から新たな定義による実態調査を計画している（『平成一九年版青少年白書』）。

しかし文部科学省が二〇一二年一一月に公表した「『いじめ問題に関する児童生徒の実態把握並びに教育委員会及び学校の取組状況に係る緊急調査』結果について」によれば、二〇一一年度のいじめの件数は七〇、二三一件だったが、二〇一二年度は一四四、〇五四件（調査時期は二〇一二年八月一日〜九月二一日）に増え、また県別では、もっとも件数の多い鹿児島県では三九五件から三〇、八七七件に、もっとも少ない佐賀県でも六八件から一三二件にそれぞれ増えている。鹿児島県は前年度の七八倍に増え、佐賀県の二三四倍にも当たる。もちろん青少年の人口差もあるだろうが、このような年度によるあまりにも顕著な差異と地域的バラツキが見られるのは、いまだもって「いじめ」の定義が曖昧だからである。したがってここでもまず「いじめ」の定義から始めなければならない。

1 「いじめ」の定義の再検討

「いじめ」の定義について、これまでよく用いられてきた定義は、森田洋司の定義（A）（森田・清永 一九八六）および文部科学省（文部省）の定義（B、ないしB'）、（C）と警察庁の定義（D）である。それぞれ以下のようである。

A　いじめとは、同一集団内の相互作用過程において優位にたつ一方が、意識的に、あるいは集合的に、他方にたいして精神的・身体的苦痛をあたえることである（森田・清永　一九八六：四三）。

B　自分より弱い者に対して一方的に、身体的・心理的攻撃を継続的に加え、相手が深刻な苦痛を感じているものであって、学校としてその事実を確認しているもの。なお起こった場所は学校の内外を問わないものとする（文部省初等中等教育局中学校課「生徒指導上の諸問題の現状と文部省の施策について」一九八五）。

B′　Bより「学校としてその事実を確認しているもの」を削除（文部省「いじめの問題について当面緊急に対応すべき点について（通知）」一九九四）。

C　当該児童生徒が、一定の人間関係のある者から、心理的・物理的な攻撃を受けたことにより、精神的な苦痛を感じているもの（文部科学省「『生徒指導上の諸問題に関する調査』の見直しについて（案）」二〇〇七）。

D　単独又は複数の特定人に対し、身体に対する物理的攻撃又は言動による脅し、いやがらせ、無視等の心理的圧迫を反復継続して加えることにより、苦痛を与えること（警察庁『平成六年版警察白書』一九九四）。

このうちAの森田の定義が最もよく用いられている。しかし十分とは言えない。ここで「意識的に」と言っているが、この場合、二つの解釈が可能である。一つは、優位に立つ一方が、つまり加害者の子どもが、「いじめ」の対象になっている子どもを「意識的に」選択し、その特定化した子どもを標的にして集中的にいじめるという意味と、もう一つは、「いじめ」の標的になっている子どもが苦痛を感じるだろうことを十分に承知した上であえて精神的・身体的苦痛を与えるような加害行為を「意識的に」行うという意味である。要するに「意識的に」といった場合、特定の子どもを選定し、標的にすることなのか、それとも苦痛を伴う加害行為を意図的に行うことなのかというわけである。そしてまた相互行為において優位に立つ一方の加害者が「意識的」でなかった場合、つまり「いじめ」という意識が加害者になかった場合、にもかかわらず相手の子ども（被害者）がその加害者の行為によって精神的・身体的苦痛を感じ、被害感情を持ったとすれば、それは「いじめ」の範疇に入るのか、入らないのか。さらに「集合的に」といった場合、特定の子ども同士という個人対個人の行為は「いじめ」に含めるのかどうか。もっともここで森田が「集合的」といっているのは、「いじめ」は学級集団やクラブという明確な集団のなかで行われることが多く、そして「加害者」や「被害者」だけではなく、それを取り巻く「観衆」や「傍観者」といったグループも「いじめ」に参加して、結局のところ「いじめ」は「加害者」、「被害者」、「観衆」、「傍観者」という四層構造をなし（いわゆる「いじめ集団の四層構造論」）、このうち「観衆」や「傍観者」もが、ときには「加害者」へと変身することもあるということを意識してのことだろうと思われる（森田・清永 一九八六：五〇）。加えて森田の定義の難点は、文部科学省（文部省）の定義（B、C）や警察庁の定義（D）にある反復的、継続的という言葉が含まれていないということである。この反復的、継続的という言葉は、後述のように、「いじめ」の定義には不可欠な本質的要素である。この言葉のなかには連日のように「いじめ」が続き、しかもその「いじめ」が次第に苛酷化し、陰湿化して被害者の苦痛がさらに増していくという様相が込められている。と同時に「いじめ」の反復継続が可能なように第三者（教師や親、また地域住民）の死角で秘密裏に行われ、たとえ見つかったとしても弁解可能なように下工作をするといった巧妙化の様相をも表している。

Bの文部省の定義（一九八五年）は「学校としてその事実を確認しているもの」との文言が定義のすべてを台無しにしてしまった。「いじめ」は秘密裏に行われ、また発見されても弁解可能な下工作をさえしておくのであるから「学校としてその事実を確認」すること自体がもともと困難なのである。しかも子どもは「いじめ」の被害に遭っても、その事実を伏せてしまい（脅しによることもあるが）、緘黙してしまう（後述）。

したがって「事実を確認」できるような「いじめ」は少ない。そうした批判を受けて文部省は一九九四年にこの文言を削除した（B′）。しかし削除しても、なおこの（B′）の定義は十分とは言えない。「いじめ」の対象は「自分より弱いもの」とは限らないからである。学業に秀で、あるいはスポーツに秀でて級友や仲間から「優秀」とか「スポーツ万能」と評されていても、さらには「豪腕」とか「強豪」と言われていても「いじめ」の対象にされることがある。「いじめ」の対象は子ども相互間の評価とか力の強弱には関係はない。どのような子どもが「いじめ」の標的とされるのかはっきりとは分からない。標的とされるような基準がないのである。その場の状況や雰囲気によって突如として標的にされたりする。その場に居合わせた誰かの一言が「いじめ」の標的を作り出すこともある。その誰かとは、加害者の子どもたちの集団の一員であることもあれば、集団の一員でない子どもの場合もある。だからこそ子どもたちの間に、いつ「いじめ」の標的にされるのか分からないという不安と怯えが広がるのである。しかしどのような関係にあろうと「いじめ」は加害者である子どもが絶対的に優位な立場にあり、あるいは絶対的に優位な立場を一方的に作り上げた上で、相手の子ども（被害者）を劣位の立場に追いやり、その絶対的に優位な立場――だからこそ自分にとっては安全な立場――から相手の子ども（被害者）を標的に攻撃的行動を加えるのである。絶対的に優位な立場とは集団の力を背景とした立場である。

だから集団を組んで反撃されないような優位な立場を作り上げた上で、加害者の子どもたちは特定の子どもを標的にいじめるわけである。だから「いじめ」の標的とされた子どもは、独りでは集団からの攻撃的行動に抵抗したり、反撃したりすることはできない。多勢に無勢なのだ。確かに形の上では「いじめ」は「弱い者」に対する加害者の攻撃的行動である。しかし初めから「弱い者」がいるわけではない。加害者である子どもたちが集団を組み、集団の力を背景に特定の子どもを標的にして排斥し、孤立化させ、不利な立場、劣位の立場に追いやり、抵抗できないような「弱い者」に仕立て上げていくのである。

したがってBの「弱い者」というのは、「弱い」から「いじめ」の標的にされるのではない。加害者の子どもたちから「弱い者」に作り上げられ、「弱い者」にされていくのである。孤立無援の「弱い者」は、どのような攻撃的行動を加えられようと、とてものこと加害者の子どもたちの集団に反撃できるものではない。

さらに文部科学省は二〇〇七（平成一九）年に、いじめられた児童生徒の立場に立ってより実態に即して把握できるようにと「いじめ」の定義をCのように変更し、さらに四項目の注釈を加えている。[1] しかし、この新しい定義（C）からは前の定義（B）にあった「一方的」、「継続的」という文言、また「自分より弱い者」という文言が削除されている。つまり加害者の子どもの絶対的優位を意味する文言がなくなったのである。そうすると「いじめ」といっても子どもたちの間での口論や喧嘩と何ら変わらなくなってくる。単なる遊びを巡っての仲間内での口論や喧嘩であっても「心理的または物理的な攻撃によって精神的な苦痛を感じる」こともあるだろう。遊びのルールに違反したために仲間から揶揄されたり罵倒されて口論となり、それが喧嘩（物理的な攻撃）になって、その結果、仲間外れにされて集団的遊びに参加できなくなれば、仲間外れにされた子どもは屈辱感や孤独感という精神的苦痛を感じるだろう。それがそのときの遊びだけに限ったものであったとしても、一時的にせよ精神的苦痛を感じることになる。仲間外れどころか仲間から揶揄され罵倒されただけでも子どもは、たとえ自分の方に落ち度があると思っても、悔しい思いをして屈辱感を感じ、惨めな気持ちに沈んでいくだろう（精神的苦痛）。しかしCの定義にしたがえば、それも「いじめ」の範疇に入る。

またCの定義では「精神的な苦痛を感じ」た被害者が抵抗し、反撃することも可能である。「一定の人間関係のある者から心理的・物理的攻撃を受けたことにより、精神的な苦痛を感じ」たとしても、その一定の人間関係が力関係を背景にした優劣の関係でなければ、被害者は加害者と対等な立場に立って抵抗し、反撃することができる。確かに「いじめ」は子どもたちの間での相互行為であるが、しかしそれは子ども相互が対等な立場に立っての相互行為ではない。一方が圧倒的な力を有するという優越と従属の上下関係における相互行為なのである。絶対的に優位な、かつ安全な立場にある加害者の子どもの一方的で、強引な攻撃的行為によって被害者の子どもは何らの抵抗も反撃もできず、ただその攻撃的な加害行為の標的のままであり続けるしかないのである。被害者の子どもは、一方的に標的にされて、加害者の子どもとの上下関係のなかに組み込まれ、されるがままという対応しかできないのだ。そうした上下関係を作り出すために、加害者の子どもたちは集団を組み、特定の子どもを標的にするのである。だが、その標的がどのように決められるのかは分からない。その場の状況、あるいは加害者の子どもの一言や気分によることもある。だからその場に居合わせた子どもたちは不安になり怯えるのである。そのために森田の言うように、「観衆」や「傍観者」と言われる直接加害行為に加わっていない子どもたちであっても優勢な「加害者」の側に組して「被害者」をいじめる側につくのである（森田・清永 一九八六：五〇）。優勢な側についている限り、取り敢えずは「いじめ」の標的になることはない。

Dの警察庁の定義には、反復継続という言葉はあるが、Cと同様に、「いじめ」が優位な立場にある加害者の一方的な攻撃的行動であることが示されていない。上下関係であることが含まれていないのである。したがってCの定義と同様に、被害者は加害者の反復継続的な攻撃的行動から苦痛を受けつつも、自らも加害者の攻撃的行動に対して反撃し、抵抗できる余地があるということになる。また「単独または複数の特定人に対して」と述べているが、特定人と加害者との関係、あるいは特定化される理由については何も示されていない。

これらの定義にはいずれも上下関係、従属関係といった力関係の視点が欠けている。定義には、こうした力関係の視点を含ませなければ、「いじめ」の事実とは大きく乖離することになってしまうだろう。

このように「いじめ」の定義も不統一であって、いまだ一致した見解には至っていない。だから実態調査を実施しても、それらを相互に比較することができない。文部科学省（文部省）は「いじめ」の定義（B）から「学校としてその事実を確認しているもの」との文言を削除したが（B′）、そのためにそれ以前の調査と以後（一九九四（平成六）年以降）の調査とでは定義が異なるから、それぞれの定義の指し示す事実の範囲も異なり、したがって調査結果も異なって文言の削除前と後との調査結果を比較することはできなくなるのである。そしてまた「いじめ」の定義の曖昧さのゆえに、先に述べたように、年度間によるあまりにも顕著な差異や地域的バラツキが生じるのである。

2 「いじめ」と集団的遊び

(1) 集団的遊びとしての「いじめ」

「いじめ」とは何か。端的に言ってしまえば、「いじめ」とは一種の集団的遊びである。ただし反社会的な集団的行為であることは言うまでもない。そして「一種の」というのは加害者の子どもたちにとって「いじめ」は仲間と一緒の、他の集団的な遊びと本質的には同じだという意味であり、たとえて言えば、野球とか鬼ごっこという名称の集団的遊びがあるように、特定の子どもを対象とした「いじめ」という名称の集団的遊びだという意味である。「いじめ」は人間関係そのものを対象とした遊びなのだ。ただ「いじめ」が反社会的行為であるから「遊び」と称していないだけである。

しかし初めから「いじめ」という遊びがあるわけではない。初めは単なる仲間内での「ふざけ」とか「からかい」、あるいは「冗談」や「おしゃべり」といった遊びだったのが面白可笑しさ、痛快さ、快感、小気味よさといった愉快性・快感性・痛快性、さらには優越性を求めて次第にエスカレートし、「いじめ」になっていくのである。

今日の子どもたちが学校の休憩時間や昼休みに何をしているかといえば、「教室のなか」や「廊下の片隅」で親しい「少人数」の「同級生」と「ふざけあったり、からかいあったり」、「冗談を言ったり、おしゃべり」をするという遊びである（調査対象は小学校四年生・六年生および中学校二年生。住田・南 二〇〇三：四三七-四五二）。高学年ほどその傾向が強い。今では小学校の休憩時間や遊びの時間といっても二〇～三〇分程度だし、中学校ともなれば遊びの時間などは設けられていないから短い休憩時間にできるのは、こうした息抜き程度の手っ取り早く、たわいない、手近で手軽な遊びなのである。

こうした「ふざけ」や「からかい」、「冗談」や「おしゃべり」という遊びは仲間との親密な関係、つまり仲間との行為の授受（相互行為）そのものを楽しむ遊びである。行為者である子どもが他者である仲間に対して、ある意味（ふざけ、からかい、冗談）を込めて働きかけ、仲間はその働きかけに付された意味（ふざけ、からかい、冗談）を察知し、その働きかけに反応する。そしてその仲間の反応に対して行為者である子どもはさらなる意味を込めて働きかける……という行為の交換・授受を楽しんでいるのである。ふざけ、からかい、冗談は仲間同士が互いを対象とし、愉快性・快感性・痛快性を高めるような［働きかけ―反応］という互酬的な行為過程を楽しむ遊びである。仲間同士であるから互いに性格や習性、能力、態度や行動パターンを知り合った間柄であり、したがってそれぞれの行為に付与された意味を互いに容易に察知することができる。初めに働きかける行為者の子どもは自分の行為（ふざけ、からかい、冗談）が相手の仲間に及ぼす効果、つまり仲間がどのように反応するかを予測することができる。そうした仲間の反応を期待して行為者の子どもは仲間に働きかける（ふざけ、からかい、冗談）。そして仲間も行為者の子どもの行為に付与された意味（ふざけ、からかい、冗談）を察知して反応する。ふざけ、からかい、冗談というのは、仲間内の、相互の行為に付与された意味を察することが可能な範囲内で行われる愉快性・快感性・痛快性を伴った行為の交換・授受の過程を楽しむ遊びだと言ってよい。この範囲のなかでの「ふざけ」、「からかい」、「冗談」はその愉快性・快感性・痛快性のために仲間相互の関係はさらに親近感や親密感を深めていくだろう。

しかし、「からかい」や「ふざけ」、「冗談」という遊びは、その反面において、行為者の子どもが相手の仲間が察することのできないような働きかけをして、その仲間の予想できなかった反応を面白がるという遊びでもある。行為者の子どもが相手の仲間が全く予想できないような働きかけをすれば、相手の仲間にとっては、その働きかけは意味不明の行為となり、したがって仲間はどのように対応すべきか戸惑い、狼狽え、困惑することになる。その相手の仲間の戸惑い、狼狽え、困惑の様相を面白がるのである。だが、通常は仲間同士が許容できる範囲内で行われるから相手の戸惑い、狼狽え、困惑といっても、そのとき限りで終わる。その限りにおいて仲間同士で愉快性・快感性・痛快性を共有して楽しむことで終わる。

しかし行為者の子どもが一層の愉快性・快感性・痛快性を味わいたいために相手の仲間の感情や気持ちを無視して、意表を突いたおどけや戯れを執拗に継続すれば、その仲間は行為者の働きかけの意味を察することができずに戸惑い、狼狽し、困惑し続けるだろう。あるいはその行為者の働きかけが執拗なおどけや戯れだと分かれば、その一方的な無理無体に仲間は不快感や嫌悪感を感じ、さらには耐え難い屈辱感や恥辱感を感じて、精神的な、ときには身体的な苦痛を感じるようになるだろう。そうなれば行為者の子どもの一方的で執拗なおどけや戯れ（からかい、ふざけ、冗談）の継続は、相手の仲間にとっては苦痛をもたらす加害行為となる。しかし、行為者の子どもにとっては、それは愉快性・快感性・痛快性を高めるための面白可笑しい、小気味よい行為なのであり、あくまでも「ふざけ」、「からかい」、「冗談」という遊びでしかないのである。

このように、初めは「ふざけ」、「からかい」、「冗談」であった遊びが次第にマンネリ化していけば、行為者の子どもは一層の愉快性と快感性と痛快性を求めて相手の仲間の意表を突くような、つまり仲間に精神的・身体的な苦痛をもたらすような、一方的で執拗な加害行為へと遊びをエスカレートさせていく。そして仲間が戸惑い、狼狽し、困惑して精神的・身体的な苦痛をこらえ忍ぶ表情や態度に行為者の子どもは面白可笑しさ、痛快さ、小気味のよさ、さらには優越感を感じて愉快性と快感性、痛快性、優越性を楽しむのである。これが「いじめ」なのだ。だから「いじめ」といっても教師や他の同級生といった第三者の目から見れば、行為者である子ども（加害者の子ども）と相手の仲間（被害者の子ども）との間の「ふざけ」、「からかい」、「冗談」といった仲間内でのおどけや戯れの遊びにしか見えないのである。

そして「いじめ」が「集団いじめ」の形を取るのは、先に述べたように、行為者の子ども（加害者の子ども）が集団の力を背景とした優勢な立場を作り上げるためでもあるが、その一方では、行為者の子どもが、相手の子ども（被害者）の苦痛に耐えている惨めな表情や様相から感じる愉快性、快感性、痛快性、優越性を仲間と共有したいからでもある。仲間と一緒になって愉快性・快感性・痛快性・優越性を味わえば、その感情は一挙に高まり、集団的興奮が盛り上がって歓喜に浸ることができるのである。

(2)「いじめ」の被害者の子ども

では、いじめの標的とされる特定の子どもとはどのような子どもなのか。「いじめ」の標的とされる子どもは、仲間内での「ふざけ」、「からかい」、「冗談」がエスカレートしていく過程で特定化されていくこともあるが、特定の子どもが何らかの理由で標的とされてから、その子どもに対する「ふざけ」、「からかい」、「冗談」がエスカレートして「いじめ」になっていくこともある。

しかし、先に述べたように、「いじめ」の標的とされるような基準はないから誰が「いじめ」の標的にされるか分からない。その場の状況や雰囲気によって、あるいは誰かの一言によって突如として標的にされたりする。だが、そうはいっても、そこには子どもたちが日頃は意識しないけれども、何とはなしに漠然と「目に付く」ような子どもがいるのではないか。その場の状況や雰囲気から「いじめ」を誘発するような、あるいは誰かの一言を誘発するような、漠然と目に付くことがあるのではないか。そうでなければ特定の子どもが標的とされることはない。そうした何となく漠然と「目に付く」ような子どもが、ある状況や雰囲気のときに「目障りな存在」、あるいは「目に留まる存在」として浮かび上がってくるのである。もっとも「目に付く」といっても、その内容も程度も明瞭ではない。性格や習性、態度や行動、運動能力や学習能力、言葉使いや服装などが日頃から何となく目に付いていたり、あるいは身体的・体力的に劣っていたり、さらには家庭環境の様相などが漠然と目に付いていたりする。そうした日頃から何となく漠然と目に付いていたことがある状況や雰囲気になったときに、あるいは誰かの一言によって「目障りな存在」に作り上げられ、あるいは「目に留まる存在」に作り上げられて標的にされていくのである。[2] かつて流行した「ムカツク」という言葉は、まさに「目に付く」とか「目障りな存在」の意味を端的に表現している。「ムカツク」という言葉のなかに「何となく目に付く目障りな存在」とか「何となく目に留まってしまう目障りな存在」という不快な感情、反感や敵意、違和感や嫌悪感、苛立ち、興ざめる思いといった感情が集約的に表れている。「ムカツク」と表現することで、目障りな子どもを集団内の人間関係から切り離して対象化し、「いじめ」の標的にするのである。しかもその「目に付く」表徴や「目に留まる」表徴は、常日頃は子どもたちの間では意識されることはなく、表面に現れないから、誰がいつ「目障りな存在」となって「いじめ」の標的にされるか分からない。だから先に述べたように、「いじめ」に加わっていない子どもたちであっても不安であり、恐怖であり、そのために加害者側の優勢な多勢に同調するのである。「いじめ」が不当・悪辣・卑怯だと分かっていても優位な立場にいる加害者側に立たざるを得ない。

仲間との「おしゃべり」も親しい仲間との行為の授受（相互行為）を楽しむ遊びであるから同様の過程を辿る。仲間との親密性や親近性を楽しむために愉快性・快感性・痛快性が高まるような話題に集中する。その話題が何となく「目に付く」仲間や「目に留まる」仲間に集中する。そうした仲間の噂話やゴシップ、さらには悪口や陰口、冷やかしは最も身近で共通の、興をそそる話題であり、それが仲間内での秘密の共有となって仲間との連帯感、そして優越感が生まれる。仲間内の誰か一人が何らかの切っ掛けで「目に付く」仲間や「目に留まる」仲間の話題に先鞭をつけ、話題の流れを作れば他の仲間はそれに同調して、その方向に流されていく。そこで同調しなければ、今度は自分が噂やゴシップ、悪口や陰口の対象にされ兼ねない。現にその可能性を自身の同調的態度が示している。

こうして初めは、何とはなしに「目に付く」子ども、「目に留まる」子どもを対象としたたわいもない噂やゴシップの「おしゃべり」が、その都度に脚色され誇張されてエスカレートしていく。面白可笑しく、小気味よいからである。エスカレートしていけば、その「おしゃべり」は粗探しになり、嘲り、罵り、中傷になって痛快さや快感、優越感を呼び起こしていく。そして加害者の子どもたちがさらに一層の愉快性と快感性、痛快性、優越性を味わおうとして、当の子ども（被害者）に面と向かって、その悪口雑言や誹謗中傷を浴びせれば、その子どもは衝撃を受けて、戸惑い、困惑し、悲嘆にくれるだろうが、その屈辱と苦悶に満ちた表情や態度に愉快性と快感性、痛快性を覚え、優越感を感じて興がり、仲間内での一体的な感情をいだくのである。だが、それは加害者の子どもたちにとっては、仲間との集団的遊びなのである。

3 「いじめ」の定義と条件

では、「いじめ」はどのように定義づけられるだろうか。「いじめ」は、いじめる子どもといじめられている子どもという加害者と被害者の間で行われている「優位 - 劣位」の関係における相互行為であり、次のように定義づけることができる。

同一集団内での人間関係のなかで、優位にある一方が、加害を意図しているか否かにかかわらず、劣位にある他方に対して精神的・身体的苦痛を継続的に与えるような一方的な継続的・反復的行為。

この定義には、三つの条件が含まれている。

イ　同一集団内での人間関係のなかで行われる優位な立場にある者（加害者）の働きかけ（行為）であること。
ロ　集団内での優位な立場にある者（加害者）が、加害を意図しているか否かにかかわらず、劣位にある他方に対して一方的に行う継続的な反復的行為であること。
ハ　優位にある者（加害者）の一方的な、継続的・反復的行為によって劣位にある他方（被害者）が精神的・身体的な苦痛を継続的に感じるような行為であること。

「いじめ」が同一集団内での人間関係のなかで行われる優位な立場にある者の働きかけ（行為）であるというのは、「いじめ」が子ども同士の間での相互行為だということを意味する。そして同一集団というのは、子どもが所属している学校集団、またはその下位集団である学級集団を意味するから、「いじめ」は学校という教育機関内における子ども同士の問題であることを意味する。あるいは少なくとも学校という教育機関がかかわる範囲内での子ども同士の問題なのである。端的に言えば、「いじめ」は学校という枠組みのなかでの問題なのだ。それは言い換えれば、「いじめ」が学校教育の指導範囲にあることを意味する。後述のように、「いじめ」には、いわゆる犯罪型のいじめがある。そのために犯罪型のいじめと犯罪との相異はどこにあるかという点が問題だという指摘もある

（藤本 一九九六：五）。確かに犯罪型のいじめと犯罪とは形態は同じである。だが、行為形態は同じだが、その行為が学校の枠組みのなかにあるか否かによって「犯罪型のいじめ」か「犯罪」かが区別される。学校の枠組みのなかにある行為が「犯罪型のいじめ」であり、学校の枠組みを越えた行為が「犯罪」なのだ。学校の枠組みのなかにあるというのは、その「いじめ」が学校教育の可能性の範囲にある、学校の指導可能な範囲にあるということを意味する。つまり「いじめ」は学校の教育や指導によって更正可能だと捉えているわけである。学校教育が問題とすべき子ども同士の問題だというわけだ。そうでなければ「犯罪型のいじめ」は、いわば学校教育の失敗となる。しかし「学校教育の失敗」とは認めたくない(3)。だから広く「いじめ」と称しているのである。これに対して「犯罪」は、学校の枠組みの外にあり、子ども同士の関係とは限らない。加害者が子どもであっても被害者は子どもとは限らない。たとえ子どもがかかわっていたとしても本来は学校が関知しない問題であり、司法機関が取り扱うべき問題である。もちろん実際の問題の処理には学校は司法機関と連携をとるが。行為形態としては「犯罪」だが、「犯罪型のいじめ」と言っているのは、同じ暴力行為であっても学校の枠組みのなかであれば「校内暴力」と称して一般の暴力犯罪と区別しているのと同じである。

このように、「いじめ」は子ども同士の問題であり、学校教育がかかわるべき問題だという意味が同一集団内という文言に含まれている。

また「いじめ」が同一の集団内での人間関係のなかで行われる優位な立場にある者の働きかけ（行為）であるというのは、優位な立場にある加害者の子どもが劣位にある他方の被害者の子どもと集団生活をともに継続していくなかで、他方の被害者である子どもの性格や習性、能力、態度や行動パターン、さらには家庭環境などについて通じていることを意味する。だからこそ加害者である子どもは、そうした情報から、先に述べたように、常日頃は意識していなくても何となく漠然と「目に付く」ような、あるいは「目障り」な子どもの存在に気づいているのである。そしてまた、そうした情報から加害者である子どもは、相手の子ども（被害者）に自分の優位な立場を押し付けることが可能であること、その優位な自分の立場に対して相手の子ども（被害者）は抵抗し、反撃できないことを承知している。加害者の子どもは、その上で、仲間と集団を組み、標的とした特定の子ども（被害者）に対して一方的に、強圧的な態度で働きかけるのである。

しかし、「いじめ」は、加害者の子どもの一方的、かつ継続的・反復的な働きかけによって被害者の子どもが何らかの苦痛を継続的に受けるという行為であるから加害者の子どもが、悪意をもって（加害行為を意図して）被害者の子どもに対して一方的に働きかけたとしても、被害者の子どもが何らの精神的苦痛も身体的苦痛も継続的に感じないならば、「いじめ」とはならない。つまり「いじめ」はもっぱら被害者の子どもが相手（加害者の子ども）から精神的・身体的な苦痛を受け続けているという主観的感情による。「いじめ」は被害者の子どもの継続的な被害感情という主観的感情に規定されるというわけである。その意味では、加害者と言われる子どもが善意によって被害者の子どもに継続的に働きかけても、その働きかけによって被害者の子どもが精神的苦痛、身体的苦痛を継続的に感じるのであれば、それは結果として「いじめ」となる。だが、論理的にはそうであっても、実際問題としては、精神的・身体的苦痛を一方的・継続的に与えるような反復的行為は悪意に満ちている。もし被害者の子どもが精神的・身体的苦痛を感じないようであれば、加害者の子どもは精神的・身体的苦痛を具体的に訴えるようになるまで加害行為を執拗に継続していくだろう。それが「いじめ」なのだ。

しかし、被害者の子どもにとっては、初めは自分に対して強圧的な態度で一方的に働きかけてくる相手（加害者の子ども）の意図が分からない。善意なのか悪意なのか。だが、被害者の子どもが精神的・身体的苦痛を継続的に受けているという被害感情を持つようになれば、相手（加害者の子ども）の行為に悪意が含まれていることを感じ取るだろう。だから「いじめ」が被害者の子どもに精神的・身体的な苦痛を継続的に感じさせるような行為であるというのは、相手（加害者の子ども）がたとえ悪意を持っていなくても、被害者の子どもはその相手の行為に悪意がこもっていること、加害を意図していることを感じ取っていることを意味する。

そしてその精神的・身体的苦痛を受けているという被害感情は加害者の子どもによる一方的な継続的・反復的な働きかけによるものでなければならない。加害者である子どもの働きかけが一時的、あるいは偶発的なものであり、それによって生じる被害者の子どもの精神的・身体的苦痛もその場だけの一時的なものであるならば、「いじめ」とは言えない。

ここで継続的な働きかけというのは、加害者の子どもによる一方的で強圧的な加害行為、具体的に言えば言語的攻撃行為や身体的攻撃行為が一定期間にわたって継続することを意味する。行為の継続性である。そして反復的な働きかけというのは、言語的攻撃行為にしろ身体的攻撃行為にしろ、同じタイプの、あるいは類似的な加害行為が執拗に繰り返されることを意味する。行為の反復性である。

「いじめ」は、このように、被害者の子どもに対する加害者の子どもの一方的な、強圧的な態度での継続的な、反復的行為（働きかけ）であるが、それが可能なのは、加害者の子どもが優位な立場にあるからであり、その優位な立場を作り出すために集団の力を背景とした上下関係を作り上げ、被害者の子どもを下位の服従的な立場に追いやるのである。だから被害者の子どもは抵抗したり、反撃することはできず、ただ一方的に精神的苦痛や身体的苦痛を受け続け、我慢を押し付けられるだけである。だが、その、被害者の子どもの苦渋に満ちた表情や態度、行動の様相を加害者の子どもたちは仲間とともに興《きょう》がり、愉快性や快感性、痛快性、優越性を感受して歓喜に浸り、心理的満足を得ているのである。だから加害行為が継続され、反復される過程において、その加害行為は一層の愉快性、快感性、痛快性、優越性を求めてさらに苛酷化していく。だが、「いじめ」は加害者の子どもたちにとっては愉快性、快感性、痛快性、優越性をもたらす集団的遊びなのである。

4 「いじめ」のタイプとその特性

(1) 「いじめ」のタイプ

しかし、「いじめ」を上のように定義しても、実際にはいくつかのタイプが見られる。例えば、加害者の子どもが被害者の子どもに精神的・身体的苦痛を与えるような行為を続けたとしても、加害者の子どもはその行為を加害行為（いじめ）であると認識している場合もあるが、認識していない場合もある。したがって「いじめ」への対応といっても一律に論じることはできない。自分の行為を「いじめ」とは思ってもいないのに「いじめ」の加害者だと言われれば、その子どもは、対応によっては逆に被害者意識を持ち、その対応に不満や反感を抱き、かえって反抗的な態度・行動をとるようにならないとも限らない。だから「いじめ」への対応と言っても、それは、加害者の子どもの意図の有無、加害者の子どもと被害者の子どもとの関係、加害行為の形態や内容、被害者の被害感情の程度などについての事実を把握した上での対応でなければならない。したがってまず「いじめ」の事実を検討して「いじめ」のタイプ化を試み、それぞれのタイプの特徴を明らかにすることが必要だろう。

さて、上に述べたように、「いじめ」を加害者と被害者の間の上下関係における相互行為と定義すると、タイプ化のための徴表として、（a）加害者の子どもが自分の働きかけの行為を加害行為（いじめ）であると認識しているか否か、つまり加害を意図しての働きかけか否か、（b）加害者の子どもが、自身の加害行為（いじめ）によって被害者の子どもが精神的・身体的に苦痛を感じることを認識しているか否か、あるいは予期しているか否か、そして（c）被害者の子ども自身の被害感情の有無、を考えることができる。表3－1は、こうした関係を示したものである（有りは＋、無しは－の記号とする）。

表3-1 「いじめ」のタイプ

タイプ	加害者		被害者	行為の形態
	(a) 加害行為の意図	(b) 被害者の苦痛	(c) 被害感情	
Ⅰ	−	−	＋	集団的遊び
Ⅱ	＋	−	＋	集団的同調行動
Ⅲ	＋	＋	＋	集団的攻撃行動
Ⅲ′	＋＋	＋＋	＋＋	集団犯罪型

（注）＋：認識している場合，または有り
−：認識していない場合，または無し

既に述べたように、「いじめ」は被害者の子どもが精神的・身体的苦痛を感じているという主観的な被害感情が、加害者の子どもの意図や行為のいかんにかかわらず、「いじめ」の不可欠の条件であるから、（c）被害者の苦痛という被害感情は、どのようなタイプの「いじめ」であっても必ず存在する。

しかし被害者の子どもが、たとえ精神的・身体的苦痛を感じているとしても、働きかける側の加害者の子どもに悪意や加害の意図があるとは限らない。精神的・身体的苦痛を与えることを意図しての加害行為（いじめ）である場合（表3-1、a欄の＋の表示。以下a+と表示）もあるが、悪意や加害の意図がない場合もある（a−）。しかしいずれの場合であっても（c）、被害者の子どもが苦痛を感じ、被害感情を抱いている限り（c+）、「いじめ」となる。

そして加害者の子どもが加害を意図し、自身の行為を加害行為だと認識していても（a+）、その加害行為によって相手の子ども（被害者）が精神的・身体的苦痛を感じていることに考えが思い至らない場合もある（b−）。あるいは自身の行為が加害行為だとしても、それは子どもの間では許容範囲内の、よくある行為（ふざけ、からかい、冗談）であって、苦痛とはいっても大したことではなく少しも問題ではないと思っている場合もある（b−）。それは加害者の子どもたちの関心が仲間との集団行動を興《きょう》がり、仲間と一体となっての集団的興奮に愉快性・快感性・痛快性を感じているからである。彼らにとっては集団的遊びなのだ。他方、加害者の子どもたちが相手の子ども（被害者）に苦痛を与えるために（b+）意図的に加害行為を繰り返す場合もある（a+）。先に述べたように、彼らは相手の子どもに継続的に執拗に加害行為を繰り返して精神的・身体的苦痛を与え、その苦痛に煩悶している相手の表情や態度、行動の様相を見て愉快になり、快感を覚え、痛快を感じ、優越を感受して興《きょう》に入るのである。こうしたタイプの加害行為（いじめ）はさらなる愉快性・快感性・痛快性・優越性を求めてエスカレートしていくこともある。そうなれば加害行為はさらに苛酷化し、巧妙化し、陰湿化していく。

したがって「いじめ」は、上記のa、b、cを組み合わせることによって表3－1のように、類型化することができる。いま、それぞれのタイプの「いじめ」を便宜的に、タイプⅠ、Ⅱ、Ⅲと呼び、それぞれのタイプの特性を仮説的に提示すると以下のようになる。

Ⅰ型＝加害者の子どもは自分の行為を加害行為（いじめ）だとは思ってもいないし（a−）、ましてや相手の子どもに対する加害意識などは全くない（b−）。ただ仲間との集団行動が愉快であるから行為をそのままに継続していく。しかし相手の子どもの方はその継続的な行為に困惑し、苦痛を感じている（c+）。

Ⅱ型＝加害者の子どもは相手（被害者の子ども）に対して愉快性・快感性のために加害行為を継続するが（a+）、その自分の行為によって相手の子どもが困惑し、苦痛を感じていることにまでは思い至らない（b−）。あるいは相手の子どもの反応に対する関心は強くはない。ただ仲間に同調し、仲間との一体的な集団行動（加害行為）を興《きょう》がり、仲間との集団的興奮にとりつかれている。だが、相手の子どもは苦痛を感じ、耐えている（c+）。

Ⅲ型＝加害者の子どもが相手の子どもに精神的・身体的苦痛を与えるために（a+）、攻撃的言動を加え続け、その相手の子どもの苦痛の表情や態度、行動の様相に愉快性・快感性・痛快性、さらには優越性を感じて仲間と一緒に興《きょう》がっている（b+）。当然のことに相手の子どもは耐えがたい苦痛を感じている（c+）。しかし加害者の子どもは一層の愉快性、快感性、痛快性、優越性を求めて加害行為をさらにエスカレートさせていく場合がある。それが犯罪型の「いじめ」である。Ⅲ′型としておこう。犯罪型のいじめは、加害者の子どもが被害者の子どもに対して暴力、恐喝、脅迫といった犯罪的な逸脱行為を取るタイプであり、加害者の子どもは当然に自分の行為が犯罪行為であることを承知しており、相手の被害者の子どもが身体的・精神的に苦痛を強いられていることを十分に認識している。被害者の子ども自身も明らかに犯罪行為だと思っている。いずれもエスカレートしていった極致という意味で、$+^{+}$としておこう。

「いじめ」は、このように主要には三つのタイプに類型化することができる。ただし、（a−）、（b+）、（c+）というタイプは理論的にはあり得ない。加害者の子どもが何の加害を意図しないのに（a−）相手の子ども（被害者）が苦痛を感じることを承知しており（b+）、かつ相手の子どもが被害感情をいだいている（c+）というタイプである。

(2)「いじめ」のタイプの特性

Ⅰ型の加害者の子どもは、相手の子どもに対して加害の意図を持っていない。だから相手の子どもが自分の行為によって苦痛を感じ、被害感情をいだいているとは思ってもいないし、気づかない。自分の行為は仲間と一緒のグループ（または同一の学級集団やクラブなどを含む）の集団行動、つまり「集団的遊び」の一行動だと思っている。だから何にも気づかぬままに相手の子どもに対して同じ行為を繰り返しているのである。だが、相手の子ども

（被害者）の方は加害者の子どもの反復的な行為を不快に思い、苦痛を感じている。平たく加害者の子どもの「無意識の嫌がらせ」と言えば分かりやすいだろう。同級生の仲間と「ふざけあったり、からかいあったり、冗談を言ったり」という集団的遊びのなかでの、特定の子どもに対する反復的な「いたずら」（ふざけ、からかい、冗談）である。例えば反応の大きい子ども（つまり何となく「目に付く」ような子ども）は仲間内での、ふざけ、からかい、冗談の対象になりやすいだろう。

Ⅱ型の加害者の子どもは、加害を意図しているから、特定の子どもを標的にして加害行為を繰り返すのであるが、その特定の子どもに苦痛を与えることよりも、その加害行為を仲間と一団となって継続的に反復することによる集団的興奮に興じたいのである。仲間との集団行動によって仲間と相互に感応し合い、仲間との一体感を感じつつ感情が高揚していくという集団的興奮を楽しみたいのである。仲間との同調的行動から湧き上がる愉快性、快感性、痛快性を仲間と共有して感受し、ぞくぞくするような満足感を味わいたいのである。その同調的行動が「集団いじめ」なのだ。だから彼らにとっては遊びなのである。

このⅡ型には、加害者の子どもが個人の場合もある。加害者の子どもが自身の力を誇示して優越感を示し、さらに周囲に誇示したいがために特定の子どもに対して侮蔑的な、攻撃的な行為を繰り返すといった場合である。だからこうした「いじめ」の場合には明らかに体力が劣り、性格が気弱な子どもが標的とされやすい。自分が絶対的に優位な立場に立てるような相手を選ぶわけである。「いじめ」が社会問題になり始めた一九七〇年代では、特定の加害者の子どもが特定の子どもを標的に攻撃的な行動を執拗に繰り返すという個人対個人のケースが多々あった。「いじめ」が集団行動（集団いじめ）の形をとるようになったのは一九七〇年代後半から一九八〇年代にかけてであるが、この時期は子どもの遊びの室内化、遊び時間の減少、集団的遊びの減少、遊び集団構成の縮小化など子どもの遊びの変化がさまざまな調査によって多々指摘されるようになった頃である（厚生省 一九七九、NHK放送世

論調査所編 一九八〇、NNS調査委員会編 一九八五、環境庁 一九九六)。つまり子どもたちの間で戸外での活動的な集団的遊びから湧き起こる集団感情の高揚や集団的興奮の機会が失われていった時期である。

Ⅲ型は、加害者である子どもの関心が相手の子ども(被害者)に精神的・身体的苦痛を与えることにあるというタイプである。相手の、被害者である子どもが戸惑い、困惑し、苦痛に耐えている、その表情や態度、行動の様相を興《きょう》がり、痛快に感じ、快感を覚え、ときに優越感を感じるのである。だから愉快性、快感性、痛快性、優越性を高めるために加害行為はさらにエスカレートしていく。エスカレートしていくほどに愉快性、快感性、痛快性、優越性は高まり、集団感情は高揚し、集団的興奮を味わうことができる。相手の子どもが苦痛に耐えている、その様子を仲間と相互に煽動しあって笑い興じるのだ。

このⅢ型がエスカレートして、加害者の子どもが相手の子ども(被害者)に対して暴力、恐喝、脅迫といった刑罰法令に違反するような攻撃的行為を繰り返すようになると、Ⅲ′型の「犯罪型のいじめ」となる。もちろんこうした行為は単発的な行為であっても犯罪には違いない。しかし先に述べたように、そうした子どもの行動が学校の枠組みのなかにあるか否かによって、行為形態は同じでも「犯罪型のいじめ」と「犯罪」とが区別される。「犯罪型のいじめ」は学校集団、または学級集団という同一集団内での子ども同士の問題なのだ。だが、犯罪型であるだけに社会的可視性が高く、「いじめ」の事例報告には、こうした犯罪型のいじめの事例が多い(武田 二〇〇四)[4]。

しかし「いじめ」のタイプとしては、犯罪型は基本的には(a+)、(b+)、(c+)であるからⅢ型に入る。また後述のように現在に多い「ネットいじめ」もⅢ型に入るだろう。

「いじめ」は、このように主要には三つのタイプに分類することができるが、継続的・反復的な行為であるだけに、いずれのタイプであっても、その過程においてエスカレートしていく可能性がある。Ⅰ→Ⅱ、あるいはⅠ→Ⅲ、またⅡ→Ⅲ、Ⅲ→Ⅲ′のようにである。例えば、Ⅰ型のように、加害者である子どもに加害の意図もなく、相手の子どもが被害感情を抱いているとは思っていなくても、その集団的遊びによる愉快性・快感性・痛快性が高まってくれば、たとえ相手の子どもが苦痛を感じていることに気づいても、その愉快性・快感性・痛快性の方が優位を占めるようになり、そのままに加害行為を継続し反復していくようになるケースもある。

ところで、先にも述べたように、加害者の子どもは優位な立場を作り出すために仲間と集団を組み、その集団の力を背景に被害者の子どもを上下関係のなかに組み入れて加害行為（いじめ）を加えるのであるが、そうした加害者の子どもの集団は、仲間同士の結びつきが強い場合もあるが、強くない場合もある。すでに形成されている仲間集団の場合もあれば、ふざけ、からかい、冗談が特定の子どもを対象にエスカレートしていく過程で集団が形成されていく場合もある。すでに形成されている仲間集団の場合は仲間同士の結びつきは強く、仲間の一人（とくにリーダー格のメンバー）が先鞭を付ける形で行動すれば、他の子どもはそれに追随し、同調行動をとるようになる。とくにⅡ型は、仲間との同調行動をとることによって集団的興奮を楽しみたいというタイプであるから、集団凝集性は高い。しかし仲間同士の結びつきが強くない場合もある。「いじめ」が継続し、エスカレートしていく過程で、その加害者の子どもを他の子どもが煽り立てるようにして集合し、類似的な反復的行動を取るような場合である。端的に言えば、いじめるときにだけ集合するという集合行動としての「いじめ」である。「いじめ」の愉快性・快感性・痛快性、さらには優位性を味わいたいがために集合し、集合した仲間とともに執拗に加害行為を繰返すのである。こうした場合の仲間同士の結びつきは強くはない。だが、それでも誰か一人の仲間の一言が集合行動を方向付けていくこともある。

Ⅲ型の加害者の子どもたちは、被害者である子どもの苦痛に耐えている、その表情や態度、行動の様相を見て興《きょう》がりたいのであるから被害者の子どもに対する言語的攻撃、あるいは身体的攻撃といった攻撃的行動に関心がある。自らが直接に攻撃的行動をとらなくても仲間の攻撃的行動を見て、その攻撃的行動に加勢し、集団的興奮に浸るのである。Ⅱ型と同様に、すでに形成された凝集性の強い仲間集団の集団行動（いじめ）の場合もあるが、集団の凝集性といっても、それほどに強くはない集合行動としての「いじめ」もある。

5 現代の「いじめ」

いじめたり、いじめられたりすることは誰しも子ども時代に経験したことであって昔にも「いじめ」はあったとか、「いじめ」はどこの世界にもあるものだと言われるが、そうした場合の「いじめ」は、ここで検討してきた「いじめ」の定義には当てはまらない。それはその場だけの単発的な嫌がらせ、意地悪、嘲笑、あるいは殴り合いの喧嘩といった類である。子ども時代に経験した「いじめ」であろうと、あるいはどこにでもある「いじめ」であろうと、「いじめ」を問題とする限りは、その定義に妥当するような事実に基づいて問題にしなければ比較にならない。

ここで述べた「いじめ」の定義にしたがえば、誰しも子ども時代に経験した「いじめ」やどこにでもあるという「いじめ」は、上記のタイプに当てはめれば、形としては、Ⅰ型、あるいはⅢ型に近いだろう。仲間との集団的遊びの過程で生じるⅠ型の「いじめ」か（a–、b–、c+）、あるいは、例えば遊びのルールに違反した仲間に対する制裁、また集団的遊びを妨害する仲間の排斥といった仲間を懲らしめることを目的としたⅢ型の「いじめ」（a+、b+、c+）である。しかしそうした場合であっても、先の定義に述べた「いじめ」の第二条件、すなわち一方的な、継続的・反復的行為には妥当しない。そうした「いじめ」は、対象とされた子ども自身もいじめられる理由を不承不承ではあれ承知していた。かつての「いじめ」、あるいはどこにでもある「いじめ」は、その場の、子どもたちの「遊びの世界」のなかだけの、一時的な加害行為だったのである。だから遊びの場面が異なれば、再び仲間と一緒に集団的遊びに興じたのである。だから、かつての、どこにでもある「いじめ」と称された行為は、先の「いじめ」の定義に妥当するような事実とは言えない。では今日の「いじめ」は、どのような特徴を有するのか。先に述べた「いじめ」の定義と条件にしたがえば、今日の「いじめ」はⅡ型、Ⅲ型に特徴的な傾向が見られよう。とりわけⅢ型が特徴的である。もちろん今日の子どもたちは、学校の内外を問わず、仲間との集団的遊びに興じる機会がほとんどなく、ために仲間との集団活動の機会があれば容易に集団感情あるいは集合感情が高揚し、集団的興奮に陥りやすく、逆に言えば、それだけ仲間の言動に煽られやすいという傾向がある。だから、その意味ではⅡ型も特徴的である。

しかし今日の「いじめ」の特徴はやはりⅢ型だろう。加害者の子どもたちは、標的にした特定の子どもの苦痛に満ちた表情や態度、行動の様相を見て興《きょう》がり、快感を覚え、痛快を感じ、優越感を持つのであるから、さらなる愉快性、快感性、痛快性、優越性を求めて加害行為はエスカレートしていく。Ⅲ′型はその極致のタイプである。そして集団の数を背景にした優位な立場を絶対的なものにしておいた上で執拗に加害行為を繰り返すのである。さもなければ、加害者であることを隠して匿名で（つまり誰とは分からないという優位な立場で）、加害行為を一方的に続けるのである。「ネットいじめ」はその典型である。(5) 携帯電話を使い、匿名のままで標的の子どもに対してネットの画面上で誹謗中傷し、罵詈雑言を吐き、徹底的に追い詰めていく。そのときの標的にされた子どもの苦悶に打ちひしがれた有り様を直接見ることはできないが、そうした苦悶の有り様を思い描いて悦に入り、愉快な、痛快な、優越的な気持ちになるのである。あるいはまたそのことを加害者の仲間同士で秘密裏に話題にし、被害者の子どもの噂を楽しむのである。苛酷化、陰湿化、巧妙化というのが今日の「いじめ」の特徴である。

6　「いじめ」と集団活動

(1)　「いじめ」の即時的対応

①　「いじめ」発見の困難

「いじめ」への対応については、これまでにもさまざまな視点から多々論じられてきたし、さまざまな対応事例も報告されているが、ここでは以上検討してきた「いじめ」の視点から学校での具体的対応について考えてみたい。

「いじめ」に対する学校での対応は、二つの次元に分けて考えることができる。即時的対応と漸次的対応と言っておこう。医療になぞらえて言えば、それぞれ対症療法的対応と原因療法的対応と言える。

即時的対応とは現に今、いじめを受けている被害者の子どもに対する即座の対応である。とくにⅢ型、そしてまたⅡ型の被害者の子どもが言語的であれ身体的であれ、一方的な攻撃的行動を繰り返し受け、現に困難に陥っているとすれば、即座に対応しなければならないことは言うまでもない。「いじめ」の事実の確認、学年会・生徒指導部会の協議、職員連絡会への報告、学級担任の指導、保護者への連絡、場合によっては外部相談機関への援助要請、司法関係機関との協議といった即時の対応が求められよう。とにもかくにも被害者救済が最優先である。

ただ問題は、「いじめ」を発見すること自体が容易でないということである。「いじめ」は、第三者の死角で秘密裏に行われることが多いからである。それが継続し、常習化してくると、第三者の目に触れるようになってようやく明らかになる。だが、そのときにはすでに被害が深刻化している場合が多い。だからまずは「いじめ」の発見が第一である。しかし子どもは、「いじめ」を受け、苦痛に苛まれていても他に相談したり、打ち明けたりはしない。

子どもは事が公になることを極力避けようとする。「いじめ」を推測させるような事実を教師が知って、その事実を被害者の子どもに確認しようとしても、逆に子どもは「いじめ」の事実を否定することさえある。「いじめ」の事実を捉えることの困難はそこにある。なぜ、子どもは「いじめ」を相談し、打ち明けようとしないのか。

それは、第一に、子どもはきわめて高い自尊感情（self-esteem）を有しているということである。子どもの自尊感情は大人が考えている以上に高い[6]。この児童後期（またはプレ青年期）から青年前期にかけては、仲間との集団行動に強い関心を示す時期であり、それだけに子どもにとって仲間は重要な位置を占め、仲間の評価には極めて敏感である。仲間に対して高揚した誉れ高い自己を表出し、高い評価を得て、自己の重要性を示したいという強い願望を持つ時期なのである。アメリカの精神医学者・サリヴァン（Sullivan, H. S.）は、この時期の子どもは自己の有効妥当性を同世代者との関係のなかでの共人間的合意によって確認したいのだと述べている（Sullivan, H. S. 1953, 訳書 一九九〇：二八一−二八三）。しかし、にもかかわらず、その重要な仲間から排斥され、「ふざけ、からかい、冗談」の対象にされ、意のままに弄ばれるというのは、被害者の子どもにとってこの上なく屈辱的であり、惨めであり、悲劇的なことである。しかもその「ふざけ、からかい、冗談」に対して何の抵抗も反撃もできないという無力感や無能感が、その屈辱感や劣等感、悲惨性や悲劇性、孤立感を倍加させる。自尊感情は傷つけられ、甚だしく貶められる。だが、その貶められた、屈辱的な惨めな自己を他に知られてはならない。他に知られれば屈辱的で惨めな、悲劇の自己が事実化してしまい、自尊感情は一気に破壊され崩壊してしまう。だから、子どもはどのような「いじめ」の被害を受けようと、その事実を隠そうとするのである。とくに子どもにとって親は最も「重要な人」であるから親にだけは屈辱にまみれた惨めな自己を知られたくない。だから、子どもは親の前では何事もなかったかのように明るく振る舞うのである。

第二に、同じことだが、親に対してであれ、第三者に対してであれ、「いじめ」の事実を打ち明け、助力を求めることは、そのときの屈辱感や劣等感、悲惨性や悲劇性を再現することになるということである。相談し助力を求めることは、「いじめ」を受けた、そのときの自己の悲惨性と悲劇性を自己と親、あるいは第三者の面前に晒し、再確認しなければならないことになる。「いじめ」を想起することは、子どもにとっては、耐え難い精神的苦痛なのだ。いわゆる「二次被害」である。だから誰にも話そうとはせずに自己のうちに封じ込めてしまうのである。親に対してであれ、第三者に対してであれ、子どもが「いじめ」の事実を打ち明けるとすれば、それは「いじめ」の被害が深刻化し、忍耐の限界を越え、しかし八方塞がりの状態に子どもが追い込まれたときである。だが、そうなったときでさえ子どもは、なおも事実を打ち明けようとはしないこともある。自殺は、そうした八方塞がりの、絶望的な、孤独な、そして厭世観に支配された状態に陥ったときに余儀なくされる行動なのである。

第三に、子どもは親を心配させまいとして意地を張り、「いじめ」の事実を打ち明けようとはしないことである。自立心が高まり独立性を重視する、この時期の子どもにとって、親に打ち明けて親を心配させることは、精神的自立と独立性の未熟さを自認することになる。この時期の子どもにとっては、自分の問題は自分で解決しなければならないのだ。

そして第四に、子どもは親や教師、また他の機関に相談したところで何の解決にもならないことを知っている。親に打ち明けたところで「いじめ」が学校のなかでの出来事であり、また仲間同士の問題であってみれば、親の手に負える問題ではないと思っている。教師（学校）に相談し、教師が加害者の子どもに注意したところで「いじめ」が止むとは思っていない。もちろん教師は子どもからの相談があれば、以後は、注意深く子どもたちの行動を見守るだろう。だが、四六時中見守るわけにはいかない。だから、対処のしかたによっては、その間を縫って告げ口をしたとして加害者の子どもから一層の攻撃を加えられないとも限らない。学校カウンセリングにしても「いじめ」を解決できるわけではない。カウンセラーに相談をしても、つまるところは気持ちを入れ替えよ、考え方を変えよ、強く生きよ、周囲の人に話して解決策を探れというものであって、それでもって苦痛が取り除かれるわけでもない。結果、我慢するしかない。ただ、相談者が自分の苦痛と困難な状況を理解し受容してくれたという実感から孤立無援の暗澹たる気持ちが多少とも晴れるという効果はある。(7) もちろん学校カウンセリングの効果を否定するわけではない。しかし「いじめ」はあくまでも加害者の問題なのだ。

② 教師の観察と子ども理解

このように被害者の子どもにしろ加害者の子どもにしろ、とくに被害者の子どもは「いじめ」が表沙汰になることを避けようとするから、当事者の相談や通報から「いじめ」の事実が明らかになることはほとんどない。そのために結局は、第三者、つまり他の子どもたちからの情報と教師の日常的な観察が有効となる。ただ先に述べたように、他の子どもたちが「いじめ」に気づいたときには既に深刻化している場合が多い。また「いじめ」に気づいていても巻き込まれることを恐れて緘黙し、教師に通報するにしても相当に後になってからのこともある。だが子どもたちからの情報は貴重である。他の子どもたちからの情報収集については「児童・生徒理解の方法」としてすでにさまざまに論じられている。(8)

ここで論じておきたいのは、教師の子ども理解と観察である。観察は子どもの心身症的症状や感情的態度、身体的状況を捉えるための、簡単ではあるが、極めて有効な方法である。観察を通して教師は子どもの「気がかりな態度」、「気がかりな行動」に気づき、それが「いじめ」発見の手掛かりとなることもある（「いじめ」だけに限らないことは言うまでもない）。

観察は、授業中はもちろんのこと、休憩時間や課外活動時、昼食時、清掃時などにもできるし、挨拶や立ち話などの際にもできる。廊下で擦れ違う際にも観察できるだろう。そのときの子どもの表情や目付き、言葉や語調、服装や髪型、持ち物、態度や行動を通して、また片時のさりげない会話を通して、教師は子どもの心身症的症状や身体的状況を直感的に見抜くことができるだろう。あるいは何らかの疑念が生じるかも知れないし、不審を抱くことがあるかも知れない。となれば、その子どもの挙動に注意を凝らし、観察を続けていかなければならない。

観察に際しては、教師は子どもの表に表れた態度や行動を、その裏面に潜む心情を汲み取りつつ理解していかなければならない。とくに「いじめ」の場合には、先に述べたように、子どもは苦痛に陥っても、なお「いじめ」の事実を打ち明けようとはしない。だから子どもの平常の習癖や性癖、知的能力、行動傾向、身体的状況、感情的態度、さらには家庭環境をも承知して、そうした子どもの特性をも視野に入れて表に表れた態度や行動を全体的に理解するという観察が必要だろう。

しかしそれでもなお「いじめ」発見には困難が伴う。現代の「いじめ」は仲間との集団行動（あるいは集合行動）であるから、例えばⅠ型の「いじめ」のように観察だけでは「集団的遊び」との区別が困難な場合もある。加害者の子どもたちは、何らの加害の意図もなく、同じグループ（または同一の学級集団やクラブなどを含む）の仲間との集団的遊びだと思って行動するから、被害者の子どもの苦痛には全く気づかないし、気づいたとしてもそれは集団的遊びのメンバーであれば誰しも経験することであり、当然に許容範囲内のことだと思っている。しかも被害者の子どもは仲間の行動（いじめ）が苦痛だと打ち明けようとはしない。だから「いじめ」と「集団的遊び」との区別は難しい。しかし現に被害者の子どもが苦痛を感じているのであれば、それを止めなければならない。だから子どもたちの「集団的遊び」のようであっても、特定の子どもが繰り返し他の子どもたちの類似的行動、とくに攻撃的な行動の対象となっているようであれば、教師はその特定の子どもの表情、挙動、そして状況や推移を注意深く観察していかなければならない。

このことは、Ⅱ型、Ⅲ型の「いじめ」についても言える。被害者の子どもは「いじめ」の事実を打ち明けようとしないばかりか、おどけた仕草などをして加害者の子どもたちに同調的であろうとさえする場合がある。「いじめ」

に抵抗も反撃もできない無力な、屈辱的な、惨めな自己を自身のなかに受容するわけにはいかないからである。だが、現実には、事実として、屈辱的な、惨めな自己が紛れもなく存在する。それを無視するわけにはいかないし、受容しないわけにはいかない。そのためにその反動として、真の自己とは裏腹の、対蹠的な自己として、その屈辱的な、惨めな自己を受容しているのである。惨めな自己であっても自己である限り、受容しなければならないとすれば、受容する自己の部分がなければならない。しかし真の自己として受容するわけにはいかないから、その反動として屈辱的な、惨めな自己を茶化して、ことさらに卑下し、これ見よがしに人目に晒すことによって真の自己ではないことを示しつつ、いわば否定的に受容しているのである。反動形成（reaction formation）である。被害者の子どもが明るく陽気に道化的に振る舞うのは、そのためである。そうした道化的な行動が、第三者から見れば、加害者の子どもに同調的なように見えるのだ。自己を茶化し、陽気に振る舞い、道化的な行動をとるほどに屈辱的な、惨めな自己は真の自己から解離していくから真の自己を堅持することができる。被害を受けつつも、逆に陽気に茶化して道化的に振る舞うことによって自尊心と自負心に満ちた真の自己を辛うじて維持しているのである。いじめられている屈辱的な、惨めな自己は真の自己とは解離した全く別の、いわば道化的自己であることを明るく陽気に振る舞うことによって表明しているのである。だから第三者が見ただけでは「集団的遊び」か「いじめ」なのかは分からない。

「いじめ」によって自殺した東京・中野富士見中学校二年生は、いじめグループのなかではいつもヘラヘラ笑っていたし（一九八六年）、愛知・西尾市立東部中学校二年生も仲間から使い走りをさせられても笑っていた（一九九四年）。「いじめ」の被害者が明るく陽気に振る舞っていたために教師や他の子どもたちは、むしろ加害者のグループのメンバーと見なし、単なる「からかい、ふざけ、冗談」だと見なしていたのである。(9) この二人の場合も教師は「いじめ」とは気がつかなかった。だが、被害者の子どもは明るく陽気に道化的に振る舞わなければならなかったのだ。そうしなければ仲間からの「いじめ」によって自尊心や自負心が破壊された屈辱的な、惨めな自己を真の自己として受容しなければならない。ひょうきんに、おどけて道化的に振る舞う、その背後で誉れ高い、自尊的な真の自己を辛くも保持していたのである。

いずれにしろ今日の「いじめ」は集団行動（あるいは集合行動）をとるから「集団的遊び」と見分けがつきにくいし、たとえ「いじめ」であっても加害者の子どもたちは「いじめ」であることを認めず、「集団的遊び」と言い張るだろう。だから教師は子どもたちの「集団的遊び」であっても、メンバーの子どもたちの表情や行動を、子どもたちの心情を理解しつつ、注意深く観察していかなければならない。しかしたとえ「集団的遊び」であっても「いじめ」的な状況が許されてよいわけではないから、そうした場合には教師の即座の「介入」（intervention）が要請されるだろう。

③　加害者の問題

「いじめ」は、被害者の問題ではなく、あくまでも加害者の問題である。だから加害行為を即座に止めさせなければならないという意味では即時的対応であるが、加害行為の原因を考えての対応ということになれば漸次的対応と言えるだろう。

Ⅰ型の加害者の子どもは何らの加害意図もなく働きかけるが、その行為によって相手の子どもが困惑し、苦痛を感じている。だが、そのことに気がつかない。たとえ気づいてもそれは当然に遊びの許容範囲内のことだと思っている。だからⅡ型、Ⅲ型とは異なり、Ⅰ型は蔭での陰湿な行動ではなく、平然とした行動になる。だからこそ単なる集団的遊びとしか見えないこともある。したがってⅠ型の加害者の子どもには相手の子ども（被害者）が味わっている苦痛や被害感情を婉曲に伝え、相手の心情を感じ取れるように仕向けていかなければならない。何らの加害意図もないのであるからあからさまに咎めることはない。きつく咎めると逆に被害感情を持つようになるとも限らない。Ⅰ型は「集団的遊び」との見分けが困難だから、先に述べたように特定の子どもに対する執拗な行動が見られれば、教師は一応「いじめ」を疑い、加害者の子どもたちを婉曲に戒めるといった指導も必要となる。

と同時に教師は学級集団内のさまざまな下位グループの動態、学級集団内の子ども同士の関係の有り様、学級集団の集団的雰囲気や感情的状態を常時の観察によって把握しておかなければならない。こうした学級集団の特質が子どもたちの行動そのものに影響を及ぼすからである。

Ⅱ型の加害者の子どもは、集団行動（加害行為）から生じる集団的興奮を期待しているから、その期待の実現のために仲間に過同調する場合もある。出過ぎた行動をして仲間の歓心を買おうとするのである。それが被害者の子どもに対する過度の「ふざけ」や「からかい」であり、それが先鞭をつけて「いじめ」に至る。だから、このⅡ型の加害者の子どもにとっては、被害者の子どもの苦痛や被害感情は二の次なのである。それ以上に仲間との集団的興奮を期待している。だからⅡ型の対応も、基本的には、加害者の子どもに相手の、被害者の子どもの苦痛や被害感情を理解させることである。ただⅡ型は、Ⅰ型と異なり、教師や第三者の死角で行われることも多いからⅠ型以上に、常時の学級集団の下位グループの動態や集団的雰囲気の観察が要請されようし、個々の子どもの特性の把握も要求されよう。そしてⅡ型が集団行動から生じる集団的興奮を楽しむタイプであることを考えれば、つまるところ集団行動の機会を与えることが有効だろう。仲間との集団的興奮のなかに心理的満足感や快感を覚えるのがⅡ型の特徴である。このことについては後述する。

Ⅲ型は、加害者の子どもが被害者の子どもの苦痛に陥っている姿に愉快性と痛快性を感じ、カタルシス（catharsis）を得るタイプであるが、このⅢ型は、そしてⅡ型にも妥当するが、加害者の子ども自身何らかの問題を抱えている場合が多い。家庭の問題、親の問題、また学業の問題、進路の問題、友人関係の問題、さらには自身の能力に関わる問題など。しかしとりわけ親との関係の問題が多いだろう。というより、どのような問題であろうと、子どもの問題は、結局は親との関係の問題に帰着する。だが、子どもにとっては、家庭の問題であろうと、また親との関係の問題であろうと、何らなす術のない問題である。ただ状況に服するしかない。そうした状況から生じる不安を感じても、それに耐えるしかない。不安が蓄積すれば敵意と憤怒となって現れる（Sullivan, H. S. 1953, 訳書：二三八－二四〇）。そうした敵意と憤怒が陰湿な加害行為（いじめ）となる。不安を一挙に吹き払い、敵意と憤怒をぶちまけているのだ。だから相手の子どもが苦痛に打ちのめされるほどに愉快性と痛快性を感じ、カタルシスを得るのである。身体的暴力を伴う犯罪型いじめは、その典型だろう。

そしてまた現に社会問題化している「ネットいじめ」も同様である。先に述べたように「ネットいじめ」は匿名性を特徴とするから、加害者の子どもは個人であっても初めから標的とした子どもよりも優位な立場にある。ただネットであるから標的の子どもに罵詈雑言を吐きかけ誹謗中傷しても、その子どもの苦痛の有り様を直接に見ることはできない。しかしその子どもが苦悶と屈辱に打ちひしがれているだろう有り様を想像し、あるいは仲間と噂話をして笑い興じるのである。この「ネットいじめ」も集団で行っている。ネット送信の操作は個人だが、しかし背後で仲間同士で連絡し合い、特定の子どもを標的にいじめているわけである。仲間が相互に共感しあって愉快性と痛快性はさらに高まる。

したがって、Ⅲ型の「いじめ」は、加害者の子ども自身の問題を解決することが先決であるが、実際には当の加害者の子どもに係わる問題を学校（教師）がすべて解決するのは無理である。したがって学校の対応としては、教師が共感的な、寛容な態度で子どもに接し、子どもの置かれている状況を理解して、子どもが抱え込んでいる不安や懸念を低減させていくことである。子どもの立場に立って問題を探り、子どもと一緒に将来の問題解決の可能性を模索していく、その協働過程が重要で、そうした過程において子どもは自己を見つめ、自己を自由に表現するようになり、教師はその子どもにとって重要な存在になっていく。教師のカウンセラー役割である。

(2)「いじめ」の漸次的対応——「いじめ」の対応としての集団活動——

しかし「いじめ」をタイプ化しても、実際の「いじめ」を外部からの観察によって区別することは容易でない。いずれも集団行動だからである。だが、「いじめ」が集団行動だからこそ集団的次元での対応が考えられるだろう。「いじめ」は、定義にも述べたように、同一の集団内での人間関係のなかでの力関係を伴った相互行為である。その意味で集団的次元の対応は原因制御を目的とした原因療法的対応と言える。

この集団的次元の対応は二つの次元に分けて考えることができる。フォーマルな集団的次元とインフォーマルな集団的次元である。

① フォーマルな集団的次元での対応

フォーマルな集団的次元での対応というのは、学校内での生徒集団を対象とする対応である。生徒活動(児童活動)、学級指導、学校行事といった集団活動である。端的に特別活動を意味する。そうした集団活動のなかでの子ども同士の対等な立場の相互行為を通して子どもは他者への共感性(empathy)を涵養していく。この他者への共感性の涵養こそが学校での集団活動(特別活動)の本来の目的なのである。もともと学校教育の特質は子どもの集団生活や集団活動にある。

ここで言う共感性とは、子どもが他者の感情や情緒的反応、思考や動機、意図などを理解して、それを自己の内面に移し換え、その他者の内面的世界(近似的な)を自己のなかに再構成していく能力を言う。共感性によってこそ他者の内面的世界を理解することができる。他者に共感することによって他者の立場に立ち、その観点から他者自身の内面的世界を理解することができる。平たく感受性による他者理解と言ってもよい。

しかし、「いじめ」の加害者の子どもには、こうした共感性が欠如している。彼らは、自分たちの言語的・身体的な攻撃的行動によって被害者の子どもが苦痛をこらえ、屈辱に耐えている、その表情や様子を興《きょう》がるだけで、被害者の子どもに共感する能力に乏しい。それは被害者の苦痛や屈辱が分からないからなのではない。分かっているのである。被害者の苦痛や屈辱の感情が分かるからこそ面白いのだ。だからこそカタルシス（catharsis）を得るのである。しかし被害者の子どもの苦痛や屈辱を分かってはいても、その苦痛や屈辱に心情的に共感しないのである。共感することを拒否しているのだ。分かりやすく、上の定義をなぞって言えば、加害者の子どもは、被害者の子どもの感情や情緒的反応、動機や意図を理解しているのであるが、それを自己の内面に移し入れ、自己の体験としていく能力が欠如しているのである。しかしそれは正確には、共感性欠如というよりも共感性拒否と言ったほうがよい。それは加害者の子どもが、先に述べたように、親や家族との不安定な、不確かな関係から漠然たる懸念をいだき、不安に陥っているからである。そしてそうした懸念や不安から生じる敵意と憤怒を被害者の子どもに向けているからである。敵意と憤怒の対象になるようであれば、誰でもよい。だから被害者の子どもに共感しようとはしないのだ。敵意と憤怒を「いじめ」のなかにぶちまけているのだ。だから相手の子どもが苦悶に打ちひしがれるほどに愉快性と痛快性を感じるのである。

学校での集団活動が他者への共感性の涵養を目的としているとすれば、集団活動は、教師による統制よりも、子ども相互の働きかけあいが重要となる。学校の集団活動は、具体的には子どもたちの共同作業を意味する。共同作業とは、サリヴァンの言うように、自分以外の人間の人格と協調しつつ物事を成し遂げていくこと（Sullivan, H. S. 1953, 訳書：五一–五二）である。だからその物事（共同作業）を成し遂げていくために子どもたちは行為の交換を行うが（相互行為）、その行為の交換を通して共通の経験を積み重ねていく。そこに物事（共同作業）を成し遂げていくための規準、つまり集団規範が形成されていくのである。子どもたちの間で共通の目標に対する同一視の過程が進み、その過程で生じた問題は共有されて、共通に処理されていくわけである。そうした過程を通して子どもたちの間に連帯感、一体感が生まれ、他者理解の感受性が形成されていくことになる。

学校での集団活動は、先に述べたように特別活動であるが、ここでは学校行事を例に自然体験活動と集団宿泊活動について見てみる。表３－２は自然体験活動と子ども（小学生・中学生・高校生）の自立的行動習慣との関連を見たものである。この調査では自然体験活動として植物採取、昆虫捕獲、自然観察、キャンプ、水泳などを取り上げているが、こうした自然体験活動の頻度が高いほど子どもは自立的行動習慣を身につけるようになっていることを示している。自然体験活動を集団活動として実践するところに、①他者との協力やグループ活動、②他者への配慮、③他者への援助、④規範遵守といった社会性や対人関係能力が形成されているのである。こうした自然体験活動は数日から数週間という短期間の集団活動であるが、年間を通して実践される長期間の集団活動もある。東京都北区の区立K中学校では全校生徒が田植えや除草から収穫に至るまでの一連の米作りの過程を体験させる集団活動を実践しているが（二〇〇九年当時）、その中学校のN校長は「米作りという具体的に成果を確認できるような共同作業を行うことによって生徒たちは互いに協力し合って一体的な充実感と達成感を味わい、そのことが生徒同士の人間関係を築きあげていく。それも収穫だけという成果だけを享受するのではなく、田植えから除草、害虫駆除、水の管理という一連の作業の過程を生徒たちが共同で行うことによって収穫の喜びが一層高まる」と述べている。[10]

表３－３は集団宿泊学習（学校行事）による児童・生徒の変容（＝教育効果）を学校の引率担任教員に問うた調査結果である。集団宿泊という集団生活後の児童・生徒の変容について一九項目のなかから三つまで選択させている。宿泊日数は二泊が五七・八％、一泊が三五・〇％となっている。学校種別によって多少の差異はあるが、いずれも他者理解や他者への配慮、自身の役割認知、積極的行動、規範遵守、コミュニケーションといった社会性、対人関係能力の形成を教師は指摘している。直接に、⑬いじめの減少を指摘した教師は少ないが、こうした社会性、対人関係能力の形成がいじめを減少させていくことはいうまでもない。大阪市立T中学校（大阪市城東区）のY教論は「学校行事のなかでも集団宿泊行事は集団指導・集団活動に最適である。本校では一年生の初めに集団宿泊行

表3－2　自然体験と自立的行動習慣　（%）

自立的行動習慣		自然体験 よくある (1,227)	ある (3,453)	どちらともいえない (3,667)	ない (5,050)	まったくない (4,536)
誰とでも協力してグループ活動をする	①とても当てはまる	44.5	35.7	27.7	22.1	15.1
	②少し当てはまる	40.3	45.0	49.5	49.8	45.4
	③あまり当てはまらない	13.0	15.9	19.7	23.9	31.5
	④全く当てはまらない	1.5	2.8	2.6	3.9	7.3
相手の立場になって考える	①とても当てはまる	30.6	22.8	18.5	17.0	15.0
	②少し当てはまる	51.4	52.6	52.9	51.1	46.8
	③あまり当てはまらない	14.8	21.1	25.1	27.8	31.1
	④全く当てはまらない	2.7	3.1	3.1	3.6	6.4
困っている人がいたときに手助けする	①とても当てはまる	42.5	31.8	23.8	19.5	13.6
	②少し当てはまる	44.9	52.6	55.2	54.4	49.8
	③あまり当てはまらない	10.7	13.4	18.3	23.3	30.0
	④全く当てはまらない	1.4	1.8	2.4	2.5	5.9
ルールを守って行動する	①とても当てはまる	40.3	36.8	34.1	31.7	26.6
	②少し当てはまる	45.6	49.1	50.4	50.1	50.2
	③あまり当てはまらない	10.6	11.7	13.3	15.7	17.8
	④全く当てはまらない	2.7	1.9	1.9	2.1	4.6

（注1）対象：小学生（4～6年生）8,442人，中学生（2年生）4,679人，高校生（2年生）5,237人。
（注2）自立的行動習慣の不明を除く。
（出典）国立青少年教育振興機構　2011「青少年の体験活動と自立に関する実態調査報告書」75-76頁より一部抜粋

表3－3　集団宿泊活動の教育効果（最も強く感じたことを3つ以内選択）（%）

	小学校 (2,159)	中学校 (2,362)	高校 (1,437)	全体 (5,958)
①お互いの良いところを認め合う	37.1	34.8	23.7	33.0
②笑顔が増えクラスが明るくなった	22.6	34.6	45.7	32.9
③時間を守って行動する	29.3	32.9	38.0	32.8
④自分の行うべきことを考えて行動する	25.2	24.4	23.1	24.4
⑤人に優しく接する	22.6	17.5	9.5	17.4
⑥自ら進んで手伝いや掃除を行う	20.9	14.4	13.1	16.5
⑦思ったこと感じたことを自分なりに表現する	13.4	15.4	11.8	13.8
⑧積極的に学習に取り組む	11.4	8.2	21.2	12.5
⑨あきらめずに課題に取り組もうとする	17.5	8.4	11.6	12.5
⑩進んで発言する	7.5	9.6	12.9	9.6
⑪一人でいる生徒が減った	5.0	9.1	14.7	9.0
⑫落ち着いて物事に取り組む	6.2	6.3	9.1	6.9
⑬クラス内のいじめが減った	0.2	0.5	0.5	0.4

（注）各回答項目のような児童・生徒が増えたと感じる比率。ただし②，⑪，⑬を除く。
（出典）国立青少年教育振興機構　2008「青少年教育施設の利用による児童・生徒の教育効果に関する調査」7頁より一部抜粋

事を行っているが、入学間もない時期なので生徒たちも未だ規律ある行動をとることができない。そのような生徒集団を校外に連れ出し集団宿泊させることは教師にとっても生徒にとっても本当にしんどいことだ。しかしこの集団宿泊行事が学校での集団活動への第一歩となり、生徒集団の凝集性を高める。この集団宿泊行事の前と後では一年生の集団のまとまりがまったく違う」と述べている。[11]

このように学校での集団活動は子どもたちの働きかけあい（相互行為）を通して社会性や対人関係能力の形成を図ることを重視し、実際そうした教育効果が指摘されている。

学校の集団活動（共同作業）において教師は、物事がスムーズに遂行していくように適宜リーダーシップをとっていかねばならないが、また子どもたちが自分の見方に固執することなく他者の視点を取得して、さまざまな立場を経験できるように適宜役割交代をさせ、また多様な人間関係を経験できるように適宜グルーピングを行い、さらにどの子どもも

自己表出の機会を得られるように指導していかねばならない。（第5章4(1)参照）

② インフォーマルな集団的次元での対応

インフォーマルな集団的次元での対応というのは、要するに子どもたちの集団的遊戯活動のことである。「いじめ」の対応として子どもたちの集団的遊びが取り上げられることはあまりないが、極めて有効な方法だと思われる。学校での遊び指導が遊び型、ストレス解消型のいじめの予防になるという意見もあるが[12]、学校での遊び指導というのであれば、それは、先の①の学校でのフォーマル集団活動の分野に入る。ここで言う子どもたちのインフォーマルな集団活動というのは子どもたちが自発的に形成する集団の遊戯活動のことである。

集団的遊びが有効だというのはストレス解消という意味だけではない。もともと「子どもの世界」というのは子ども同士の人間関係、つまり仲間同士の関係から成る世界であって、その仲間同士の世界というのは、つまるところ集団的遊戯活動の世界なのである。子どもの生活というのは仲間とともに過ごす世界であり、端的に仲間集団の世界なのだ。学校でのフォーマルな集団活動が学校教育の一環としての「共同作業」だとすれば、インフォーマルな仲間との集団活動は子どもたちだけの集団的遊びという「共同作業」だと言える。東京都足立区の区立H小学校のK教諭は自校で実践している異年齢の集団遊戯活動について次のように述べている。「一年生から六年生までの異年齢で集団を作るときは教師が指導する。一つの集団は多くても約四〇名。その後は子どもたちが自由に遊びを決め、集団で遊ぶようにしている。だるまさんがころんだ、リレー遊び、大縄跳び、ハンカチ落とし、王様ジャンケンなどさまざまな遊びをしている。遊びのなかで上級生が自然に下級生に配慮するような態度をとるようになっていく。大縄跳びの場面では、上級生が縄の回し方を下級生に合わせてゆっくりと回したり、回っている縄のなかに入るタイミングを下級生の背中を押して教えたりするようになる。そうした場面を見ると上級生が下級生に対してどのような行動をとるべきかを考えながら行動していることがよく分かる。相手に対して優しい行動が身についているんだと感心する。その下級生が上級生になると同じように下級生に対して優しき行動している。優しさのリレーだと思う」[13]。また前述の大阪市立T中学校のY教諭は「昼休みに学級用ボールとしてサッカーボールとバレーボール二個を貸し出し自由に遊ぶようにしている。運動場で男子はサッカー、女子はバレーをして遊んでいるが、クラスの友人同士で遊んでいることもあれば学級対抗で試合をして遊んでいることもあり、本当に集団で楽しそうに遊んでいて活気にあふれている。教師の管理が厳しすぎるとそこから逃げ出したいために保健室に行く生徒が増えたりするが、思いっきり自由に遊んでストレスを発散できているためか保健室に出入りする生徒は少ない。生徒手帳を預けさせてボールを渡し、予鈴でボールと引き替えに生徒手帳を返却しているので授業に遅れることもないし、ルールをよく守っている」と述べている。

「いじめ」は、子どもたちが思う存分に集団的遊びができないがゆえに生じてきた、その延長線上の、人間関係そのものを対象とした、手近で手軽な、代償的な集団的遊びであるとすれば、仲間との集団的遊戯活動の機能にもっと目を向けてよい。

仲間との集団的遊戯活動の視点から「いじめ」への対応を考えれば、以下のように言えるだろう。

第一に、子どもたちが思う存分に集団的遊戯活動に興じるというのは、仲間との集団的活動によって感情が昂揚し、集団的興奮が湧き上がってくることであり、その集団的興奮によって心理的満足や快感を得ることができるということである。「いじめ」がそのための手近で手軽な、代償的な集団的遊びであり、面白く、愉快で、痛快であれば、教師が「いじめ」がいかに反社会的なことかと諭したところで、子どもたちは隠れてでもする。だから子どもたちが思う存分に自由に集団的遊戯活動に興じられるような機会が提供されなければならない。この、児童後期から青年前期にかけては仲間との組織的な、活動的な集団的遊戯活動に熱を上げ、夢中になる時期なのだ。とりわけチームに分かれて勝敗を競う集団的遊びに夢中になり、その遊びに打ち興じて、没頭する。それは味方のチームと敵方のチームとの競争であるから、つまり味方のチームの内集団と敵方チームの外集団との競争であるから、味方のチームの内集団はメンバーの仲間が結束して強い結びつきを持つようになり、集団凝集性を強めて対内的一体感、連帯感を形成していく。外集団との闘争は集団内凝集性を強めるのである（Coser, L. A., 1956. 訳書：一一二）。子どもたちは集団的遊びに夢中になるほどに味方のチームのメンバーと感情を共有し、集団的興奮に湧き上がって心理的満足や快感を得るのである。この、他のメンバーとの感情の共有こそが共感性なのだ。しかしチームといっても固定したものではなく遊びによって異なるから、仲間との「われわれ感情」も拡大して他の仲間との一体感、連帯感も生まれていく。

そしてまた、こうした勝敗を競う組織的な集団的遊びの過程において子どもたちは協力、競争、妥協の能力を発達させていく。サリヴァンは、子どもの集団のなかで習得していく競争と妥協の、人格発達上の重要性を指摘し、そうした能力が獲得されなかった場合の人格の歪曲性について述べている（Sullivan, H. S. 1953, 訳書：二六〇-二六三、二七六-二九六）。

第二に、集団的遊戯活動の過程で発達していく協力、競争、妥協という能力によって子どもたちは友好性や親近性の高い人間関係を形成していくということである。当初は距離を置いた関係であっても集団的遊戯活動から生じる集団的興奮と心理的満足や快感を得ようと思えば他の仲間と協力し、競争し、また自身の欲求を抑えて妥協しなければならない。そうした過程の繰り返しによって、仲間のメンバーとの一体感が強まり、連帯感が形成されて友好性や親近性が形成されていく。

第三に、集団的遊戯活動のなかでこそ子どもたちは集団のルールを身をもって知り、ルールを身につけていくことができるということである。否、集団的遊戯活動そのものがルールなのだ。集団的遊戯活動を進めていくための協力、競争、妥協それ自体が集団のルールなのである。集団的遊びの進行過程で、そうしたルールに従うことの重要性、そしてルールに従うことがフェアな精神であることを子どもたちは、単なる知識としてではなく身をもって知るのである。ルールとかフェアな精神は自身の諸体験を通してこそ習得可能であり、自然な形での内面化となる。学校でのフォーマルな集団活動によって身につけたルールは、たとえ子どもの自主的な集団活動とはいえ、背後には教師の権威があり、その教師の指導に基づいて身につけていったものである。だが、仲間と一緒の集団的遊戯活動の過程で内面化されていったルールやフェアな精神は子どもたち自身の自発性に基づくものであって、だからこそ子どもの内面に確固として築かれたものになっていく。実際、フォーマルの集団的次元での対応とインフォーマルの集団的次元での対応、つまりフォーマルの集団指導である特別活動とインフォーマルな集団的遊戯活動とについて、前述の東京都足立区立H小学校のK教諭は「特別活動というフォーマルな集団活動も集団的遊戯活動というインフォーマルな集団活動もどちらも教育効果はあるが、子ども自身が主体的に自由に活動できるインフォーマルな集団的遊びの方が教育効果が高いと思う。集団のなかでルールを守ることの大切さ、相手の立場に立って考えるという配慮などを異年齢での遊びのなかで自然に身につけることができる。ルールを守れば楽しく活動ができるという実感を経験して子どもは身をもってルールの大切さを学ぶことができる。そして集団のなかで自分はどのように行動すればよいか、自分の役割は何なのかということを集団的遊びのなかで自然に身につけることができる。この教育効果は大きい」と述べているし、また大阪市立T中学校のY教諭も「集団のルールを守ることは、フォーマルの集団のなかでは、教師から守らされている、上からやらされているという意識が働いて、しんどさを感じ、ルール違反を生み出しやすい。しかし自然発生的な遊びの集団ではルールを守らないこと自体がその集団の存続を危うくするために集団規範はフォーマルな集団よりも高いのではないかと思う」と述べている。

子どもの世界はいかなる場合であっても世俗の常識から離れたところにあり、それだからこそ対等、公平、平等といったフェアを、そしてそのためのルールを要求する世界なのである。

第四に、集団的遊戯活動の過程において子どもは他者のパースペクティブを知り、それを考慮に入れ、より客観的なパースペクティブをとることができるようになるということである。自己中心性からの脱却である。子どもにとって自分自身ほど重要なものはない。子どもは自分自身のことが何よりも重要なのだ。しかし子どもの自己中心性は漸進的に消失していかなければならない。その過程が仲間との集団活動なのである。仲間は自分と同じレベルにあってさまざまな社会活動に対する態度が類似的であるから、そうした同類の仲間との交渉が自己中心性の克服を容易にする。集団的遊びの過程を通して仲間がさまざまなものの見方をしていることを子どもは知るようになるが、面白く愉快な集団的遊びを進めようとすれば仲間の見方を考慮し、仲間に妥協しなければならない。仲間に妥協するということは仲間の見方を知り、自己中心的な見方を脱却して、より客観的なパースペクティブをとることができるようになったということである。自身の働きかけている相手の子どもが苦痛を感じていることに気がつかず、一方的に反復的行為を継続していくのは（I型のいじめ）加害者である子どもが相手の立場を省みない、つまり他者のパースペクティブを知る機会もなく、またそのことを考慮に入れて行動しなければならない機会が乏しかったからである。さらに言えば近年は、子ども・青年の対人的コミュニケーションの拙さが指摘されているが、それも実のところ仲間との集団的遊戯活動の体験の乏しさを物語っている。

このように考えてくると、仲間との集団的遊戯活動は、児童後期（プレ青年期）から青年前期にかけての子どもにとって、豊富な社会的体験の源泉であり、まさに社会人としての「社会的自己調整の能力」（Sullivan, H. S. 1953. 訳書：二五七）を格段に発達させる機会なのだと言える。仲間との集団的遊戯活動は子どもたちの創造的な生活そのものなのだ。

しかし、仲間との集団的遊戯活動の社会化機能の有効性については未だ何も実証的に証明されてはいない。実際に証明することは困難だろう。ただ遊びの有効性についての実践報告はいくつかある。例えば、新潟県K町立小学校（一九九六年当時の児童数約四八〇人）では、戸外での仲間との遊びが少ないために感情をコントロールできない、あるいは攻撃的な行動に走る子どもや不登校気味の子どもが増えたのではないかとして、休み時間と昼休みを延長し、昼休みは自由に過ごさせ、放課後には一時間半は自由に遊べる時間を加え、運動会や卒業式などの準備時間を削って自由時間を設けて、遊びを指導したところ不登校、いじめに効果があったという（朝日新聞　一九九六年一月二五日（夕刊））。実践期間、対象学年（五・六年生の時間割が掲載）、不登校やいじめの減少件数、遊びの内容、遊びの時間帯、効果があったとすることの根拠などについては新聞記事のために不明だが、子どもたちの「笑いが止まらない」、「楽しい」、「面白い」との声から推測すれば遊びによる集団的興奮からの心理的満足や快感を得たのではないか。前述のH小学校教諭およびT中学校教諭の言う集団的遊戯活動の効果と同じである。

先に指摘したように、集団いじめが問題になった一九七〇年代後半から一九八〇年代にかけてであるが、この時期は子どもたちの活動的な集団的遊びができなくなり、遊び環境の変化が指摘されるようになったときである。つまり子どもたちの集団的遊びから湧き上がる集団感情の高揚や集団的興奮の機会が失われていった時期である。

子どもたちには毎日何時間か完全に大人の権威から自由になり、仲間と一緒に「むちゃくちゃなこと」をすることが許されなければならないのである[14]。

［注］

（1）文部科学省「『生徒指導上の諸問題に関する調査』の見直しについて（案）」（平成一九年一月一九日）によれば、「いじめられた児童生徒の立場に立って、より実態に即して把握できるよう、いじめの定義を見直すとともに、定義に注釈を加える」として、Cの定義が述べられた後に、次の四つの注釈が加えられている。

（注1）「いじめられた児童生徒の立場に立って」とは、いじめられたとする児童生徒の気持ちを重視するということである。

（注2）「一定の人間関係のある者」とは、例えば、同じ学校・学級や部活動の者、当該児童生徒が関わっている仲間や集団

（グループ）など、当該児童生徒と何らかの人間関係のある者を指す。
（注3）「攻撃」とは、「仲間はずれ」や「集団による無視」など直接的にかかわるものではないが、心理的な圧迫などで相手に苦痛を与えるものも含む。
（注4）「物理的な攻撃」とは、身体的な攻撃のほか、金品をたかられたり、隠されたりすることなどを意味する。

（2）「いじめ」の標的となる理由を被害者の子どもの「異質性」あるいは「差異化」による排除とする説もある。しかしその異質性や差異化は被害者の子どもの属性としてではなく、加害者の子どもたちによって作り出された「異質性」、「差異化」として捉えなければならない。そうでなければ被害者の子どもの「異質性」や「差異化」が「いじめ」の原因になってしまう。「いじめ」はあくまでも加害者の問題であり、被害者の問題ではない。

（3）教育委員会や学校が「いじめ」をはじめ子どもの問題行動の公表に慎重なのは、「学校教育の失敗」とは認めたくないからである。

（4）例えば、武田さち子『あなたは子どもの心と命を守れますか』（二〇〇四　WAVE出版）には一〇九の「いじめ」事例が収集されているが、それらはすべて犯罪型のいじめである。

（5）最近は多くの子どもたちがスマートフォンを持ち、コミュニケーション・ツールとしてのLINEがよく使われるようになったが、このLINEを使ってのいじめ（LINEいじめ）が急速に増えてきた。こうしたLINEをはじめとしたSNS（social networking service、ソーシャル・ネットワーキング・サービス）の「いじめ」については稿を改めて論じたい。

（6）子どもの自尊感情がすこぶる高いことを私は仲間集団研究の調査のときに知った。子どもは自己に対する否定的な評価は忌避するし、仲間に対する否定的な評価に対しては無視し、拒絶し、反発して、絶対に認めようとはしない（住田　一九九五＝二〇〇〇、二一五-二一九）。

（7）竹江は、「（被害者の少年は）……いじめられることもさることながら、親や教師などの大人に理解されない苦痛の方が大きいのではないかとさえ思われる。そういう少年たちの訴えを黙って聞いていると徐々に声が明るくなり、『誰にも言えなかったことを聞いてもらえて気持ちが楽になった。有難う』と言うのを聞くと、いかに心情を理解し、徹底受容することが大切かを実感する」と述べている（竹江　一九九六：五〇）。

（8）さしずめ、住田・岡崎（編）『児童・生徒指導の理論と実践』（二〇一一：四四-五九）を参照。

（9）武田は、多数のいじめの事例を収集しているが、そのなかには、このように無理に明るく振る舞う子どもの姿が多く報告されている（武田　二〇〇四）。

（10）東京都北区立K中学校のN校長に対するインタビュー調査。二〇〇九年二月二五日（水曜日）。
（11）大阪市立T中学校（大阪市城東区）のY教諭に対するインタビュー調査。二〇一三年九月二八日（土曜日）。
（12）竹江は、小学校での遊び指導の実践報告に基づいて、遊び型、ストレス解消型のいじめの増加には健全な遊び指導とストレス解消の方法を指導することで予防が可能だと述べている（竹江 一九九六：五三-五四）。
（13）東京都足立区立H小学校のK教諭に対するインタビュー調査。二〇一三年八月七日（水曜日）。
（14）ホーマー・レーン（Homer Lane）の言葉（清水 一九五六：六八）。

［引用文献］

Coser, L. A., 1956, *The Funactions of Social Conflict*, Routledge & Kegan Paul.（＝一九七八、新陸人（訳）『社会闘争の機能』新曜社。）

藤本哲也、一九九六、「我が国のいじめの現状とその対策」（日本犯罪社会学会『犯罪社会学研究』第二一号）。

環境庁、一九九六、『環境白書（平成八年版）』。

厚生省、一九七九、『厚生白書（昭和五四年版）――日本の子供たち：その現状と未来――』。

森田洋二・清永賢二、一九八六、『新訂版 いじめ』、金子書房。

三隅二不二、二〇〇五、『リーダーシップ行動の科学』［改訂版］（オンデマンド版）、有斐閣。

内閣府、二〇〇七、『平成一九年版 青少年白書』。

NHK放送世論調査所編、一九八〇、『日本の子どもたち――生活と意識――』、日本放送出版協会。

NNS調査委員会編、一九八五、『こどもの生態系が変わった――データが語る七〇年代と八〇年代――』、日本テレビ放送網（株）。

清水義弘 一九五六、『教育社会学』、東京大学出版会。

Sullivan, H. S., 1953, *The Interpersonal Theory of Psychiatry*, W. W. Norton & Company Inc.（＝一九九〇、中井久夫・宮崎隆吉・高木敬三・鑪幹八郎（訳）『精神医学は対人関係論である』、みすず書房。）

Sullivan, H. S. 1953. *Conceptions of Modern Psychiatry*, W. W. Nort on & Company Inc., in New York（中井久夫・山口隆（訳）一九七六、『現代精神医学の概念』みすず書房。）

住田正樹、一九九五、『子どもの仲間集団の研究』（二〇〇〇、第二版）、九州大学出版会。

住田正樹・岡崎友典（編）二〇一一、『児童・生徒指導の理論と実践』放送大学教育振興会
住田正樹・南博文（編著）二〇〇三、『子どもたちの「居場所」と対人的世界の現在』、九州大学出版会。

住田正樹・渡辺安男　一九八四、「生徒の非行行動に対する教師集団の指導性とその効果――F県の事例調査から」（日本犯罪社会学会『犯罪社会学研究』第九号）。所一彦・星野周弘・田村雅幸・山上皓（編）一九九八『日本の犯罪学七（一九七八－九五）I 原因』、東京大学出版会（再録）。本書第四章。

芹沢俊介、二〇〇七、『「いじめ」が終わるとき』、彩流社。

竹江　孝、一九九六、「心理臨床から見た『いじめ』」（日本犯罪社会学会『犯罪社会学研究』、第二一号）。

武田さち子、二〇〇四、『あなたは子どもの心と命を守れますか』、WAVE出版。

第4章

生徒の非行行動と教師集団の指導性

——F県の事例調査から——

1 問題の設定

本章の目的は、教師集団の指導性と生徒の非行行動[1]に対する、その指導効果との関連を分析することにある。

非行研究は、従来、学校教育との関連においては、もっぱら学業遅進生徒の学校生活における不適応が問題とされてきた。実際、非行生徒と学業成績との関係は数多の調査で確認されており、学業遅進による学校生活不適応が非行発生の重要な要因であることは証明された事実と言ってよい。だが、学業遅進生徒は、特に義務教育段階の場合、特定の学校に偏在しているわけではなく、いずれの学校にも同程度の割合で存在していると思われる。にもかかわらず、現実には、同一地域に存在している学校であっても、個々の学校によって非行発生率は異なり、いわゆる荒れる学校とそうでない学校とが存在する。したがって、この事実を理解するためには、個々の学校によってその組織的構造や学校経営に差異があることを考慮し、そうした差異と生徒の非行行動との関連を分析する研究が必要である。われわれは、そうした個々の学校による差異を教師集団の指導性の程度に求めた。

言うまでもなく、学校は一定の教育目標の達成を目的とした組織的集団であり、教師集団と生徒集団とによって構成されている。だが、学校での教育実践という観点から見れば、その実体的な担い手は教師集団であるから、教師集団の性格ないし態様が学校における教育活動の実際を左右し、学校集団の性格ないし態様を決定すると言える。教師集団は一定の職務と権限とをもって生徒集団を管理し、教育するのである。しかし学校における教育活動は、具体的には学級別、学年別、また教科別に個々の教師に分担されて行われている。だから、その教育活動の効果は個々の教師の力量や技能に依存する。だが、教育活動が個々の教師に分担されているとはいえ、それは何も教育活動のすべてが個々の教師の恣意や独断に委ねられていることを意味するわけではない。個々の教師が分担し、実践する教育活動は、本来、一定の教育目標の達成を共同目的とする教師集団としての組織的な教育活動の一環なのであり、教師集団の一成員としての協働的な教育活動なのである。だから個々の教師の教育活動は教師間相互の有機的な関連を持った活動なのであり、孤立的な個人としての活動なのではない。

こうした教師集団としての組織的な教育活動、すなわち教師個人の側から言えば協働的な教育活動が展開されるところに学校教育本来の特性があり、そこにおいてこそ学校教育としての成果が期待されるのである。個々の教師が個人としていかに優れた教育活動を展開したとしても、それが教師集団の理解や承認を得ない独断的な、また孤立的な活動であるならば、教師集団として組織的に統一された活動ではないから、その教育効果を期待できるものではなく、時として、逆効果の作用をもたらさないとも限らない。

とりわけ、生徒指導は、教育社会学的観点から言えば、学校での集団生活を通して、社会的適応が可能なように生徒の態度を変容させていこうとする教師の指導的教育活動（以下、指導的活動と言う）と規定されるから、教師集団としての一貫した組織的な指導的活動が要請されるのである。学校集団の規範、すなわち学校集団としての共通の準拠枠を生徒に共有させることが学校での集団生活を通しての生徒の態度変容にほかならないが、そうした学校集団の規範を形成するのは、つまるところ教師集団の指導的活動の実際であり、したがって生徒指導に対する個々の教師の態度・行動に齟齬のない、教師集団としての矛盾のない、一貫した組織的な指導的活動が不可欠となるのである。だから、教師間の相互的理解を可能にし、教師集団としての統一的な、そして組織的な指導的活動を可能にする教師集団の共有規範が学校教育、とりわけ生徒指導の場合にはきわめて重要となる。教師集団の共有規範による共通の理解に基づいて個々の教師の協動的な指導的活動が可能となり、教師集団としての組織的・統一的な指導的活動が現実化するのである。これが教師集団としての指導性である。だから、教師集団の指導性が高いほど、つまり教師集団としての組織的・統一的な指導的活動が実践可能なほど、その指導効果も高くなることが推定されるのである。

ところで、こうした集団の共有規範は、集団成員の相互的理解に依存するが、その媒介となるのがコミュニケーション活動である。そしてこのコミュニケーション活動は、その集団的特性によって条件づけられる。教師集団は、(a)性・年齢に関わりなく成員の地位が対等であること、(b)個々の教師の教育活動は、いわゆる専門職的自由が前提とされていること、(c)パーソナリズム的な性格が強いがゆえにインフォーマルな人間関係が優位にあること、つまり教師集団としての活動や運営も教師間のインフォーマルな人間関係によって左右されやすいこと、といった集団的特性を有するが、こうした集団的特性の態様が実際の教師間のコミュニケーション活動を条件づけているのである。そして、その結果として教師集団の指導性は個々の学校によって異なり、したがってその指導的活動の態様およびその指導効果にも差異が生じてくるものと推定されるのである。このことは、とりわけ、教師集団の協働的・組織的な教育活動が要請される生徒指導の側面において顕著だろう。それも明らかに学校集団の規範から逸脱した生徒の非行行動に対する教師集団の指導的活動の形態とその効果に如実に現れていると思われる。

こうして教師集団の指導性と生徒の非行行動に対する指導効果との関連を分析することにしたのである。

2 分析の手順と枠組み

教師集団としての指導性を測定するためには、いくつかの方法があるが、ここでは教師個人の次元において、その意識や態度に投影された形で見られる、それぞれの教師集団の指導性を測定するという方法を取った。そして、こうして測定した指導性の視点から教師集団を類型化し、分析の枠組みとしたのである。

資料となるのは、F県の一般の中学校教諭二八五名（各校一名、校長・教頭・養護教諭および講師を除く）を対象に実施した「非行と学校教育に関する調査」と題する質問紙調査の結果である。[2] 調査は一九八三（昭和五八）年七月～一一月中旬に郵送法で行った。回収票は一二七票、回収率は四四・五％であった。[3]

中学校教師を対象としたのは、高校には現実に学業成績による学校間格差が存在するため、高校自体のランクによってすでに非行発生の割合が異なり、したがって高校教師を対象にした場合、教師集団の指導性と生徒の非行行動との関連の把握が困難と思われたからである。それに対して中学校は義務教育であり、生徒は選択の余地なく、その居住地の校区の中学校に自動的に割り振られる。だから中学校では本来は学業成績による学校間格差は存在しない、あるいは存在しても小さいと考えられる。

ところで、ここで教師集団の指導性と言うとき、それは生徒の非行行動に対する教師集団の指導的活動の次元における指導性に限定している。生徒の非行行動に対して教師集団の成員たる個々の教師が協働的な指導的活動を共に実践する程度が、ここで言う教師集団の指導性である。だから教師集団の指導性が高いと、生徒の非行行動に対して教師集団の全成員が一様な態度、すなわち統一的な指導的活動を取る傾向があり、一方、教師集団の指導性が高いというのは、個々の教師が教師集団規範の共通な理解を全教師が共有しているという確信を持っているがゆえ

表4-1　教師集団のタイプ

(B)＼(A)	60%以上	60%未満
1. 十分指導できると思う 2 少しは指導できると思う	1型 (37)	4型 (53)
3. どちらとも言えない	2型 (2)	5型 (24)
4. あまり指導できないと思う 5. 全然指導できないと思う	3型 (0)	6型 (5)

注：(　) 内は人数。分類不能は6人。

のことであるから、そうした確信は非行生徒の指導に対する協働的な指導的活動へと教師個人を動機づけ、それゆえ、教師個人は指導に対する自信あるいは自信のある予想を持つと推定される。そこで、ここでは生徒の非行行動の指導に対する教師集団全員の態度の同質性の程度と教師個人の自信の程度とを教師集団の指導性の指標としたのである。そして、以下の手順によって被調査者である教師の所属する教師集団の指導性を測定しようとした。

生徒、すなわち中学校生徒の非行程度を、軽度（喫煙・飲酒）、中度（万引・窃盗）、重度（校内暴力）の三段階に区分し、（A）生徒の、それぞれの程度の非行行動を指導できると思う教師の人数、および（B）生徒の、それぞれの程度の非行行動の指導に対する当の教師個人の自信の程度、とを質問した。そして（A）の、指導できるとする、それぞれの教師の人数をその学校の全教員数で除して、それぞれの非行を指導できる教師の比率を求め、さらにその平均を求めて、これを六〇%以上と六〇%未満の二つのカテゴリーに区分した。これによって教師集団の全成員の態度の同質性の程度を測定しようとした。つまり教師集団としての協働的な指導的活動の可能性を捉えようとしたのである。また、（B）の、それぞれの程度の非行行動の指導に対する教師個人の自信の程度の平均を求めて、これを「指導できる」、「どちらとも言えない」、「指導できない」の三つのカテゴリーに区分した。そして、これらの回答のカテゴリーを機械的にクロスさせることによって、教師集団を六タイプに類型化した。結果は表4−1に示してある。しかし、2型、3型はサンプル数が少数なので除去し、5型と6型は同様の傾向を示すと思われたので、これを一つのタイプにまとめて、結局、Ⅰ型（1型）、Ⅱ型（4型）、Ⅲ型（5型・6型）の三つのタイプに教師集団を類型化した。いま、これらの教師集団のタイプの属性を仮説的に提示すると、以下の如くである。

Ⅰ型＝教師個人も指導に対する自信を持ち、また他の教師もその多くが指導できるとするタイプ。したがって教師集団としての指導性は高い。

Ⅱ型＝教師個人は指導に対する自信を持っているが、他の教師の多くは指導できないとするタイプ。したがって教師個人の自信は教師集団規範の共有から動機づけられたものではなく、教師個人の意識・態度によるものであり、それゆえ、教師集団の指導性は低い。

Ⅲ型＝教師個人も、また他の教師の多くも指導に対する自信を持っておらず、教師集団が非行生徒の指導に対して、いわば逃避的な態度をとっているタイプ。それだけに教師集団の指導性は極めて低い。

以下では、この教師集団の三類型を分析枠組みとして調査結果を分析する。

3 調査結果の分析

(1) 中学生の非行行動の実態

さて、データに立ち入って分析するわけであるが、まず中学校生徒の非行行動の実態を見てみる。図4−1は、

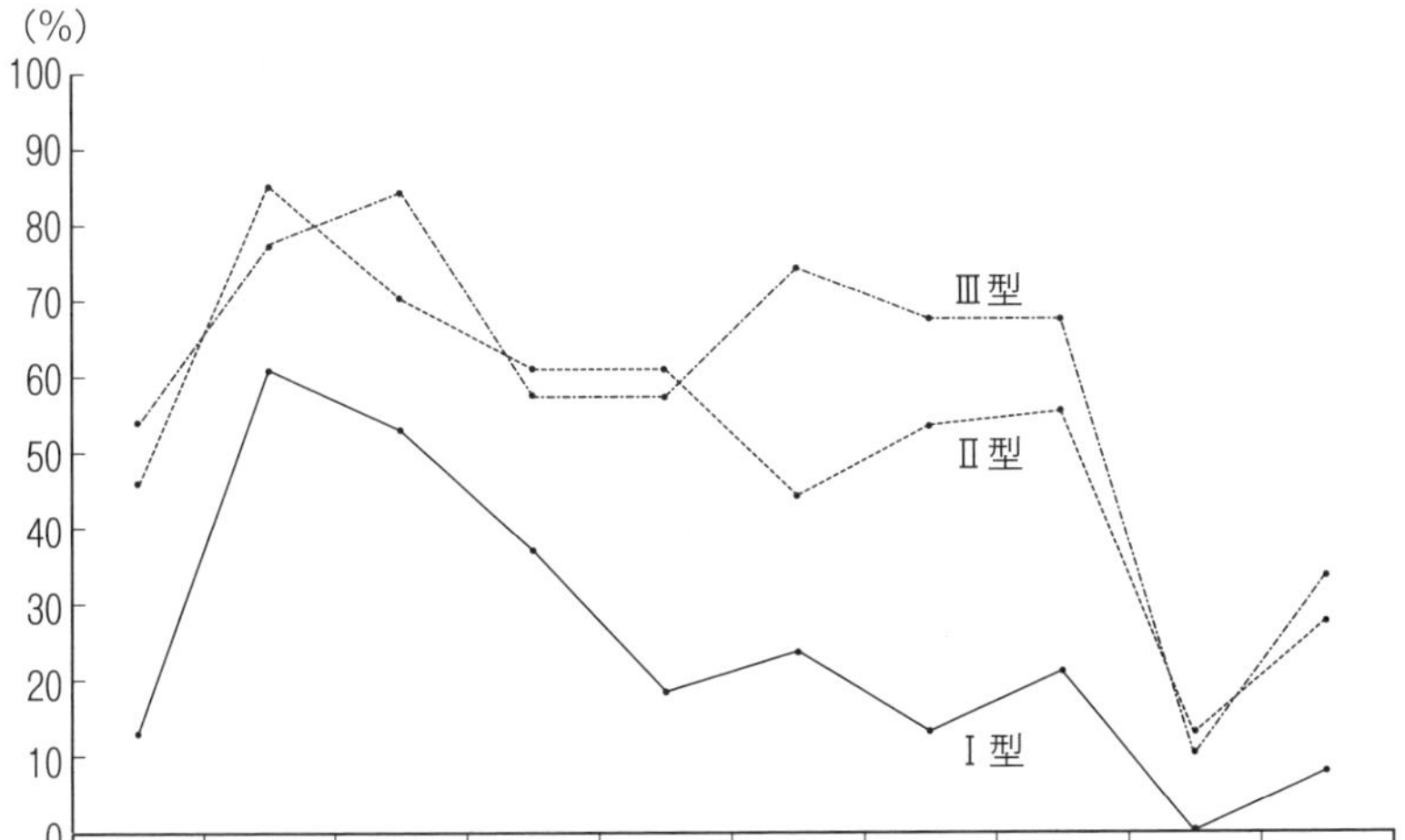

	(1) 授業をさぼる	(2) 乱れた服装や頭髪をする	(3) タバコをすう	(4) 万引きをする	(5) 他の生徒を脅す	(6) 学校のものをわざと壊す	(7) 他の生徒に暴力を振るう	(8) 教師に反抗する	(9) 教師に暴力を振るう	(10) 性的な非行に走る
Ⅰ型	13.5	62.1	54.1	37.8	18.9	24.3	13.5	21.6	―	8.1
Ⅱ型	47.2	86.8	71.7	62.3	62.3	45.3	54.7	56.6	13.2	28.3
Ⅲ型	55.2	79.3	86.2	58.6	58.6	75.9	69.0	69.0	10.3	34.4

(%)

図4－1　生徒の非行行動の実態

中学生によく見られると思われる非行行動を列挙し、それぞれの非行行動をする生徒の有無をクラスを単位にして質問した回答のうち有とするものの割合を示したものである。[4] 回答には「クラス単位に見ればほとんどいないが全校では二、三人いる」とするものが少数あったが、これらはすべて「ほとんどいない」と判断して、無のカテゴリーに入れた。

　図に見るように、学校内・学校外（万引・性的非行）の非行にかかわらず、そしてまたその非行行動の種類のいかんにかかわらず、非行生徒がいるとする割合は教師集団のタイプによって大きな差異を示す。Ⅰ型の教師集団の学校（以下、Ⅰ型の学校と呼ぶ。以下同様）ほど、その割合は低く、Ⅱ型、そしてⅢ型の学校ほど、その割合は高

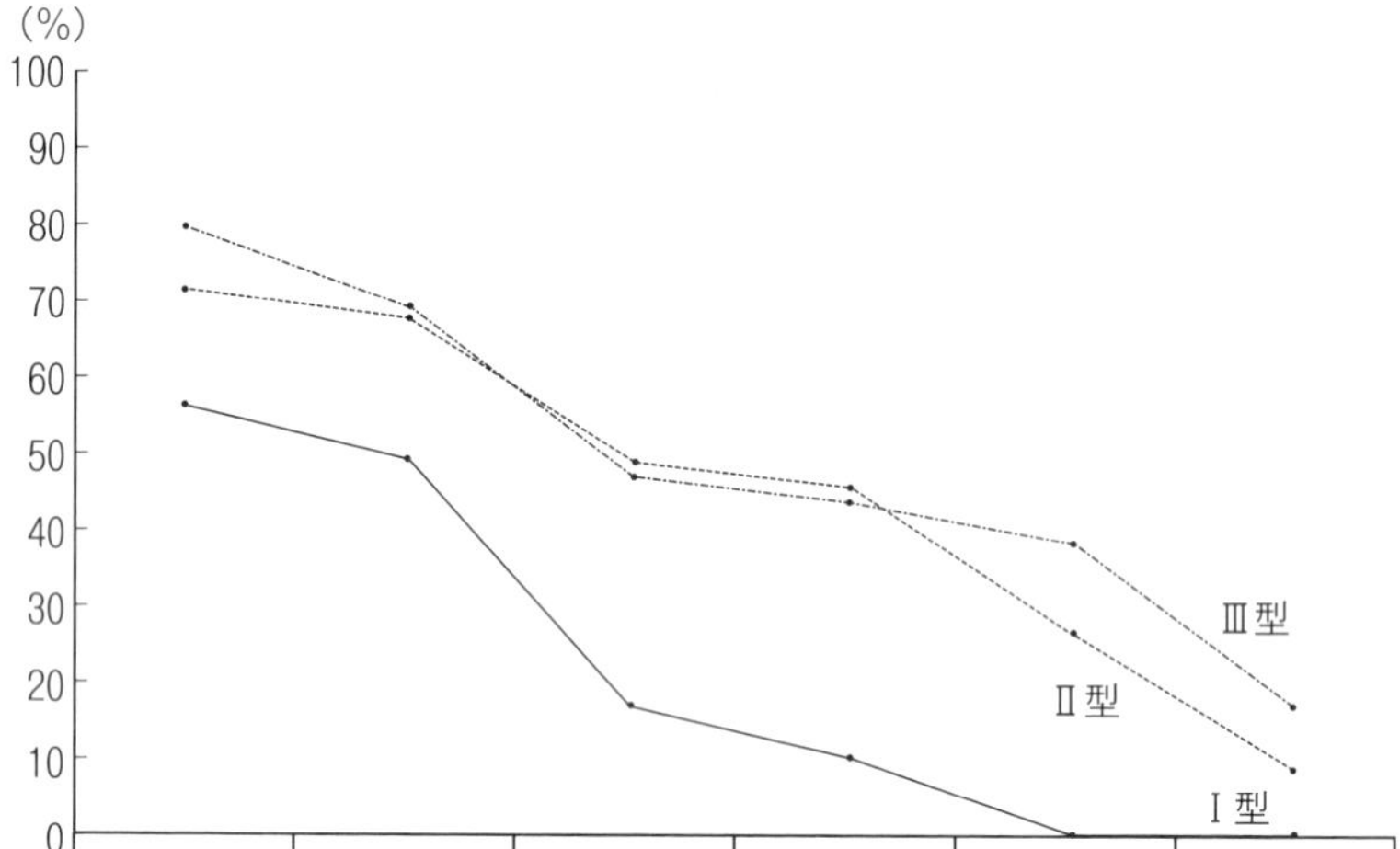

	(1) 生徒に嫌がらせや反抗をされた先生	(2) 生徒の暴言やののしりを受けた先生	(3) 恐怖を感じたことのある先生	(4) 体をこづかれたり、揉みあったことのある先生	(5) 生徒の暴力を受けた先生	(6) 生徒の暴力でケガをした先生
Ⅰ型	56.8	48.6	13.5	8.1	—	—
Ⅱ型	71.7	67.9	49.1	47.2	26.4	9.4
Ⅲ型	79.3	69.0	48.3	44.8	37.9	17.2

(%)

図4－2　教師集団の被害の実態

い。それも、Ⅰ型とⅡ型・Ⅲ型との間に大きな差異が生じている。先に教師集団のⅠ型は指導性が高く、Ⅱ型・Ⅲ型は指導性が低いと仮説的に述べたが、仮説通りに教師集団の指導性によって明確に分かれているのである。教師集団の指導性の高い学校ほど、非行生徒は少ない。

　図4－2は、教師集団に対する生徒の非行行動の実態を見たものである。生徒の非行行動による教師集団の被害の割合を見ることによって、教師に対する生徒の非行行動の実態を見ようとした。ここでは、教師に対する生徒の非行行動を軽度から重度へと六段階に区分し、そうした被害を受けた教師が教師集団にいるとする割合を示した。結果は、同様に、教師集団のタイプによって、その割合は異なり、大きな差

異を示している。[5] 教師の被害程度、即ち生徒の非行行動の程度のいかんにかかわらず、I型の学校では、教師に対する生徒の非行行動も少ないが、Ⅱ型・Ⅲ型の学校では教師の被害有の割合も高く、教師に対する生徒の非行行動が多いことを示している。そしてここでも教師集団のタイプによる差異はI型とⅡ型・Ⅲ型との間に生じている。

このように教師集団のタイプによって、それらの学校間の生徒の非行行動の実態は大きく異なり、後述のように、教師集団の指導性と指導効果とは強い関連があることを示している。

(2) 生徒の非行行動に対する教師集団の指導的活動とその効果

それでは、こうした生徒の非行行動に対する教師集団としての指導的活動およびその指導効果の実際はどうであろうか。

表4－2～表4－4は、前述のように、生徒の非行程度を三段階（軽度、中度、重度）に区分して、それぞれの程度の非行行動に対する教師集団としての具体的な指導的活動の実際をそれぞれについて見たものであるが、いずれの程度の非行行動に対しても、その具体的な指導的活動の実際には教師集団のタイプ別による差異は見られない。「学校全体で取り組む」という教師集団全体での取り組みがI型の学校に多いと推定されたが、中度の非行（万引・窃盗）にややその傾向が見られるに過ぎない。むしろⅡ型・Ⅲ型の学校の方に「学校全体で取り組む」が多く見られるほどである。いずれのタイプの学校においても比較的多く見られる指導形態は「学校全体での取り組み」、「校長・生活指導係・担任が注意・説諭」、「親に連絡・説明し、注意」の三つである。なお、「その他」がいずれのタイプの学校にも多く見られるが、これは大方が「指導はいくつかの方法が取られるので一つは選びにくい」とするものである。

ところが、そうした指導的活動の効果について見ると、表4－5～表4－7に示すように、いずれの程度の非行

表4－2　喫煙・飲酒に対する指導　(%)

	Ⅰ型	Ⅱ型	Ⅲ型
1. 手がつけられないので，別に指導しない	—	—	—
2. クラス担任が注意・説諭	5.4	13.2	10.3
3. 生活指導係の先生が注意・説諭	2.7	1.9	—
4. 校長，教頭が注意・説諭	—	—	—
5. 校長，生活指導係，担任が注意・説諭	18.9	26.4	20.7
6. 学校全体で取り組む	16.2	20.8	20.7
7. 親に連絡・説明し，注意する	21.6	17.0	13.7
8. 家庭訪問による個別指導	8.1	5.7	13.7
9. 警察に連絡する	—	—	—
10. その他	18.9	11.3	13.7
11. 生徒の喫煙や飲酒はない	8.1	3.8	6.9

注：無回答・不明を除く。以下同様。

表4－3　万引・窃盗に対する指導　(%)

	Ⅰ型	Ⅱ型	Ⅲ型
1. 手がつけられないので，別に指導しない	—	—	—
2. クラス担任が注意・説諭	2.7	7.5	—
3. 生活指導係の先生が注意・説諭	5.4	1.9	6.9
4. 校長，教頭が注意・説諭	—	—	—
5. 校長，生活指導係，担任が注意・説諭	13.5	20.8	44.8
6. 学校全体で取り組む	21.6	17.0	10.3
7. 親に連絡・説明し，注意する	24.3	32.1	13.8
8. 家庭訪問による個別指導	8.1	1.9	10.3
9. 警察に連絡する	—	—	—
10. その他	21.6	17.0	13.8
11. 生徒の万引や窃盗はない	2.7	1.9	—

表4－4　校内暴力に対する指導　(%)

	Ⅰ型	Ⅱ型	Ⅲ型
1. 手がつけられないので，別に指導しない	—	—	—
2. クラス担任が注意・説諭	2.7	1.9	—
3. 生活指導係の先生が注意・説諭	2.7	3.8	—
4. 校長，教頭が注意・説諭	—	—	—
5. 校長，生活指導係，担任が注意・説諭	5.4	13.2	17.2
6. 学校全体で取り組む	18.9	34.0	37.9
7. 親に連絡・説明し，注意する	5.4	7.5	—
8. 家庭訪問による個別指導	2.7	1.9	6.9
9. 警察に連絡する	—	—	—
10. その他	8.1	9.4	13.8
11. 校内暴力はない	54.1	28.3	24.1

表 4－5　喫煙・飲酒に対する指導の効果　(%)

	Ⅰ型	Ⅱ型	Ⅲ型
1. 全然効果がない	―	―	6.9
2. あまり効果がない	2.7	1.9	27.6
3. どちらともいえない	8.1	26.4	17.2
4. 少し効果がある	51.4	49.1	34.5
5. 非常に効果がある	27.0	17.0	3.4
6. 生徒の喫煙や飲酒はないのでわからない	10.8	3.8	10.3

表 4－6　万引・窃盗に対する指導の効果　(%)

	Ⅰ型	Ⅱ型	Ⅲ型
1. 全然効果がない	―	―	6.9
2. あまり効果がない	―	1.9	3.4
3. どちらともいえない	2.7	5.7	17.2
4. 少し効果がある	37.8	43.4	55.2
5. 非常に効果がある	56.8	47.2	17.2
6. 生徒の万引や窃盗はないのでわからない	2.7	1.9	―

表 4－7　校内暴力に対する指導の効果　(%)

	Ⅰ型	Ⅱ型	Ⅲ型
1. 全然効果がない	―	―	10.3
2. あまり効果がない	―	―	17.2
3. どちらともいえない	2.7	7.5	17.2
4. 少し効果がある	24.3	43.4	34.5
5. 非常に効果がある	21.6	20.8	3.4
6. 校内暴力がないのでわからない	51.4	24.5	17.2

表4－8　指導体制の確立　(%)

	Ⅰ型	Ⅱ型	Ⅲ型
1. かなりできている	81.1	52.8	37.9
2. 少しできている	16.2	39.6	41.4
3. あまりできていない	2.7	3.8	13.8
4. 全然できていない	—	1.9	3.4
5. わからない	—	1.9	3.4

行動に対しても、その指導効果には教師集団のタイプによって差異が見られ、明らかにⅠ型ほど「指導効果がある」とし、Ⅱ型、そしてⅢ型ほど「指導効果がない」とする傾向が見られる。指導性の高い教師集団の指導的活動ほど、その具体的な指導的活動の形態のいかんにかかわらず、その指導効果は高いわけである。このことは、以下のように解釈されよう。

教師集団の指導性とは、前述のように、教師集団としての組織的・統一的な指導的活動であり、それは成員たる個々の教師が協働的な指導的活動を共に実践する程度によって決まる。しかし、協働的な指導的活動というのは何も個々の教師が同一の活動をしたり、あるいは物理的に接近した活動をするという意味ではない。教師集団の指導性は、個々の教師が教師集団の規範に対する自分の理解は他の教師も共有しているという確信と、それゆえの他の教師との一体化の感情、言い換えれば連帯感とによって高まる。協働的な活動は、その活動の次元における連帯感なしにできるものではない。だから、前述のように、指導性の高い教師集団の指導的活動は、教師集団の共有規範に基づいた共通の理解による個々の教師の協働的活動なのであり、したがって具体的には同一の指導的活動形態であっても、教師集団の指導性の程度によって、その指導的活動の意味内容は全く異なってくるのである。極端なことを言えば、同一形態の指導的活動であっても、一方は教師集団の相互理解に基づいた協働的な指導的活動であるのに対し、他方はそうではなく、個々の教師のそれぞれの単独の指導的活動なのである。それゆえ、同一形態の指導的活動であっても、教師集団のタイプによっ

表４－９　非行行動目撃時の教師集団の態度

(%)

	Ⅰ型	Ⅱ型	Ⅲ型
1. 何もせず，放っておく	―	―	―
2. 自分のクラスの生徒だと注意する	―	―	―
3. クラス担任や生活指導係の先生に連絡する	13.5	34.0	24.1
4. 校長，教頭に連絡する	―	―	―
5. その場ですぐに注意する	62.2	35.8	41.4
6. 注意することもあるが，しないこともある	10.8	22.6	17.2
7. 他の先生の応援を得て注意する	2.7	5.7	6.9
8. その他	8.1	2.0	10.3
9. 生徒の問題行動はない	2.7	―	―

て、その指導効果にも差異が生じてくるものと思われる。

Ⅰ型の教師集団の指導的活動と、Ⅱ型・Ⅲ型の教師集団のそれとが、外見的には同一の、あるいは類似的な活動形態であるにもかかわらず、Ⅰ型の学校の指導的活動のみが教師集団としての指導性に立脚した協働的活動であることは、表４－８の、生徒の非行行動に対する教師集団としての指導体制の確立の有無にも現われている。Ⅰ型の教師集団の多くが「指導体制を確立している」としているのに対して、Ⅱ型、そしてⅢ型の教師集団ほど「指導体制の確立は十分でない」としている。そこで循環作用が生じる。すなわち教師集団の指導性が高ければ、生徒の非行行動に対する教師集団の指導体制の確立も容易であり、そうなれば、教師間の一体化の感情、すなわち連帯感は具体的な形となって示され、したがって協働的な指導的活動に対する教師の個人的動機は強化されて、教師集団としての組織的・統一的な指導的活動が可能となるが、他方において、教師集団としての組織的・統一的な指導的活動が可能なほどに、協働的活動に対する教師の個人的動機が強ければ、教師間の連帯感は高まり、教師集団としての指導体制の確立は容易となり、そうした指導体制の確立が教師集団規範を形成して、共通な理解を成員たる個々の教師に共有させ、その結果、教師集団の指導性は高まるという循環作用が生じるのである。

表4－10　現実的な非行対策　（複数回答）（%）

	Ⅰ型	Ⅱ型	Ⅲ型
1. 有効な対策はない	—	3.8	3.4
2. 警察との連絡の強化	5.4	3.8	3.4
3. 非行生徒の家庭の指導	54.1	47.1	55.2
4. 生活指導の強化	24.3	26.4	17.2
5. クラブ活動の強化	16.2	13.2	10.3
6. 生徒との頻繁な接触	67.6	77.4	75.9
7. 教科指導上の工夫（学力別クラス編成や補習授業など）	10.8	30.2	17.2
8. 処罰を厳しくする	—	—	6.9
9. 校則の強化	2.7	—	—
10. 教師間の連絡の強化	75.7	54.7	62.1
11. 学校間の連絡の強化	—	1.9	3.4
12. PTAの支援・協力を得る	21.6	11.3	31.0
13. 地域の協力を得る（自動販売機・ゲーム機などの撤去）	2.7	11.3	13.8
14. その他	2.7	1.9	—

したがって、表4－9の、生徒の非行行動目撃時の教師集団の態度を見ても（質問文は「生徒の非行を見たとき、他の教師はどのような態度を取ることが多いか」である）、それ以後の具体的な指導的活動がどうであるかは別にして、生徒の非行行動を目撃した際には「その場ですぐに注意する」という態度がⅠ型の教師集団に多く、教師集団の指導性に依拠した即時の対応という教師集団としての態度の同質性が示されている。

だから、生徒の暴力に対する教師集団の指導的活動を見ても、Ⅱ型・Ⅲ型の教師集団はⅠ型よりも「学校全体での取り組み」が多く（表4－4）、教師集団としての組織的・統一的な活動が展開されているようでありながら、その実、指導効果が低いのは、まさに教師集団としての指導性が低く、形式的な指導に終ってしまっているからであろう。

このように教師集団の指導性が生徒の非行行動に対する教師集団の指導的活動および指導効果に大きな影響を及ぼしているわけである。実際、生徒の非行行動は教師集団の指導性が高い学校では少なく、教師集団の指導性

表4－11　非行生徒の家族の協力度　（%）

	Ⅰ型	Ⅱ型	Ⅲ型
1. 積極的に協力する	21.6	13.2	10.3
2. 少しは協力する	35.1	45.3	37.9
3. あまり協力しない	29.7	35.8	44.8
4. 全然協力しない	2.7	1.9	3.4
5. 反発的態度をとる	2.7	1.9	3.4
6. 生徒の非行や問題行動がないのでわからない	8.1	1.9	—

が低い学校では多い事実が先に示された（図4－1）。

(3) 学校の非行対策と関係機関との協力

次に、学校において教師集団が取り得る現実的な非行対策と外部の関係機関との協力関係について見よう。

表4－10は、教師集団として現実に実行可能な非行対策について見たものであるが、いずれのタイプの教師集団も非行対策は、「教師間の連絡」と「生徒との接触」の二つに集中しており、教師集団の連帯性、すなわちここで言う教師集団の指導性と、生徒との接触という、いわば生徒との相互理解に基づく規範の共有化を、どのタイプの教師集団も指向していると言えよう。ただし、Ⅰ型の教師集団は教師間の連絡をより重視し、Ⅱ型・Ⅲ型の教師集団は生徒との接触をより重視している。Ⅰ型の教師集団が教師間の連絡を最も有効な現実的非行対策としているのは、個々の教師の協働的な指導的活動、すなわち教師集団としての組織的・統一的な指導的活動の効果とそれを可能にする教師集団の連帯性、すなわち教師集団としての指導性の必要性を、経験として、そしてまた実際、生徒の非行行動が少ないという事実から認識しているからと思われる。それに対して、Ⅱ型・Ⅲ型の教師集団はそうした組織的・統一的な指導的活動の経験もなく、また指導効果の高いことの事実もなく、したがって生徒との頻繁な接触という直接的な対策に指向したのではあるまいか。

表4－12　関係機関（警察）との連携・協力についての意見　(%)

	Ⅰ型	Ⅱ型	Ⅲ型
1. どのような非行であろうとも，生徒の非行はあくまで学校で指導すべきだ	27.0	37.7	24.1
2. 生徒の非行の内容によっては，学校の指導だけでは無理だから，警察との連携・協力が必要だ	64.9	60.4	75.9

この二つの非行対策に加えて、いずれのタイプの教師集団も「非行生徒の家庭の指導」を重視している。しかしながら、教師集団の指導的活動に対する非行生徒の家族の協力の度合についても、表4－11に見るように、教師集団のタイプによって、その度合は異なっており、Ⅰ型の教師集団ほど「家族は協力的」とするが、Ⅱ型・Ⅲ型の教師集団ほど「家族は協力的でない」とする。Ⅰ型の教師集団は、指導体制も確立し、教師集団としての組織的・統一的な指導的活動によって実際に高い指導効果をあげているから、教師はそれぞれに非行生徒に対する指導的活動にも自信と確信を持ち、したがって家族に対する協力要請にも説得力があり、また家族もそうした教師の指導的活動の効果の事実を知り、指導的活動の熱意と効果に期待するところが大きいからではないかと思われる。

このように個々の教師の協働的な指導的活動による教師集団としての組織的・統一的な指導的活動の展開、そしてそれを可能にする教師集団の連帯感こそが最も現実的かつ有効な非行対策だろうと思われる。実際、Ⅱ型の教師集団の指導的活動の効果を見ると（表4－5～表4－7）、Ⅲ型の教師集団に近い傾向を示しているが、それは、個人としての教師がいかに生徒の非行行動に対する指導に自信を持っていたとしても所詮は教師個人の単独の、孤立的な指導的活動に留まり、学校の非行対策としての指導効果を期待できるものではないということを示していると言えるだろう。

ところで、学校において教師集団が実際に取り得る現実的な非行対策は、教師集

表4－13　生徒の非行行動による教師の負担　（複数回答）（％）

	Ⅰ型	Ⅱ型	Ⅲ型
1. 授業をするのが嫌になる	5.4	7.5	13.8
2. 授業が妨げられる時がある	16.2	28.3	20.7
3. 授業の準備に非常にさしつかえる	8.1	9.4	10.3
4. 授業にはそれほど支障はないが，研究にさしつかえる	5.4	15.1	10.3
5. 全般的に負担になるが，本務に支障が生じるほどではない	32.4	41.5	24.1
6. 生活が不規則になる	18.9	7.5	17.2
7. 精神的疲労が重なる	37.8	60.4	65.5
8. 生活や精神面での負担はない	35.1	17.0	14.0
9. 生徒の非行や問題行動はない	18.9	5.7	10.3
10. その他	8.1	1.9	—

団としての取り組みのほかに、外部の関係諸機関との連携・協力がある。生徒の非行行動と最も関係の深い外部の機関は警察であろうから、学校と警察との連携・協力についての意見を質問したのであるが、結果は表4－12に見るように、教師集団のタイプとの明確な関連は見られなかった。ただ、Ⅱ型の教師集団に「どのような非行であろうとも学校で指導すべきだ」が多く見られるが、これは、他の教師は指導できないが、自分は指導できるというⅡ型の教師集団の、教師個人の自信の表れだろう。しかし、自身の指導に強い自信があるがゆえに、このⅡ型の教師は、他の教師との連帯を図ろうとするのではなく（実際他の教師は当てにならない）、独自に行動するために、結果として、教師集団としての組織的・統一的な指導的活動を阻んでいるのではないかと思われる。

(4)　教師集団のモラール

さて、最後に、教師集団のモラールについて見ておこう。繰り返し述べるように、教師集団の指導性が高いと、それだけ成員たる個々の教師の協働的な指導的活動に対する個人的動機は強化され、つまり協働意欲が高められ、それゆえ、教師集団としての組織的・統一的な指導的活動が可能となり、指導効果も高まるが、また指導

表4－14　現任校への満足度　（%）

	Ⅰ型	Ⅱ型	Ⅲ型
1. 非常に満足している	29.7	11.3	3.4
2. 他の学校よりはよい	35.1	43.4	37.9
3. どちらとも言えない	27.0	28.3	34.5
4. 不満だが仕方がない	5.4	3.8	17.2
5. できれば他校にかわりたい	2.7	7.5	6.9
6. 転職を考えることもある	—	3.8	—

表4－15　教育活動の張り合い　（%）

	Ⅰ型	Ⅱ型	Ⅲ型
1. 非常に張り合いを感じる	18.9	11.3	-
2. かなり張り合いを感じる	37.8	34.0	24.1
3. どちらとも言えない	29.7	37.8	24.1
4. あまり張り合いを感じない	8.1	5.7	34.5
5. 全然張り合いを感じない	-	-	-
6. 嫌気のさすことが多い	5.4	9.4	17.2

効果が高まるという事実を経験するからこそ、個々の教師の協働意欲は高まり、したがって教師集団の指導性も高まるという循環過程が生じるのであるが、この協働意欲がモラールにほかならないからである。そして、ここでは教師のモラールを仕事への満足度と仕事の意義に対する自覚という、仕事に対する教師の個人的態度の側面から測定しようとした[6]。

そこでまず、これまで見てきたような教師集団のタイプによる指導的活動および指導効果の差異が教師の意識や生活にどのように反映されているかを見たのであるが、結果は表4－13に示すように、教師集団のタイプによって差異が見られた。Ⅰ型の教師集団は、これまで見てきたように、そしてまたこの表に見るように「生徒の非行や問題行動はなく」、またあるにしても軽度の非行であったから「生活や精神面での負担はない」のであるが、Ⅱ型・Ⅲ型の教師集団の学校は生徒の非行行動も多かったから、教師は「本務に支障が生ずるほどではない」にしても、「授業が妨げられる」から「授業が嫌になり」、そのために「精神的疲労が重なる」としている。しかも指導の効果は見られない（表4－5～表4－7）。この理由についてはもはや説明を要すまい。

したがって、現任校に対する満足度および教育活動に対する張り合いについて見ても、表4－14・15に示すように、I型の教師集団ほど満足度は高く、張り合いの度合も高いが、II型・III型の教師集団ほど満足度や張り合いの度合は低い。とりわけIII型の教師集団には、この傾向が顕著であり、現任校に対する満足度も二四・一％が不満を持ち、教育活動に対する張り合いも三四・五％が張り合いなしとしており、加えて、一七・二％がそもそも教育活動に「嫌気がさす」としている。

このように教師集団のモラールは教師集団の指導性と強く関連しており、教師集団としての指導性が高いほど、教師集団のモラールは高くなるという関係にある。

4 まとめと今後の課題

以上の分析から、教師集団の指導性と生徒の非行行動に対する指導効果との関連が明らかになった。教師集団の指導性が高いと、つまり教師集団としての組織的・統一的な指導的活動が可能だと、その指導効果も高くなって、教師集団のモラールも高くなり、またモラールが高まるからこそ、教師集団の指導性も高くなるのである。それに対して、教師集団の指導性が低いと、つまり教師間の相互的理解がなされず、教師集団としての一貫した統一的な指導的活動が展開されないと、その指導効果は低く、また教師集団のモラールも低いのであって、そのことがまた教師集団の指導性を低くしているのである。

したがって教師集団の指導性と生徒の非行行動に対する指導効果との間にはきわめて強い関連の事実が存在する

と思われる。

また、教師集団のタイプによる指導性の差異と、その結果としての、生徒の非行行動の実態における差異は、Ⅰ型の教師集団とⅡ型・Ⅲ型の教師集団との間の差異として現れたから、Ⅱ型の教師集団の指導性とⅢ型の教師集団の指導性との間には、実質的には当初推定していたほどの差異はなく、したがって、個人としての教師がいかに生徒の非行行動に対する指導に自信を持っていたとしても、所詮は教師個人の単独の、孤立的な指導的活動に留まり、非行対策としての指導効果を期待できるものではないという事実が示された。

しかし、教師集団の指導性は、当然のことながら、その成員構成によって左右されようから、今後は教師集団の構成と指導性との関連、また指導性と結びつく諸条件の詳細な分析が必要である。と同時に、今後は教師あるいは教師集団の指導に焦点をおいた非行研究が要請されねばならないと思われる。

［注］
（1）ここで言う「非行行動」は、いわゆる問題行動を含めて用いている。以下同様。
（2）九州大学教育学部地域教育社会学研究室『非行と学校教育に関する調査』（一九八三）。標本抽出台帳：『福岡県下教育関係職員録』一九八三年版、教育春秋社。
（3）郵送調査の場合、督促状を出すのが通例であり、その準備もしていたのであるが、この調査については被調査者からの問い合わせが多く、なかには否定的な意見も少なからずあったため督促状を出さないことにした。
（4）クラスを単位として、それぞれの非行行動をする生徒の有無を質問した結果は、表4-16のようである（質問文は「あなたの学校では、それぞれの非行行動をする生徒は一クラスに何人くらいいますか」）。
（5）生徒の非行行動によって被害を受けた教師の有無を質問した結果は、表4-17のようである。まず学校の教師の人数を尋ね、次いで被害を受けた教師の人数を問うた。表は、それぞれの被害教師の割合を示したものである。
（6）尾高邦雄『現代の社会学』（岩波書店、一九五八）三〇三-三〇五頁。

表4－16　生徒の非行行動の実態　　(%)

教師集団のタイプ別に見る非行生徒の割合＼生徒の非行行動		(1) 授業をさぼる	(2) 乱れた服装や頭髪をする	(3) タバコをすう	(4) 万引きをする	(5) 他の生徒を脅す	(6) 学校のものをわざと壊す	(7) 他の生徒に暴力を振るう	(8) 教師に反抗する	(9) 教師に暴力を振るう	(10) 性的な非行に走る
Ⅰ型	いない	86.5	37.8	45.9	59.5	81.2	73.0	86.5	78.4	100.0	89.2
	クラスに2，3人	13.5	56.8	51.4	35.1	18.9	24.3	13.5	18.9	－	8.1
	クラスに5人くらい	－	5.4	2.7	2.7	－	－	－	2.7	－	－
	クラスに10人くらい	－	－	－	－	－	－	－	－	－	－
	クラスの半数以上	－	－	－	－	－	－	－	－	－	－
Ⅱ型	いない	49.1	11.3	28.3	30.2	34.0	52.8	43.4	39.6	84.9	67.9
	クラスに2，3人	43.4	60.4	49.1	52.8	62.3	39.6	52.8	49.1	13.2	28.3
	クラスに5人くらい	3.8	15.1	18.9	9.4	－	3.8	1.9	1.9	－	－
	クラスに10人くらい	－	5.7	3.8	－	－	1.9	－	5.7	－	－
	クラスの半数以上	－	5.7	－	－	－	－	－	－	－	－
Ⅲ型	いない	41.4	20.7	13.8	34.5	37.9	20.7	31.0	24.1	86.2	65.5
	クラスに2，3人	44.8	34.5	58.6	48.3	41.4	69.0	51.7	48.3	6.9	34.5
	クラスに5人くらい	10.3	31.0	10.3	－	17.2	3.4	17.2	17.2	3.4	－
	クラスに10人くらい	－	10.3	13.8	10.3	－	3.4	－	3.4	－	－
	クラスの半数以上	－	3.4	3.4	－	－	－	－	－	－	－

注：無回答・不明を除く。

表 4－17　教師集団の被害の実態

（%）

教師集団のタイプと被害の内容＼被害教師の割合		0%／いない	5%以下	6－9%	10－14%	15－19%	20－29%	30－39%	40%以上
(1)　生徒から嫌がらせや反抗を受けた先生	Ⅰ型	43.2	32.4	10.8	5.4	2.7	2.7	－	2.7
	Ⅱ型	28.3	11.3	18.9	15.1	11.3	3.8	5.7	5.7
	Ⅲ型	20.7	17.2	27.6	6.9	13.8	6.9	3.4	3.4
(2)　生徒の暴言やののしりを受けた先生	Ⅰ型	51.4	35.1	2.7	5.4	－	2.7	2.7	－
	Ⅱ型	32.1	9.4	11.3	17.0	7.5	5.7	13.2	8.3
	Ⅲ型	31.0	20.7	13.8	3.4	10.3	13.8	6.9	－
(3)　恐怖を感じたことのある先生	Ⅰ型	86.5	5.4	5.4	－	2.7	－	－	－
	Ⅱ型	50.9	13.2	11.3	5.7	7.5	5.7	1.9	1.9
	Ⅲ型	51.7	27.6	20.7	－	－	－	－	－
(4)　体をこづかれたり，揉み合ったことのある先生	Ⅰ型	91.9	5.4	－	2.7	－	－	－	－
	Ⅱ型	52.8	15.1	15.1	5.7	7.5	1.9	－	1.9
	Ⅲ型	55.2	10.3	24.1	10.3	－	－	－	－
(5)　生徒の暴力を受けた先生	Ⅰ型	100.0	－	－	－	－	－	－	－
	Ⅱ型	73.6	11.3	11.3	1.9	－	－	－	1.9
	Ⅲ型	62.1	24.1	6.9	6.9	－	－	－	－
(6)　生徒の暴力でケガをした先生	Ⅰ型	100.0	－	－	－	－	－	－	－
	Ⅱ型	90.1	5.7	1.9	－	－	1.9	－	－
	Ⅲ型	82.8	17.2	－	－	－	－	－	－

注：無回答・不明を除く。

第5章 子どもの集団活動と学校・地域の連携
――コミュニティの学校支援――

1 子どもの生活変貌

(1) 今どきの子どもたち

子どもの「体力・運動能力調査」によれば、今日の子どもの体力は長期的に低下傾向にある（内閣府 二〇〇八：八〇）。そのために文部科学省は体力向上キャンペーンを展開し、学校・地域におけるスポーツを振興し、スポーツの環境整備を推進している。しかし一方で、今日の子どもは規範意識やコミュニケーション能力が欠如しているから、その育成を図ることが必要だとしている（内閣府 二〇〇八：八〇-八一）。一般に指摘されているように今日の子どもは対人関係能力が欠如し、社会性が欠如しているというわけである。だがこの社会・心理的側面は、問題点として指摘されるものの、一般的関心は高くはなく、取り組みも具体性に乏しい。体力・運動能力とは異なり、対人関係能力や社会性は客観的測定が困難であり、事件が起これば一時的に社会的関心を惹起するものの、日常的には社会的可視性が低いからである。だが、子どもの体力・運動能力に当てはまる事実は対人関係能力や社会性にも当てはまる。もし対人関係能力や社会性の客観的測定が可能であれば、今日の子どもは驚くほどに低い水準にあるのではないか。そしてなおかつ低下傾向を示しているのではないか。

表5－1　学校での逸脱行動経験と価値観（小学校4年生～中学校3年生）

（%）（　）内は人数

	総数 (2,243) (2,143)	小学生 (1,075) (1,105)	中学生 (1.168) (1.038)
①授業中かってに席を離れること	4.1 5.2	3.2 4.9	4.9 5.6
②先生にさからったり，口答えをしたりすること	6.1 11.8	4.3 8.2	7.8 15.6
③授業中，先生に注意されても友達とおしゃべりを続ける	9.1	7.5	10.5
④自分が満足していれば人がなんと言おうと気にならない	33.9 31.4	34.5 29.8	33.5 33.0

注1）「よくある」と「ときどきある」を合わせた回答。
注2）出典：上段：総務庁青少年対策本部（2000，pp. 69-71，p. 98）
　　　　　下段：内閣府（2007a，第Ⅱ部第1章第3節）
注3）③の項目は，内閣府2007aの調査項目には入っていない。

表5－1は、総務庁（現、総務省）と内閣府がそれぞれ九～一四歳（小学校四年生～中学校三年生）を対象に実施した逸脱行動経験と価値観の調査結果である（総務庁青少年対策本部 二〇〇〇、内閣府 二〇〇七ａ）。授業中の徘徊、授業中の私語、教師に対する反抗的態度、さらには教師に注意されても私語を続けるというのは、小学生であっても、かつてなかったことである。団塊世代は、「子どもたちも親たちも『先生様の言うことに間違いは無い』と信じており、……家に帰って親に『先生に叩かれた』などと言おうものなら『お前が悪いからだ』と親にもう一度叩かれた」（尾木 二〇〇六：九七）ほどに教師を信頼していたから、それと比較すると実に大きな変化である。表5－1は対象者である子どもにクラスの授業中の様子について質問した調査結果であるが、表5－2（Ａ）のように、授業の客観的な様子では、同級生の逸脱行動の頻度はさらに高くなる。

「学級崩壊」が社会問題になったのは一九九七（平成九）年である。学級崩壊とは、まだ一致した定義は

表5-2　同級生の逸脱行動と規範意識（小学校5年生）　（%）（　）内は人数

（A）の質問項目／（B）の質問項目	（A）授業中の様子（14,884）	（B）授業の規範意識（14,884）
⑤（A）授業中に立ち歩く人がいる （B）悪いことだと思う	27.2	96.4
⑥（A）授業の時間になっても教室に入らない人がいる （B）悪いことだと思う	22.4	96.8
⑦（A）授業中に先生を困らせて平気な人がいる （B）悪いことだと思う	31.3	96.2

注1）（A）は，「とても多い」と「やや多い」を合わせた回答。
注2）（B）は，「とてもそう思う」と「少しそう思う」を合わせた回答。
注3）出典：小松郁夫（2003，pp. 10-14）

ないが、[1]端的に学級集団が集団規範を無視した児童・生徒の勝手放題な言動によって集団教育としての機能を喪失した状態である。勝手放題の言動とは、表5-1の①〜③のような児童・生徒の、集団規範を無視した言動である。比率だけを見れば高くはないが、しかし比率は低くても、一部の児童・生徒の、集団規範を無視した勝手放題の言動は、学級集団全体を混乱に陥れ、集団教育を困難にする。

中学校・高校では一九七〇年代後半から「荒れ」が問題となった。対教師暴力、生徒間暴力、器物破損といった生徒の暴力である。とくに一九八三（昭和五八）年は中学校での校内暴力が最も頻発した時期である。そして一九九〇年代からは授業崩壊が問題となった。授業中の私語や徘徊、授業中の教室への出入り、教師の注意を無視する、あるいは反抗するなどによる授業不成立の現象である。

だが、学級崩壊は、かつての荒れや授業崩壊とは異なり、以下の四つの特徴を持っている。第一は、低年齢化である。小学校の低学年、また幼稚園においてさえも見られる。「小一問題」と呼ばれるほどである（朝日新聞社会部 二〇〇一：六〇-六三、産経新聞社会部教育問題取材班 二〇〇二：一四〇-一四三、NHK

表５－３　逸脱行動に対する否定的な考え（小学校４年生～中学校３年生）

（％）（　）内は人数

	総数（2,243）	小学生（1,075）	中学生（1,168）
⑤授業中かってに席を離れること	74.8	77.0	72.8
⑥先生にさからったり，口答えをしたりすること	70.0	78.0	62.6
⑦授業中，先生に注意されても友達とおしゃべりを続ける	73.4	78.5	68.8

注１）「とても悪い」と「悪い」を合わせた回答
注２）出典：総務庁青少年対策本部（2000, p. 105）

スペシャル　二〇〇五：六八－六九）。かつての荒れや授業崩壊は多くが中学生や高校生の問題だった。第二は、学級崩壊は一般の児童・生徒の勝手放題の言動だということである。荒れや授業崩壊は特定の――多くは成績下位の――生徒の逸脱行動であって、彼ら自身も自分の行動を逸脱だと認識していた。つまり荒れること、授業を妨害すること自体が彼らの目的だったのである。成績下位ということから生じる劣等感や遣り場のない鬱憤の発散であり、衝動的な欲求不満の爆発だったのである。だから教師に対してあからさまな反抗的態度・言動を取ったのである。成績万能主義的な人間評価に対する、いわば「反動形成（reaction-formation）」（Cohen, A. K. 1955, pp. 132-133）である。だが学級崩壊の場合、児童・生徒は自身の行動を逸脱だとは認識していない。むしろ自分の行動は「普通」だと思っている。

しかし同じ行動であっても、それが自分の行動ではなく第三者の、客観的な行動の場合には逸脱だと判断するのである。表５－２（Ｂ）の規範意識を見ると同級生の逸脱行動をほとんどが「悪いこと」だと認識しているし、表５－３の逸脱行動に対する児童・生徒の考えを見ても、多くが否定的である。学級の授業に関しての児童・生徒の規範意識は非常に高いのである。にもかかわらず、授業中での逸脱行動の経験もあり（表５－１）、また実際に授業中に逸脱する同級生も多いとする（表５－

2（A））。つまり客観的には悪いこと（逸脱）だと認識していても、その判断基準を自己には適用しないのである。それは学級集団に対して帰属意識を持っていないために、集団規範を内面化して自身の個人的価値や行動の道標にしていないからである。判断基準はあくまでも自分なのだ。だから自分の行動は「普通」なのである。自分の勝手放題の言動は逸脱とは見なさずに「普通」だ認識していること、これが第三の特徴である。したがって荒れや授業崩壊がそれ自体を目的とした特定（成績下位）の児童・生徒の一様な逸脱行動であるのに対し、学級崩壊は一般の児童・生徒の「普通」の、しかし客観的に見れば恣意的な、それぞれの児童・生徒のさまざまな行動の「結果事象」なのである。これが第四の特徴である。

こうした学級崩壊の原因は、これまでは多くが教師の指導力不足とされてきた。文部省（現、文部科学省）の委嘱研究を受けた学級経営研究会は、その報告書のなかで、学級崩壊を一〇タイプに分類しているが、分析対象となった一五〇学級のうち、「教師の学級経営が柔軟性を欠いている事例」は六九・三％、「授業の内容と方法に不満を持つ子どもがいる事例」は六四・〇％であって、学級崩壊はこの二タイプに集中している（複数回答）（学級経営研究会 二〇〇〇：五）。教師の指導力不足であり、したがって教師の資質向上が求められるというわけである。だが、学級崩壊は学級経営の経験が十分にあり、かつ学級経営に成功してきたベテラン教師の学級にも起こっている（朝日新聞社会部 二〇〇一、産経新聞社会部 二〇〇二、の各事例報告）。教師の指導力不足だけが問題なのではない。それ以上に子どもが大きく変わってきたのである。

⑵　子ども観の変容

一般の児童・生徒が集団規範を無視した勝手放題の言動を逸脱（悪いこと）と見なさず、「普通」だと認識しているのはなぜか。それは、後述のように、子どもの私生活化が進行しているために学校という公的領域においても、そのまま自己の私的基準を優先させて行動しているからである。

先に述べたように、今日の子どもは対人関係能力、社会性が欠如している。実際、多くの大人は今日の子どもを対人関係能力が欠如し、自己中心的で身勝手であると見なしている。われわれは、一般成人を対象とした「子ども観」に関する調査において（住田 二〇〇六：三二）、子どもの特性を表す肯定的・否定的な三〇語の言葉を用意し、そのなかから今日の子どもの特性を示す項目を複数選択させたところ（調査対象者一、三三二人）、「わがまま」六四・〇％、「おしゃれ」五四・二％、「自己中心的」五二・二％、「大人びた」五二・一％、「あきっぽい」四五・六％、「無責任」二九・〇％、「ひ弱」二七・九％、「横着」二七・八％、「かしこい」二七・五％、「忙しい」二六・五％という特性があげられた（二五％以上選択された特性。多い順から）。しかしこれらの特性は、相互に強く関連して今日の子どもの特徴を明瞭に浮かび上がらせている（第八章図8‐1参照、二四一頁）。今、これらの特性間相互の相関係数からグループ分けをすると、今日の子どもの特性は大きく四つの特徴的な群にまとめられる。（a）［自己中心的＝わがまま＝横着＝だらしがない＝無責任＝あきっぽい」（＝は〇・三〇以上の相関係数を示す。以下同様）、（b）［あきっぽい＝ひ弱］、（c）［大人びた＝おしゃれ］、（d）［かわいい＝明るい」である。そのうち、自己中心的、無責任、横着、あきっぽいという四つの特性は、それぞれに他の六項目の特性と強い関連を示している。特に「自己中心的」は選択比率も高く（五二・二％）、他の九項目の特性と強く関係しており、また類似的な意味の「わがまま」の選択比率も高い（六四・〇％）。そしてこの二つの特性は相互に強く結びついているから、「自己中心的＝わがまま」というのが今日の子どもの特性を端的に示す核になっていると言える。だから平たく言えば、今日の子どもは、（a）「自己中心的」で「身勝手」（わがまま）で、何事にもすぐに「飽きて」（（b）あきっぽい）、怠けてしまう（「横着」）という「だらしがない」ところがあって、全く「頼りにならず」（（b）ひ弱）、「無責任」なのである。

こうした特性と広く結びついているのが「大人びた」という特性である。この特性と他の特性との関連は強くはないが、選択比率は高く（五二・一％）、最も多くの特性と関連している（他の一〇項目と関連）。したがって今日の子どものさまざまな特性の基底を成していると言ってよい。（a）自己中心的で、身勝手な、今日の子どもの特性の背後に、実は大人と肩を並べるような、いっぱしの対等意識や態度をとるという「大人びた」、尊大な構えを大人は感じているのである。だから今日の子どもにはまったく子どもらしいところはないとして、大人は否定的な見方をしている。この「大人びた」は、他方で（c）「おしゃれ」と結びついている。実際、服装や髪型、化粧に気を配っている子どもが多いからであろうが、こうした子どもの行動もまた子どもらしくない。その一方で（d）「かわいい＝明るい」という肯定的な、子どもらしい見方もある。だが、周辺的な見方に過ぎない。

こうした特性――自己中心的で身勝手――を有する子どもだからこそ、自由に行動すること自体が集団規範を無視した勝手放題の行動となるのである。だが、これまで子どもは日常生活――家族生活――のなかでそのように行動し、それが当然だとして、そのまま通用してきたのである。そして子どもにとっては学校生活においても同じように行動したに過ぎないのだ。だから子どもにとっては何の問題もない「普通」の行動なのである。そうした「普通」の行動の結果が学級崩壊なのである。先に述べたように学級崩壊は一般の子どもの「普通」の、しかし客観的に見れば恣意的な行動の結果事象なのである。だから学級崩壊は学級集団の妨害を意図しての逸脱行動ではないのである。

2　子どもの私生活化――私生活優先の時代――

(1)　子どもの私生活領域の拡大

では、今日の子どもたちが、自己中心的で身勝手で、対人関係能力を欠如し、社会性を欠如しているにもかかわらず大人といっぱしの対等意識を持つようになったのはなぜか。それは一九八〇年代から始まる生活スタイルの変化、すなわち私生活化（プライヴァタイゼーション privatization）のゆえである。私生活化とは公的事象に対して私的領域の事象を優先させる生活態度あるいは生活スタイルを言う。

これまで大人は子どもを、そしてまた子ども自身も自分を「児童・生徒」として学校教育という公的枠組みの中に位置づけてきた。子どもは未発達の、未熟な存在であるから教育されねばならず、その教育は全面的に学校教育のなかで行われている。だから、子どもはすべて学校教育の対象である「児童・生徒」であり、「児童・生徒」として健全に発達していくことが子どもの、当然の役割だとされてきたのである。その限りにおいて子どもは常に教師の、また大人の下位に位置し、それゆえ、大人は子どもを従順、素直、純粋、無邪気と見なしてきたのである。たとえ「不登校」の子どものように「児童・生徒」の枠を外れた場合であっても、学校教育の意味を拡大し、制度を修正して「児童・生徒」の枠に収まるように調整してきたのである。

しかし、今日の子どもは、もはや学校教育という公的枠組みの中に収まってはいない。「児童・生徒」という枠を越えて自己を主張し、自己の思いのままに（恣意的に、言葉を換えて言えば自主的に）行動するようになっている。今日の子どもは、先に述べたように大人と肩を並べるような、いっぱしの対等意識を持ち、独立意識が強く、したがって常に教師や大人の下位に位置するような「児童・生徒」として自己を規定してはいない。たとえ「児童・生徒」として自己規定しても、その中味はこれまでの「児童・生徒」とは大きく異なっている。だが、大人は、依然として子どもを未発達の、未熟な存在であり、学校教育の対象であるべき「児童・生徒」としてしか規定していないから、子ども自身が規定する「児童・生徒」とは全く合致しないのである。子どもの言う「児童・生徒」は、もはや教師―生徒関係という教育者―被教育者という枠を越えた、大人と対等の、独立人としての児童・生徒であり、一方、大人の言う「児童・生徒」は未発達の、未熟な存在で常に教師や大人の下位に位置し、教師や大人の指導の下にある被教育者としての児童・生徒である。だから大人の眼には、今日の「児童・生徒」は、教師―児童・生徒という公的枠組みをはみ出し、学校教育の規範を無視し、自己中心的で勝手放題の行動をしているとしか映らないのである。子どもが学校教育の対象としての「児童・生徒」という公的枠組みから外れれば、大人は「子どもらしくない」と否定的に評価する。

今日の子どもは、被教育者である「児童・生徒」としての公的基準ではなく、それを無視して、自己の個別的な私的基準にしたがって行動する。自己の私的基準を公的基準よりも優先させるのである。私生活化である。何事につけても自己の、私的領域の事柄を優先させ、また私的領域に関心を集中化させるのである。だから、先の表5－1のように、④「自分が満足していれば人がなんと言おうと気にならない」のである。判断基準はあくまで自己なのだ。だから自分の行動は「普通」なのである。

子どもの私生活化が進行してきた社会的背景は多様である。①子どもも独立した人格を持った一人の人間であるという理念的子ども観が広く浸透してきたこと、②実社会へのルート、あるいは子どもの生活領域が多様化してきたが、それらの生活領域は子どもにとっては私的領域に包含されるから、それに伴う私生活領域の拡大と公的な学校生活領域の縮小、③子どもの私生活領域が拡大したために学校は、以前ほどに子どもの生活全体を把握することができず、したがって親や子ども自身の学校への依存度が低下してきたこと、④こうしたことの結果、学校は多様化していく子どもの問題に対応できず、学校の問題解決能力が低下してきたこと、という背景があるだろう。

しかし子どもの生活は、何と言っても親の生活態度や生活スタイルに規定され、枠づけられ、方向づけられるから子どもの私生活化といっても、つまるところ、⑤親（大人）の私生活化による。子どもは、大人と対等意識を持っているとはいえ、実際の生活は親に依存し、親の意識的・無意識的な統制のもとに営まれており、また現に営まれている親との生活以外の生活を知らないから子どもにとっては家族生活が唯一の世界なのである。

(2) 私生活化への傾斜

では、親の私生活化が進行した社会的背景は何か。

公的事象とか私的事象といっても相対的である。公が国家や社会を指し、私が私企業を指す場合もあるが、私企業であっても従業員から見れば公であるから、その場合は企業が公となり、従業員が私となる。しかしその従業員が世帯主であれば、その権限のもとでの家族が公となり、家族員は私となる。〔公〕―〔私／公〕―〔私／公〕―〔私〕という重層的な関係になるわけである。そして歴史的に見れば、人々の生活スタイルは、国家（公）→（私）企業（公）→（私）家族（公）→（私）個人という系列にしたがって私生活化へと傾斜してきている（桜井・桜井一九八七：一五九‐一六〇、また住田　一九九五：七三‐七五）。第二次大戦前の滅私奉公的な国家（天皇）への従属から敗戦を契機とする人々の関心の私的領域への方向転換、都市化社会における家族単位の移動化、家族単位・個人単位の消費社会化の進行、私的興味・娯楽へと傾くマスメディア報道、そして現代社会の特徴としての管理社会化による緊張や疎外からの逃避、および権利意識の定着やプライバシー観念の浸透などのためである。そのために現代社会は「家族」や「個人」を単位とした私生活優先の生活態度・生活スタイルへと傾斜してきたである。今日においては、私生活化への傾斜はさらに進行し、家族単位から個人単位へと傾斜してきている。

現代社会においては、行政機関や政治組織をはじめ、企業体や労働組織、教育機関や医療福祉機関などあらゆる分野で組織化が進み、人々はそうした組織に組み込まれて管理・統制され、操作されるようになった。管理社会化である。しかも情報技術・情報システムの発達によって管理・統制・操作はますます精巧化して人々の欲望や感情、知識や意識といった内面にまで及ぶようになった。そうなると人々は常に抑圧的な緊張状態や不安定な状態に陥り、疎外感や孤立感、閉塞感を感じるようになる。そのために疎外的な状況や不安定な状況から逃避し、あるいは離反して自分のことや家族のことといった身近な、私的な事柄に満足感や幸福感、楽しみを見出そうとするようになったのである。

また近年は個人の権利意識が高まり、プライバシー保護が重視されるようになったが、そうなると個人の尊厳、名誉の尊重が重視されるようになり、プライバシーという個人の私生活領域には無断で介入させず、私生活領域への干渉を排除して、個人の私生活領域を防衛しようとする。

現在の個人単位の私生活化は、一九八〇年代の消費社会化、すなわち高度消費社会になって急速に進行してきた。経済が成長して「豊かな社会」になると、個人単位で消費するようになってきたのである。一家に一台だった車は一人一台になり、一家に一台だったテレビも一人一台になり、そして一家に一台だった電話は、今や携帯電話となって個人で持ち歩き可能となった。しかも携帯電話は電話のみならず、メール、カメラ、インターネットなど個人にとって「万能の情報末端」（藤川 二〇〇八：一四）として生活の必需品になっている。携帯電話は人々を私生活化へと大きく傾斜させたのである。しかし私生活化が進行し、それが過度になると人々は自身の楽しみのために私生活を最優先させるという私生活埋没主義に陥り、他のこと（さまざまな次元の公的事象）に関心を示さなくなる。そのために自己本位的な思考・行動を取るようになり、社会規範という行動基準の輪郭の輪を広げて私的基準の許容範囲を拡大していくのである。それに伴い社会規範の厳格性は次第に弱化していく。携帯電話の発する電波のために病院などの公共施設内、また公共輸送機関（電車や路線バス）内では電源を切ることが公共のマナーとされているが、守られているとは言えないのが現状だろう。こうして私生活化はとめどなく進行する。

しかし日常の生活単位は家族であるから私生活の単位の中心は多くは家族生活である。だから人々の生活態度や生活スタイルも家族優先になりやすい。「お受験」と称される家族の一体的な行動（石川 二〇〇八：四八-五七）など。そして最近の教師に対する親の無理難題要求（クレーム）も、つまるところ自分の子どものことを最優先し、あるいは自分の子どものことにしか関心を持たない親の「自子主義的」（佐々木 二〇〇七：八）な私生活（家族）優先主義からきているのである。

3 学校教育と子どもの集団生活

子どもが親の私生活優先の生活態度・生活スタイルに巻き込まれて生活すれば、そしてまた子どもは親の意識的・無意識的な統制のもとで生活するから、当然のことながら子どもも個人的な私生活優先主義に陥っていく。

今日の子どもが自己中心的で身勝手で対人関係能力や社会性が欠如しているというのは、自己の行為を他者との関係で考えなければならない集団生活の機会がなく、またそうした機会があっても、それまでの家族生活のなかでの私生活優先主義的な社会化によって、子どもは何事にも自己の優先性を当然とするようになり、そのために他者との関係を煩わしく感じるようになって、忌避するようになったからである。たとえ「友だちづきあい」のような親密な関係であっても「めんどうくさいと感じることがある」（一五・一％〔小学生八・八％、中学生二一・九％〕）とする（内閣府 二〇〇七a）。中学生では友だち関係であっても四人に一人が煩わしいとしている。もともとこの年頃の子どもはギャング・エイジと呼ばれ、文字通り徒党を組んで集団的遊戯活動に興じる時期である。にもかかわらず集団活動に興味関心を示さないのは、面倒だからであり、対人関係能力が欠如しているからである。「頭にくると、つい乱暴な言葉づかいになる」（小学生三二・四％、中学生三四・三％）のである（内閣府 二〇〇七b）、ただし対象は小学生一四五人、中学生二三三人）。

もともと学校教育の特質は子どもの集団生活にある。児童・生徒の集団教育である。子どもにとって、家族集団が個別的な、私的領域の極にあるとすれば、学校集団は、その対極の、公的領域の極にある。家族集団のなかで子どもは、その家族集団の個性、つまり家族文化によって社会化されていくが、しかしそれは個々の家族集団のなかでの個別的な社会化でしかないから、学校は公的教育機関として、そうした個々に社会化された子どもをその社会（国家）の普遍的・客観的な一定の社会的な型に一致させるように意識的・計画的に方向づけていかなければならない。そのために学校は普遍的原理（国家原理）に基づいた厳格な秩序・規範を有している。この厳格な秩序・規範に基づいて学校は、子どもの集団生活を単位とした集団教育（学校集団や学級集団）によって知識・技能の習得、規律遵守、社会性の涵養、他者への配慮と相互融和、自発性の伸長と個性の尊重といった、独立した社会人としての資質を形成していくことを目的としているのである。子どもは学校集団に入ると同時に、公的枠組みのなかでの「児童・生徒」として教育法制上の「学ぶ者」として位置づけられる。「児童・生徒」は学校集団のなかでは、日常の生活を時間的に区分され、その区分にしたがって集団生活（学校集団や学級集団）を一定の規律のもとで過ごさねばならない。この間、「児童・生徒」は個人的な、私的行動を一切禁止される。こうして学校生活という厳格な公的秩序のもとでの生活が開始されるわけである。

しかし、先に述べたように、今日では、子どもの私的な家族生活領域の比重が高くなり、それに逆比例する形で学校の地位は大幅に低下している。このまま私生活化への傾斜がさらに進行すれば、子どもは学校という公的領域での、厳格な秩序と規律ある集団生活を経験することもなく、また経験したとしても、その経験は子どもの内面にまで及んで自己の構成要素になるまでには至らない。そもそもすでに述べたように、子どもは学校集団に入る前から、親の、私生活優先主義的な生活態度・生活スタイルに巻き込まれて社会化され、私生活優先主義的思考・態度・行動様式を習得しているから、学校集団に入ったからと言って「学ぶ者」としての「児童・生徒」としての役割行動を即座に取れるわけではない。子どもが学校集団に入って「児童・生徒」としての役割行動が取れるようになるためには、つまり子どもが「児童・生徒」として自己規定するようになるためには、学校集団の強固な秩序と規範を背景に教師が権威の具現者として子どもの前に現れなければならない。だが、今日の子どもの私的生活領域は学校という公的生活領域を凌駕し、子どもは公的生活領域においても私的生活領域の基準のままに行動しているから、あるいは公的生活領域を私的生活領域の部分とさえ考えているから、「児童・生徒」であるべき学校集団生活においても子どもは私的な自己の優先性を当然とするのである。だから子どもは「普通」の行動として授業中に席を離れて立ち歩き、私語をし、教師が注意してもそのまま私語を続け、教師に対して反抗的な行動を取るのである。そのために学校での集団生活そのものが成立しなくなった――学級崩壊――のである。

このように今日の子どもは厳格な秩序と規範の集団生活を経験していないがために、他者との関係において自己の行為を考える経験が乏しく、したがって集団規範を身につける機会も乏しく、また対人関係能力を形成する機会も乏しく、ために自己中心的で勝手放題の、恣意的な行動を取るのである。それがまた他者との関係性を忌避するようになる。とくに友人・仲間は他人であり、意見が異なるのは当然なのであるが、その意見が異なる他人との関係性を形成することができない。だが集団規範は他者との相互作用を通して獲得されていく。したがって今日の子どもに規範意識を育て、対人関係能力を育成し社会性を涵養していくためには、集団教育が必要であり、厳格な秩序と規範のもとでの集団生活の経験が必要となる。

4　子どもの集団活動

(1)　学校の集団指導

集団生活はメンバー間での一定程度の合意、または一致を前提とするから、つまり規範を前提とするから、子どもは集団生活を継続していく過程での他者との相互作用を通して集団規範を習得していく。

しかし繰り返し述べるように、すでに今日では学校での集団生活そのものが困難になっている。子どもはすでにそれぞれの家族生活において居心地の良い私生活を経験し、その私生活を優先するから、学校という厳格な秩序の統制力の下にある「児童・生徒」として自己規定することを忌避し、あるいは拒否するのである。学校集団の規則によって行動が制約され、拘束され、限定づけられる公的領域よりも自由な、言い換えれば恣意に基づいた勝手気儘な行動ができる私的領域を優先する。したがって学校集団での共同生活を成り立たせるためには、子どもに共通の目的を持たせ、その目的を志向する集団活動が有効である。とくに児童・生徒という同世代者との集団活動から生まれる集団的興奮は私的生活領域では経験できない。そうした集団活動を通して子どもが集団に対して関与感と帰属感を持つようになれば、子どもは集団と一体化し、その価値と規範を自身の個人的価値や行動基準とするようになる。内面化するわけである。そうなれば子どもがしたいと思う行動は、子どもが集団の一員としてしなければならない行動になる。子どもは自身の行動を統制する状況を作り上げていくようになるわけである。

そのためには特定の、明確な、子どもが興味関心を示すような集団目的を選定しなければならない。子どもにとっての集団活動の目的は、達成すれば満足できるくらい困難なものでなければならないが、達成できないほど難しくてもいけない（Zander, A. 1994 ＝黒川・金川・坂田訳　一九九六：一八）。効果的な集団目的を選定するためには、以下の諸点が考えられるだろう。

①　集団単位の子どもの多くが共通に興味関心を持っているもの。
②　子どもの日常生活に密着した、身近で、具体性のあるもの。
③　それぞれの発達段階の子どもの知識・技術・体力のレベルで、努力すれば、達成可能なもの。つまり容易に達成できるものではなく、ある程度の困難を克服することによって達成できる程度のもの。
④　実践的で具体的な行為として示されるもの。
⑤　子ども自身が直接的に、かつ積極的に関与しなければ達成できないもの。
⑥　集団活動の効果が速効的、具体的、かつ可視的なもの。
⑦　集団活動自体が連携的で、協同的なもの。子どもが単独ではできないもの。
⑧　一定期間の継続的活動によって達成されるもの。
⑨　一時的な活動ではなく、継続的で発展性のあるもの。
⑩　集団のメンバーである子ども全員が明確に役割を分担できるもの。

集団活動が効果的であるためには、とりわけ⑩が重要である。集団活動における個々の子どもの役割分化が明確でなければならない。たとえ個人単位でなくグループ単位での活動であっても、最終的には集団活動の役割が個々の子どものレベルにまで明瞭に分化していなければならない。つまり子ども自身も、また他のメンバーもそれぞれの役割の存在と内容を明瞭に知っており、相互に役割遂行を期待できるほどに具体的に役割が分化していなければならない。子どもが集団のなかで自己の存在感を実感できるようでなければならないのである。そうでなければ子どもは集団活動に関与し、集団に帰属意識を持つことはない。

そして教師はリーダーとして子どもの集団指導に当たらなければならないが、そのためには何よりも子どもとの信頼関係を築くことである。子どもとの約束はいかなることでも厳守し、そうした厳守するという行動を確実に積み上げていくことによってこそ子どもの信頼感を得ることができる。「たとえ一〇〇回裏切られても一〇一回目は信頼してくれるかも知れない」とは少年院の法務教官の言葉である。[2] そして同時にまた子どもの意見を積極的に聞き、それを受けとめ、必要に応じ集団活動の意義・目的を説明して子どもを納得させなければならない。納得させるということが子どもの積極的な集団活動への参加を促すことになる。さらに教師には教師集団の一員としての統制的な、組織的な行動が要求される。教師間に齟齬があっては児童・生徒の集団指導であれ個人指導であれ効果はない。

(2) 地域の支援

こうした学校での集団活動を支援するのが地域の役割である。この場合、地域とは、ⓐ保護者（親）とⓑ地域住民を言う。そしていずれの支援も必要である。これら地域の支援が必要だというのは、単に子どもの集団活動を地域が手助けし、あるいは教師の補助的役割を演じて、教師や子どもの負担を少なくするということではない。それは、ⓐ保護者とⓑ地域住民が集団活動に参加し、教師集団と協同的行動、連携的行動を取ることによって教師集団をバックアップし、学校の教育機関としての背景基盤を社会的に明確に示し、かつ強固にすることである。学校は社会の構造のなかに明確に位置づけられているのであって、学校と社会とは「共有的規範」を有しており、したがって子どもは学校と社会の「共通の対象」としての「児童・生徒」なのだということを子どもに明瞭に意識させ、そのように自己規定させることが目的である。［教師―児童・生徒］という学校教育の基本的枠組みを確固とさせ、子どもはその枠組みのなかの「児童・生徒」として社会的に明確に位置づけられていることを鮮明にするわけである。地域の支援はそのための基盤強化なのである。

繰り返し述べてきたように、今日では子どもの私生活化が進行し、学校という公的領域においても子どもは個別的な私的基準のままに行動しているから、公的領域の輪郭を明確に示して、そのような私的基準は通用しないこと、したがって修正されなければならないことを示して、子どもは「児童・生徒」として自己を規定し、自らをコントロールするように方向づけるわけである。ただ今日では保護者自身も私生活埋没主義に陥っている場合もあるから、保護者だけの支援では背景基盤としては弱い。学校と社会が「共有的規範」を有し、子どもは学校と社会の「共通の対象」であることを示すためには、教師や保護者でない、第三者としての社会の代表が必要なのだ。それが地域住民である。地域住民は地域「社会」の代表なのである。その意味でコミュニティの支援が必要なのである。

[注]

（1）学級経営研究会の定義によれば、学級崩壊は「子どもたちが教室内で勝手な行動をして教師の指導に従わず、授業が成立しないなど、集団教育という学級の機能が成立しない学級の状態が一定期間継続し、学級担任による通常の手法では問題解決ができない状態に立ち至っている場合」と規定されている（学級経営研究会 二〇〇〇）。ただし、学級経営研究会は、学級崩壊という呼び方は複雑な状況を多面的に捉えていく姿勢を弱めるとして「学級がうまく機能しない状況」と呼んでいる。

（2）群馬県A少年院のS法務教官の言葉。二〇〇九年三月一七日（火）インタビュー調査。

[引用文献]

Zander, A. 1994, *Making Groups Effective*, Jossey-Bass Inc.（＝一九九六、黒川正流・金川智恵・坂田桐子（訳）『集団を活かす』、北

大路書房。）

朝日新聞社会部、二〇〇一、『学級崩壊』、朝日文庫。

Cohen, A. K., 1955, *Delinquent Boys : The Culture of the Gang*, The Free Press.

藤川大祐、二〇〇八、『ケータイ世界の子どもたち』、講談社現代新書。

学級経営研究会（研究代表者：吉田茂・国立教育研究所〔現国立教育政策研究所〕所長）二〇〇〇、『学級経営をめぐる問題の現状とその対応（文部省委嘱研究最終報告）』。

石川結貴、二〇〇八、『モンスターマザー』、光文社。

小松郁夫（代表）、二〇〇三、『小学校における学級の機能変容と再生過程に関する総合的研究（最終報告書）』（科学研究費　基盤研究Ｂ（２））平成一二―一四年度）。

内閣府、二〇〇七ａ、『低年齢少年の生活と意識に関する調査』。

――――二〇〇七ｂ、『第五回情報化社会と青少年に関する意識調査報告書』。

――――二〇〇八、『青少年白書（平成二〇年版）』。

ＮＨＫスペシャル、二〇〇五、「子どもが見えない」取材班、ポプラ社。

尾木直樹、二〇〇六、「団塊世代の教育」社会経済生産性本部『団塊世代六〇年』、生産性出版。

佐々木光郎、二〇〇七、「自子主義のゆくえ」月刊『少年育成』、二〇〇七年五月号。

桜井陽子・桜井厚、一九八七、『幻想する家族』弘文堂。

産経新聞社会部教育問題取材班、二〇〇二、『教育崩壊』、角川書店。

住田正樹、一九九五、「現代社会の変容と子どもの仲間集団」内田伸子・南博文（編）『子ども時代を生きる』（講座・生涯発達心理学　第三巻）金子書房。住田正樹、二〇〇一『地域社会と教育――子どもの発達と地域社会――』九州大学出版会（七一－一一一）に所収。

住田正樹、二〇〇六、「現代日本の子ども観」住田正樹・多賀太（編）『子どもへの現代的視点』、北樹出版。本書第八章。

総務庁青少年対策本部、二〇〇〇、『低年齢少年の価値観等に関する調査』。

第Ⅲ部

母親の育児不安と育児サークル

第6章 父親の育児態度と母親の育児不安

1 問題の所在

(1) 父親の育児参加

本章の目的は、父親の育児態度と母親の育児不安との関連を明らかにすることにある。

これまで育児はもっぱら母親の問題とされてきた。母親には先天的に母性があり、育児能力があるとされてきたのである。しかし、近年になって母親の育児を巡るさまざまな問題が顕在化し、育児困難、育児不安、育児ノイローゼ、果ては虐待などの問題が多々報告されるようになって、ようやく母性や母親の育児能力が問題とされるようになってきた。育児は、母親だけの問題ではなく、父親をも含めた、夫婦の問題であると見なされるようになってきたのである。母親だけが育児を担うべきだとする社会的通念が否定されるようになれば、当然のことながら結果として父親の育児参加が期待され、要請されることになる。

こうして母性が問題とされ、また母親の育児能力が分析対象として取り上げられるようになってきた。そしてその一方において、近年になって既婚女性労働が増加してきたことから母親だけが育児を担当するのは過重であるとして、父親の育児への参加が社会的にも期待され、要請されるようになってきた。育児は夫婦の問題として扱われるべきだという見方がようやく認識されるようになったのである。

育児を夫婦の問題として取り上げる視点は、いろいろあるが、これまでは育児を夫婦関係との関連において捉えようとする視点が重視されてきた。すでに、牧野は母親の育児不安が夫婦間のコミュニケーション頻度、父親の育児参加度といった夫婦関係と関連することを見出している[1]。

夫婦関係であれば、当然のことながら、母親も父親もそれぞれの相互の働きかけによって（意図的でないとしても）態度・行動あるいは感情を常に方向づけられ、また常に規定される。育児の問題についても例外ではない。育児に対する母親の態度・行動あるいは感情は父親の態度・行動あるいは感情によって方向づけられ、また規定されるだろう。したがって母親の育児に対する態度・行動を分析するにしても、それは単に母子関係の枠内に留まらず、父親の、母親に対する態度・行動あるいは感情との関連においても、また、父親の、育児そのものに対する態度・行動・感情との関連においても分析検討されなければならない。あるいは育児を夫婦の問題として捉えようとすれば、逆に、父親の育児に対する態度・行動・感情、そしてその父親の育児に対する態度・行動・感情を常に方向づけ、規定する母親の育児に対する態度・行動・感情も問題となるだろう。

しかしながら、現在までのところ父親の育児についての研究はいまだ多くはない。それは父親の育児参加が期待され、要請されるようになってきているとはいえ、いまだその端緒が見え始めたばかりであり、社会的通念にまではなっておらず、実際に父親が育児に参加し、母親と同等の責任を持って育児を分担している場合が多くはないからである[2]。だが、父親の育児参加が期待・要請されているにもかかわらず、実際にはいまだ父親の育児参加が多くはないとすれば、その多くはない父親の育児参加の現実と父親の育児参加に期待する母親の要望との間には大きなギャップがあり、その要望がかなえられないがゆえに母親の失望感、不満感、そして育児の負担感が増し、母親の育児不安はかえって高くなるのではないかとも考えられる。

(2) 母親の育児不安と父親の育児参加

育児不安とは、育児ないし育児行為から喚起される漠然とした恐れの感情である。だが、その内容は一様ではない。われわれは、先の、母親の育児不安に関する研究において、その内容を四つに分類した[3]。すなわち、(A)「育児についての不快感情」、(B)「子どもの成長・発達についての不安」、(C)「母親自身の育児能力に対する不安」、(D)「育児負担感・育児束縛感から生じる不安」である。いま簡略に育児不安の、それぞれのタイプについて述べると以下のようである。

育児は幼い生命の身体的成長や精神的発達に関わる行為であるから、母親(養育者を母親としておく)は乳幼児の心身のみならず生活全般にわたって細心の注意をはらっていなければならない。だが、乳幼児は言葉も話せず自身の心身の状態を伝達することはできないから母親は乳幼児の表情や動作、行動から心身の状態を推し測る以外にない。しかしその推測が正しいという保証はないから母親は常に不安に駆られるのである。だが、子どもはそのような母親の気苦労に構うことなく勝手気ままに行動する。そのために母親は、そのような子どもをときに疎ましく不快に感じるのである。これが(A)の「育児についての不快感情」である。

また育児は乳幼児の身体的成長や精神的発達を目的とするが、しかしその成長や発達の明確な判断規準はない。そのために母親は常に正常に発達しているか否かという不安につきまとわれるのである。だから育児情報を求め、あるいは他の乳幼児と比較して自分の子どもの成長・発達の状態を知ろうとする。だが、乳幼児であってもそれぞれに個性があり、成長・発達の程度はそれぞれに異なる。しかしそのように理解していてもなお育児情報通りではないとか、他の子どもと比較して身体的に劣っているのではないかと感じれば母親の不安はにわかに膨れ上がっていく。(B)の「子どもの成長・発達についての不安」である。

この乳幼児の身体的成長や精神的発達についての不安は、翻って母親自身の育児能力に対する不安を喚起する。

子どもの成長・発達が遅れているのではないかと思えば、それは自分の無能力の所為ではないかという不安である。これが（C）の「母親自身の育児能力に対する不安」である。

さらに近年は女性の就業が増加し、また女性の自立が声高に叫ばれ、そしてそれが社会的風潮ともなってきたために育児に専念することに母親が束縛感や負担感、重圧感を抱いたり、また疎外感を抱くようになってきた。そうなれば母親は虚脱的・虚無的になり、育児に対する無気力や無力感、自己喪失感が生じ、さらには育児意欲は低下し、疲労感や倦怠感だけが増して育児に対する悲観的な、無力な感情に陥って育児不安を喚起するようになる。（D）の「育児不安感・育児束縛感から生じる不安」である。

こうした育児不安は父親の場合も同じである。ただし現時点では、父親はほとんどが就業しているから（D）の「育児負担感・育児束縛感から生じる不安」はない[4]。

ところで先に述べたように、現在は、父親の育児参加が期待され、要請されるようになってきているにもかかわらず、実際には未だ父親の育児参加は多くはない。したがって先に述べたように、父親の育児参加に対する母親の期待・要望が強いほど、母親は父親の育児参加の現実に失望し、また不満を抱き、そのために育児の責任や育児の過重からくる負担感や束縛感だけが強まり、かえって母親の育児不安が高まっていくのではないかと思われる。しかし果たして事実はどうか。

本章は、夫婦関係のあり方を父親の育児参加の視点から捉え、その夫婦関係の在り方が母親の育児不安にどのように影響しているかを明らかにすることを課題としている。つまり夫婦関係のあり方を父親自身の育児参加とその父親の育児参加に対する母親の評価との関連から把握し、そうした夫婦関係のあり方と母親の育児不安との関連を探ろうとしたのである。

2 分析の枠組み

母親の育児不安と夫婦関係との関連を明らかにするために、これまでは、夫婦間のコミュニケーション頻度、父親の育児参加に対する母親の満足度を指標として夫婦関係のあり方を捉えてきた。その結果、A「父親とのコミュニケーションの頻度が高いほど父親の育児態度に対する母親の満足度は高く、母親の育児不安は低い」、またB「父親の育児への参加度が高いほど父親の育児態度に対する母親の満足度は高く、母親の育児不安は低い」という関係が見出されている。

しかし本章では、父親の育児参加に対する現実と父親の育児参加に対する母親の評価あるいは期待との関連から夫婦関係を捉え、そうした夫婦関係のあり方と母親の育児不安との関連を明らかにすることが課題であるから、具体的な指標として父親の育児参加に対する父親自身の自己評価と父親の育児参加に対する母親の評価を考えた。父親は自身の育児参加をどのように自己評価しているのか、高く評価しているのか、それとも低く評価しているのか。そしてその父親の育児参加を母親はどのように評価しているのか。高く評価しているのか、それとも低く評価しているのか。

したがって、父親の育児参加に対する父親自身の自己評価の高低と母親の評価の高低との軸を組み合わせることによって夫婦関係の在り方を四つのタイプに類型化することができる。この四つのタイプを、便宜的に、Ⅰ型、Ⅱ型、Ⅲ型、Ⅳ型と呼んでおこう。いま、それぞれのタイプを仮説的に提示すると以下のようになる。

Ⅰ型＝父親が自身の育児参加を高く自己評価し、かつ母親も父親の育児参加を高く評価している夫婦関係のタイプ。したがって父親は積極的に育児行為を遂行し、母親もその父親の育児行為の有用性を認め、高く評価している。父親の育児への参加度が高いほど父親の育児参加に対する母親の満足度は高く、育児不安は低いという、これまでの事実はこのタイプの母親に妥当する。

Ⅱ型＝父親は自身の育児参加を高く評価していないが、母親は父親の育児参加を高く評価しているタイプ。母親の評価が高いのに父親の自己評価が低いのは、育児参加に対する父親の自己期待水準が高く、現実の育児参加の状態に充実を感じていないからである。育児参加に対する自己期待水準と現実の育児参加状況との間に懸隔が生じ、ために父親は自身の育児参加を肯定的に評価することができない。にもかかわらず母親の評価が高いのは、父親の育児参加に対する母親の期待がもともと高くはなく、父親の役割をあまり期待していないからである。だからその低い期待水準から見れば母親の評価は高くなる。だが、父親の育児参加に対する母親の期待水準が低くても、その評価が高ければ母親の満足度は高く、母親の育児不安は低いと推定される。

Ⅲ型＝父親は自身の育児参加を高く自己評価しているにもかかわらず、母親は父親の育児参加を高く評価していないタイプ。父親の自己評価は高いのに母親の評価は高くないのであるから、母親にとっては父親の育児参加の有用性は乏しく、つまるところ父親の育児参加は父親の自己満足に終わっているのではないか。父親の育児参加は母親の期待・要望に応えるほどの参加行為ではなく、したがって父親の育児参加に対する母親の満足度は低く、母親の育児不安は高いと推定される。

Ⅳ型＝父親自身の育児参加に対する自己評価は低く、かつ母親も父親の育児参加を高く評価していない関係のタイプ。父親は育児をすべて母親に任せているか、あるいは育児に無関心であり、したがって母親は父親の役割を期待することもなく、また育児について相談することもなく、育児を一身に担わなければならない。それゆえ、父親の育児参加に対する母親の満足度は低く、母親の育児不安は高いと推定される。

以下では、この四つのタイプの夫婦関係の在り方を比較しつつ夫婦関係の在り方と母親の育児不安との関連を探っていく。

3 調査方法

調査の目的は、父親の育児態度と母親の育児不安との関連を解明することであるから、調査対象は、保育園児および幼稚園児の父親と母親とした。福岡市の都市地域および近郊地域からそれぞれ一つの保育園と二つの幼稚園をサンプリングし、計六園の園児の父親と母親を対象に留置調査を実施した。質問紙の配布と回収は、保育園・幼稚園の協力を得て園児を通して行った。

質問紙は、母親を対象とした質問紙（表紙はピンク色）と父親を対象とした質問紙（青色）の二つを作成した。一つの封筒に父親対象の質問紙と母親対象の質問紙を同封し、父親と母親がペアになるように配布・回収した。いずれも匿名である。しかし近郊地域の一つの幼稚園については園への説明が不十分だったためか、回収した調査票を父親と母親に分類してしまったために母親と父親をペアで回収することはできなかった。この幼稚園の園児の母親と父親の質問紙は除外している。

調査時期は、一九九六（平成八年）二月〜五月であり、ひと組のペアとして回収できた有効回収票は五七〇組票、回収率は九三・四％であった。園別では、保育園の有効回収票が二〇〇票、回収率は九三・五％、幼稚園は三七〇票、九三・四％であった。ただし一人親もひと組のペアとして含んでいる。

4 調査結果の分析

(1) 夫婦関係の類型化

さて、調査データに立ち入って分析するわけであるが、その際の分析の枠組みとなる夫婦関係の類型化の手続きについて述べておく。

この夫婦関係の類型化に用いた質問項目は、父親を調査対象とした「父親の育児参加に対する自己評価」の質問項目と母親を対象とした「父親の育児参加に対する母親の評価」の質問項目の二問である。すなわち、

〈父親対象の調査票〉

［問２］あなたは、次のようなことをどのくらいしますか。

①子どもを風呂に入れる。
②子どものおむつの交換をする。
③子どもの遊び相手をする。
④子どもの着替えをする。
⑤子どもの生活習慣のしつけをする。

〈母親対象の調査票〉

［問５］あなたのご主人は、次のようなことをどのくらいしていますか。

①子どもを風呂に入れる。
②子どものおむつの交換をする。

表6－1　父親の育児参加に対する父親の自己評価　(%)

あなたは，次のようなことを，どのくらいしますか。当てはまるところに○をつけてください。	よくしている	ときどきしている	あまりしていない
①子どもを風呂に入れる。	36.3	44.7	11.8
②子どものおむつの交換。	6.0	37.9	40.0
③子どもの遊び相手。	24.6	57.2	11.6
④子どもの着替え。	7.2	43.2	40.5
⑤子どもの生活習慣のしつけ	16.7	50.5	25.6

(注) 無回答・不明を除く。以下同様。

表6－2　父親の育児参加に対する母親の評価　(%)

あなたのご主人（父親）は，次のようなことを，どのくらいしていますか。当てはまるところに○をつけてください。	よくしている	ときどきしている	あまりしていない
①子どもを風呂に入れる。	29.8	54.6	11.4
②子どものおむつの交換。	4.0	33.0	45.1
③子どもの遊び相手。	32.6	53.7	9.6
④子どもの着替え。	5.4	35.8	52.5
⑤子どもの生活習慣のしつけ	20.9	54.2	20.9

表6－3　夫婦関係のタイプの組数

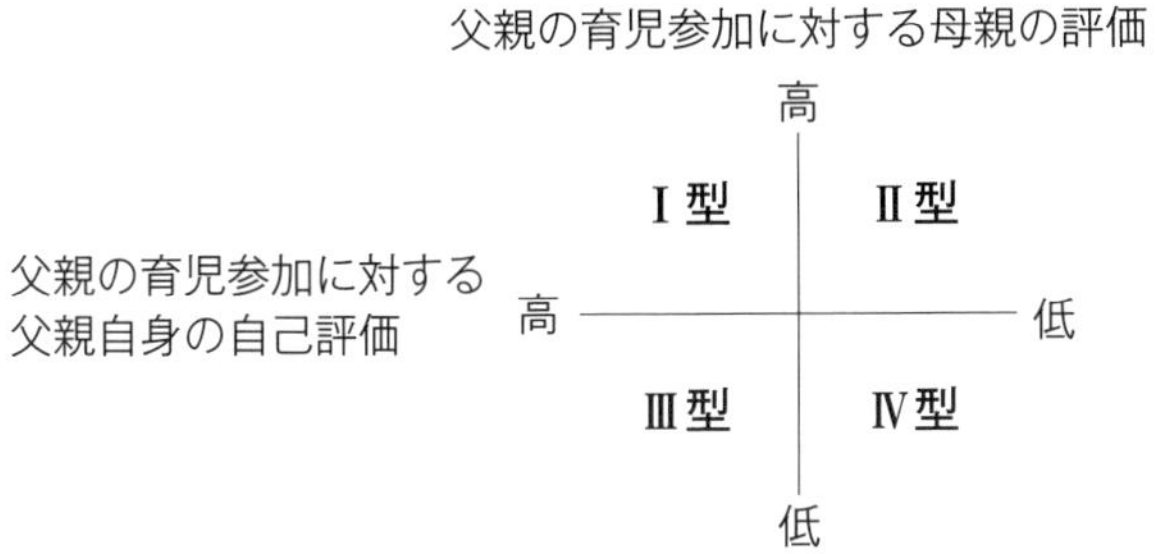

Ⅰ型　50 (11.7) Ⅱ型　161 (37.9)	Ⅲ型　156 (36.6) Ⅳ型　59 (13.8)	206 (48.4) 220 (51.6)
211 (49.5)	215 (50.5)	426 (100.0)

(注) 括弧内は%

③子どもの遊び相手をする。
④子どもの着替えをする。
⑤子どもの生活習慣のしつけをする。

この質問の回答は、それぞれ「よくしている」、「ときどきしている」、「あまりしていない」の三段階であり、結果は表6－1、表6－2に示してある。そしてこの三段階の回答にそれぞれ3、2、1の評点を与え、それぞれの平均点を算出して、その平均点を軸に父親の自己評価と母親の評価とを交差させることによって、先の四タイプ（Ⅰ～Ⅳ型）に類型化した。父親の自己評価の平均点は二・〇九点、母親の評価の平均点は一・九一点であった。四タイプそれぞれの度数と比率は表6－3のようである。なお、この質問について父親と母親をペアにすることができた有効回収票は四二六組であった。

父親の自己評価も母親の評価もともに高い、あるいはともに低いという夫婦間の評価が一致している場合（Ⅰ型・Ⅳ型）よりも、父親の自己評価は低いが母親の評価は高いか（Ⅱ型）あるいは父親の自己評価は高いが母親の評価は低い（Ⅲ型）という夫婦間の評価に差異が生じている場合の方が多い。以下では各タイプの特徴的な性格に留意しつつ分析していく。

(2)　年齢と就業形態

まず、それぞれのタイプの父親と母親の年齢と就業形態について見ると、表6－4および表6－5のようである。父親の年齢はいずれのタイプも三〇代後半が多く、母親の年齢は三〇代前半が多くなっており、タイプ別による差異はない。ただⅢ型の母親の年齢は三〇代後半が多くなっていて、Ⅲ型の父親・母親は年齢が近似的であるこ

表6－4　年齢　(%)

	型	30歳未満	30–34歳	35–39歳	40歳以上		型	30歳未満	30–34歳	35–39歳	40歳以上
父親	Ⅰ	9.8	19.6	45.1	25.5	母親	Ⅰ	17.6	41.2	27.5	13.7
	Ⅱ	7.5	28.8	36.8	26.9		Ⅱ	14.9	44.1	27.3	13.7
	Ⅲ	4.6	26.1	38.6	30.7		Ⅲ	15.6	27.9	46.8	9.7
	Ⅳ	6.8	20.3	42.4	30.5		Ⅳ	13.6	38.9	35.6	11.9

表6－5　就業形態　(%)

	型	フルタイム勤務	自営業		型	フルタイム勤務	自営業	パートタイム	内職	専業主婦
父親	Ⅰ	80.4	15.7	母親	Ⅰ	11.8	9.8	17.6	7.6	51.0
	Ⅱ	79.2	19.5		Ⅱ	15.0	11.3	20.0	3.1	49.4
	Ⅲ	78.4	19.0		Ⅲ	11.8	5.9	17.6	8.5	54.2
	Ⅳ	74.6	25.4		Ⅳ	6.8	13.6	35.6	1.7	42.3

(注)「その他」は省略

とを示している。

就業形態では、父親の八割が「フルタイム勤務」であり、母親の半数が「専業主婦」である。ただⅣ型では、四分の一の父親が自営業であり、また三分の一余の母親がパートタイムであってタイプの特徴を示している。これだけを関連づければ、自営業の父親とパートタイムの母親という夫婦関係のタイプでは父親の育児参加に対する自己評価は低く、母親の評価も低いと言えようか。

(3)　父親の育児行為に対する期待と評価

表6－6～表6－10は、さまざまな育児行為のなかから「子どもを風呂に入れる」、「子どものおむつの交換をする」、「子どもの遊び相手をする」、「子どもの着替えをする」、「子どもの生活習慣のしつけをする」といった父親が比較的容易に遂行できそうな育児行為を取り上げて、それぞれの育児行為に対する父親自身の自己評価とその父親の育児行為に対する母親の評価を示したものである。回答は、いずれ

表6－6　子どもを風呂に入れる　(%)

	型	している	していない		型	していると思う	していないと思う
父親	Ⅰ	88.2	11.8	母親	Ⅰ	100.0	0.0
	Ⅱ	100.0	0.0		Ⅱ	98.8	1.2
	Ⅲ	72.1	27.9		Ⅲ	76.6	23.4
	Ⅳ	98.3	1.7		Ⅳ	84.7	15.3

(注) 父親は自己評価。母親は対父親評価。表6－13まで同様。

表6－7　子どものおむつの交換　(%)

	型	している	していない		型	していると思う	していないと思う
父親	Ⅰ	39.2	60.8	母親	Ⅰ	76.5	23.5
	Ⅱ	81.1	18.9		Ⅱ	75.0	25.0
	Ⅲ	20.8	79.2		Ⅲ	15.7	84.3
	Ⅳ	72.9	27.1		Ⅳ	25.4	74.6

表6－8　子どもの遊び相手　(%)

	型	している	していない		型	していると思う	していないと思う
父親	Ⅰ	88.2	11.8	母親	Ⅰ	100.0	0.0
	Ⅱ	98.8	1.2		Ⅱ	98.1	1.9
	Ⅲ	72.7	27.3		Ⅲ	77.3	22.7
	Ⅳ	100.0	0.0		Ⅳ	91.5	8.5

表6－9　子どもの着替え　(%)

	型	している	していない		型	していると思う	していないと思う
父親	Ⅰ	37.3	62.7	母親	Ⅰ	78.4	21.6
	Ⅱ	87.5	12.5		Ⅱ	78.9	21.1
	Ⅲ	18.8	81.2		Ⅲ	13.6	86.4
	Ⅳ	81.4	18.6		Ⅳ	25.4	74.6

表6－10　子どもの生活習慣のしつけ　(%)

	型	している	していない		型	していると思う	していないと思う
父親	Ⅰ	49.1	50.9	母親	Ⅰ	96.1	3.9
	Ⅱ	93.8	6.2		Ⅱ	95.7	4.3
	Ⅲ	46.1	53.9		Ⅲ	61.7	38.3
	Ⅳ	96.6	3.4		Ⅳ	61.0	39.0

も「よくしている（と思う）」、「ときどきしている（と思う）」、「あまりしていない（と思う）」、「全然していない（と思う）」の四段階に区分した（　）内の「と思う」は母親の回答項目文）。このうち前二者を「している」、後二者を「していない」にカテゴリー化して二段階に区分し、その結果を表に示している。

いずれの育児行為についても全体的に見れば、父親は大半が「よくしている」と自己評価している。しかしタイプ別に比較すると顕著な差異が見られ、Ⅱ型とⅣ型の父親は「よくしている」と自らの育児行為を高く自己評価しているが、Ⅰ型とⅢ型の父親の自己評価は低い。しかし仮説通りであるとすると、Ⅱ型とⅣ型の父親の育児参加に対する自己評価は低く、Ⅰ型とⅢ型の父親の育児参加に対する自己評価は高いはずである。だが、調査結果は逆の傾向を示している。とりわけ「おむつの交換」（表6－7）と「子どもの着替え」（表6－9）という育児行為には顕著な差異が見られ、Ⅱ型とⅣ型の父親は八割以上が「よくしている」として高く自己評価しているのに対して、Ⅰ型とⅢ型の父親は、逆に七～八割が「していない」として自身の育児行為を低く評価しているのである。育児参加に対する自己評価が高く、育児参加に積極的だと思われるⅠ型とⅢ型の父親は「おむつの交換」も「着替え」も大半が「していない」のに対して育児参加の自己評価が低い、つまり育児参加に消極的だと思われるⅡ型・Ⅳ型の父親は「おむつの交換」も「着替え」も「よくしている」のである。

この五つの育児行為は、育児行為のなかでも父親が比較的容易に遂行できそうなものを選んだものであるが、しかしそれでもなお遂行容易な育児行為と遂行困難な育児

表6－11　子どもと一緒にいる時間　(%)

	型	多い	少ない		型	多い	少ない
父親	Ⅰ	34.0	66.0	母親	Ⅰ	78.4	21.6
	Ⅱ	59.3	40.7		Ⅱ	76.4	23.6
	Ⅲ	16.8	83.2		Ⅲ	79.2	20.8
	Ⅳ	49.2	50.8		Ⅳ	78.0	22.0

(注)「多い」＝「多い方だと思う」＋「どちらかといえば多い」。
「少ない」＝「どちらかといえば少ない」＋「少ない方だと思う」。

行為とがあるようである。「風呂に入れる」や「遊び相手」といった育児行為は父親の時間的な都合に合わせて遂行できる育児行為であり、また慣れを要しない育児行為である。かつ父親自身も楽しい。仕事からの帰宅時間が異なっても、あるいは在宅時間帯が多少異なっても、その時間のなかで自分の都合のよいときに遂行できる。その意味では父親にとっては楽しく、かつ遂行容易な育児行為である。だから「風呂に入れる」とか「遊び相手」は、多少の差異はあれ、どのタイプの父親も大半が遂行しているのである。それに対して「おむつの交換」とか「子どもの着替え」は世話の仕方が異なる。これらの育児行為は、慣れが要求され、手際よく遂行しなければならないし、父親の時間的都合に合わせて遂行できるようなものではない。「おむつの交換」などは一定程度の時間的間隔をおいての育児行為である。だからⅠ型とⅢ型の父親が「おむつの交換」も「着替え」も大半が「していない」とするのは、子どもとの接触が少ないこともあるだろう。実際、表6－11の「子どもと一緒にいる時間」を見ると、Ⅰ型とⅢ型の父親の多くは子どもとの接触が「少ない」としている。育児参加に積極的であっても（育児参加の自己評価が高い）（表6－3のⅠ型、Ⅲ型）、子どもとの接触が少なければ、父親の遂行できる育児行為は限定的な、あるいは母親の補助的なものに限られてしまうだろう。

「子どもの生活習慣のしつけをする」というのも父親にとっては容易ではない育児行為である。日常生活のなかでの子どもの具体的な態度や行動に際して、その都度にしつけなければならないからである。だから子どもとの接触が少なければ、

「しつけ」の機会は限られるだろう。そのために子どもとの接触の少ないⅠ型・Ⅲ型の父親は過半数の父親が「生活習慣のしつけをしていない」のである。

これに対してⅡ型とⅣ型の父親は子どもとの接触時間も「多く」（表6－11）、どのタイプの育児行為であって大半の父親が遂行している。ところが、このⅡ型とⅣ型の父親は、仮説では、自身の育児参加に対する自己評価が低いことを特徴とするタイプであった（表6－3）。では、なぜ、このタイプの父親は、現にさまざまな育児行為を遂行しているにもかかわらず、育児参加に対する自己評価が低いのか。それは、仮説のように、このタイプの父親の育児行為に対する自己期待水準が高いからではないか。現に遂行している以外の育児行為にも携わって今以上に育児に参加したいという意欲が強いのではないか。確かにこのⅡ型とⅣ型の父親はどのタイプの育児行為をも遂行している（表6－6～表6－10）。だが、もっと育児に関わりたい、否、関われるはずだという積極的な意欲があれば、育児行為に対する自己期待水準は高くなり、現に遂行している育児行為にも物足りなさを覚え、充実を感じず、自身に高い評価を与えるまでには至らないのだろう。

翻って、Ⅰ型とⅢ型の父親は、逆に、育児行為に対する自己期待水準が低いのではないかと思われる。子どもとの接触時間が少なければ実際に遂行できる育児行為も限定され、したがって育児行為に対する自己期待水準は低くなるのではないか。「風呂に入れる」や「遊び相手」といった時間的に融通の利く、比較的容易な育児行為は遂行するが、他の育児行為までには手が届かない（表6－6～表6－10）。しかし自己期待水準が低ければ、その低い自己期待水準の限りにおいて実際に遂行できる育児行為に思うように携わることができれば、それがたとえ限定的、補助的な育児行為であっても、父親は自己有用感と充実感を感じることができる。否、自己期待水準が低いからこそかえって遂行すべき育児行為が明瞭に限定され、浮かび上がってくる。そうであれば父親にとっては、その限りにおいて自身の育児参加は高く評価されてしかるべきものなのである。

父親の育児行為に対する母親の評価はどうか。単純に考えれば、母親の評価は父親が現に遂行している育児行為に対しての自己評価に対応すると思われた。父親が「よくしている」と自己評価している育児行為については母親も父親は「よくしていると思う」と評価しているのではないかと思われたのである。しかし表6－6～表6－10に見るように、父親が現に遂行している育児行為に対する父親の自己評価と母親の評価が一致しているのはⅡ型とⅢ型の夫婦関係のタイプであって、Ⅰ型とⅣ型の夫婦関係のタイプでは父親の育児行為に対する自己評価と母親の評価とは異なっている。

Ⅱ型の父親は、現に自身が遂行している育児行為については「よくしている」と高く自己評価し、また母親も父親は「よくしていると思う」と高く評価している（表6－6～表6－10）。だが、現に遂行している育児行為に対しての自己評価は高いものの、先に述べたように、Ⅱ型の父親は育児行為に対する自己期待水準が高いために現に遂行している育児行為だけでは物足りなさを覚え、充実感を感じることができず、自己を高く評価することができないのである（表6－3）。

これに対してⅢ型の父親は、現に遂行している育児行為が限定的、補助的であるために自己評価は高くはなく、またⅢ型の母親も父親は育児行為を「よくしていないと思う」として評価は低い。だが、先に述べたように、Ⅲ型の父親の育児行為に対する自己期待水準は低く、実際に遂行できる育児行為も限定されるが、しかしその限定された育児行為に思うように携わることができれば、父親は自己有用感と充実感を感じることができ、その限りにおいて自身の育児参加を高く評価することができる（高い自己評価、表6－3）。ただ母親の側から言えば、父親の育児行為は限定的、補助的であり、その有用性も限られるから父親の育児行為に対して多くを期待できない。逆に言えばⅢ型の母親の、父親の育児行為に対する期待水準は高い。だからその高い期待水準に合うだけの父親の育児行為でなければ、母親は父親の育児行為に対して低い評価しか与えない。実際、後掲の表6－12に見るように、Ⅲ型のみが父親・母親ともに育児の担当を「母親」としているが、それはこのことを示している。父親も自身の育児行為が限定的、補助的であるとし、母親も父親の育児行為に多くを期待できないとなれば、いずれも「育児担当は母親」とするだろう。

ところがⅠ型とⅣ型の夫婦関係のタイプでは、父親の育児行為に対する自己評価と母親の評価とは異なっている。Ⅰ型の父親は、現に遂行している育児行為については「よくしていない」として自己評価は低い。にもかかわらず母親は「父親はよくしていると思う」として評価は高い（表6－6～表6－10）。だが、仮説では、Ⅰ型は父親の育児参加に対する自己評価は高く、母親の評価も高いというタイプであった。このことから大胆に推定すれば、父親の育児参加に対する自己期待水準は低く、また父親の育児行為に対する母親の期待水準も低いのではないかと思われる。現に遂行している育児行為についての父親自身の自己評価は低いけれども、しかし遂行容易な育児行為（入浴、遊び相手）であれば多くの父親が遂行している（表6－6～表6－10）。だからⅠ型の父親が遂行している育児行為は限定的か、あるいは母親の補助的なものに限られているのである。しかしその限りにおいて父親は自己有用感と充実感を感じているのではないか。この点ではⅢ型の父親と同じである。その意味で育児参加に対するⅠ型の父親の自己評価は高いのである（表6－3）。

そして父親の育児行為が限定的、補助的であっても、それが継続していけば父親はそれを自身の義務として、つまり自身の役割として遂行するようになり、そうなれば父親の育児行為に対する母親の期待水準が低くても、否、母親の期待水準が低いからこそ、その低い水準の限りにおいて母親はその育児行為に限って父親に期待し、任せておくことができる。つまり母親の低い期待水準と父親が遂行する限定的、補助的な育児行為が合っているのである。だからその母親の低い期待水準から見れば父親の育児行為は「よくやっている」として評価することができる。この点、期待水準の高いⅢ型の母親とは異なる。要するにⅠ型は、父親の育児行為に対する父親の自己期待水

表6－12　育児の担当　（％）

	型	主に母親	夫婦で分担	その他		型	主に母親（＝自分）	夫婦で分担	その他
父親	Ⅰ	94.1	3.9	2.0	母親	Ⅰ	84.3	15.7	0.0
	Ⅱ	75.7	19.4	4.9		Ⅱ	72.7	23.6	3.7
	Ⅲ	97.5	0.6	1.9		Ⅲ	98.1	0.6	1.3
	Ⅳ	86.4	11.9	1.7		Ⅳ	94.9	1.7	3.4

（注）「その他」＝「父親」＋「祖父母」＋「その他」

準も母親の期待水準も低いが、しかしその限りにおいて父親は育児行為を思うように遂行することによって自己有用感と充実感を感じて（育児参加に対する高い自己評価）、そして母親は父親の、そうした育児行為を父親の役割として評価しているのである。

Ⅳ型の父親は、Ⅰ型とは逆に、現に遂行している育児行為を「よくしている」として自身に高い評価を与えているが、母親は「父親はよくしていないと思う」として低い評価をしている。Ⅰ型の夫婦関係のタイプとは逆にⅣ型は、父親の自己期待水準も母親の期待水準も高いことが推定されるタイプである。父親は、現に多様な育児行為を遂行しているにもかかわらず（表6－6～表6－10）、自己期待水準が高いために自身の育児参加に物足りなさを感じ、自己を高く評価することができない（表6－3）。そしてまた母親も父親の育児行為に対する期待水準が高いために、そのような父親の育児行為の遂行に満足せず、高く評価することができないのである。

(4)　育児の担当と夫婦間のコミュニケーション

表6－12は、「育児の担当」について尋ねた結果である。父親も母親も大半が「育児は母親」としている。だが、タイプ別に見ると、それぞれに特徴的な傾向を示している。

父親の場合、Ⅰ型・Ⅲ型とⅡ型・Ⅳ型との二グループの間で傾向が異なり、Ⅰ

型・Ⅲ型は育児の担当は「主に母親」としているが、Ⅱ型・Ⅳ型は「夫婦で分担」としている。これに対して母親の場合は、父親の場合とは異なり、Ⅰ型・Ⅱ型とⅢ型・Ⅳ型との二グループ間で傾向が異なり、Ⅲ型・Ⅳ型の母親は育児の担当は「母親（自分）」としているのに対し、Ⅰ型・Ⅱ型は「夫婦で分担」としている。

こうしたタイプ別による「育児の分担」の違いは、父親が現に遂行している育児行為に対する評価の差異から生じている。

Ⅰ型の父親は、先にも述べたように、現に遂行している育児行為を高くは評価していない。現に遂行している育児行為は限定的な、あるいは母親の補助的なものだと思っているからである。だから父親にとっては育児の担当はあくまでも「母親」なのである。しかしその限定的、補助的な育児行為を父親が自身の役割として遂行していくのであれば母親は、その限定的、補助的な育児行為を父親に期待し、任せておくことができる。その限りにおいて母親は、先に述べたように、父親が遂行している育児行為を高く評価している。だからⅠ型の母親にとっては育児は父親と「分担」なのである。

Ⅱ型の父親は、現に多様な育児行為を遂行し、その育児行為に対する自己評価も高い。また母親も父親が現に遂行している育児行為を高く評価している（表6-6～表6-10）。だから父親も母親も「育児は分担」なのである。

Ⅲ型の父親は、自身の育児行為に対して高くは自己評価していないし、母親も父親の育児行為を高く評価していない。Ⅰ型の父親と同じように、Ⅲ型の父親も現に遂行している自身の育児行為は限定的、補助的なものだと思っているからである。だから育児の責任は「母親」だとする。しかし先に述べたように、Ⅲ型の母親は父親の育児行為に対する期待水準が高い。父親に対する要求が多いのである。だから父親が現に遂行している育児行為に対しても「よくしていない」として母親の評価は低い。父親の育児行為に多くを期待できなければ母親は「育児担当は母親（自分）」とするだろう。

表6-13　育児に関する夫婦間のコミュニケーション頻度 （%）

	型	高い群	低い群		型	高い群	低い群
父親	Ⅰ	28.0	72.0	母親	Ⅰ	74.5	25.5
	Ⅱ	59.4	40.6		Ⅱ	75.7	24.3
	Ⅲ	18.2	81.8		Ⅲ	42.2	57.8
	Ⅳ	37.9	62.1		Ⅳ	42.4	57.6

（注）「高」＝「よく話をする」。「低」＝「ときどき」＋「あまりない」＋「ぜんぜんない」。

Ⅳ型の父親は多様な育児行為を遂行しており、自己評価も高い。だが、父親の育児行為に対する母親の評価は低い。このⅣ型の母親の評価が低いのは、Ⅲ型の母親と同様に父親の育児行為に対する期待水準が高いからであるが、そのために父親の育児行為に対しては多くを期待していない。だから父親にとっては「育児は分担」のつもりでも、母親にとっては育児の責任は自分（母親）なのである。

次に夫婦間のコミュニケーションについて見よう。表6-13は、「育児について夫婦で話し合うことがあるか」という夫婦間でのコミュニケーション頻度について問うた結果である。回答項目は「よく話をする」、「ときどき話をする」、「あまり話をしない」、「全然話をしない」の四段階としたが、表には「よく話をする」を「コミュニケーション頻度の高い群」、後三者を「コミュニケーション頻度の低い群」として結果を示している。

父親の場合、Ⅰ型・Ⅲ型は明らかに「コミュニケーション頻度は低い」。Ⅳ型も、これらのタイプほどではないが、低い傾向にある。だが、Ⅱ型は「コミュニケーション頻度は高い」。そして母親の場合は明確に「コミュニケーション頻度の高い」Ⅰ型・Ⅱ型と「コミュニケーション頻度の低い」Ⅲ型・Ⅳ型に分かれている。

この、育児についての夫婦間のコミュニケーション頻度は、端的に育児の分担と対応している。育児は「夫婦で分担」とするタイプでは「夫婦間のコミュニケーション頻度は高く」、育児は「母親」とするタイプでは「夫婦間のコミュニケーション頻度は低い」。育児を夫婦で分担しているのであれば自ずと夫婦間で話し合うことになるだろうが、母親が専ら育児を担当しているのであれば夫婦間で話し合うこともないのである。

先に述べたように、Ⅰ型では父親は「育児は母親」とし、母親は「父親と分担」としている。だから母親は父親と話し合いつつ育児を遂行しているとするが、父親は母親が育児を担当しているとしているから育児について夫婦で話し合うことはないとしている。Ⅲ型は父親も母親も「育児は母親」としているから育児について夫婦で話し合うこともなく、母親が専ら育児を自身の任務として遂行しているのである。

Ⅱ型は、父親も母親もともに「育児は分担」としているから育児について夫婦で話し合うことが多く、「夫婦間のコミュニケーションの頻度が高い」とする。Ⅳ型はⅠ型とは逆に、父親は「育児は分担」としているが、母親は育児の責任は自分（母親）だとしている。だから父親は夫婦で話し合いながら育児を遂行しているつもりだが、母親は自分だけで育児を遂行しているから育児について「夫婦で話し合うことはない」としている。

先に述べたように、育児の分担は、父親が現に遂行している育児行為に対する評価によって規定されている。自身の育児行為を高く自己評価している父親は「育児は分担」とするが、自己評価の低い父親は「育児は母親」とする。母親も同様に、父親が現に遂行している育児行為を高く評価している母親は「育児は分担」とするが、父親の育児行為の評価が低い母親は「育児の担当は自分（母親）」だとする。そしてこうした育児分担が育児についての夫婦間のコミュニケーション頻度を規定する。したがって父親が現に遂行している育児行為に対する評価によって育児の分担が規定され、その育児の分担の在り方によって育児についての夫婦間のコミュニケーション頻度が規定されていると言える。

(5) 母親の育児観と父親の育児参加

冒頭でも述べたように、育児は夫婦の問題として扱われるべきだという見方が最近になってようやく流布するよ

表6－14　母親の育児観

(%)

	型	育児は大事だから母親は子どもを育てることに専念すべきだ	育児も大事だ。しかし母親も自分自身の生活をもつべきだ		型	育児は大事だから母親は子どもを育てることに専念すべきだ	育児も大事だ。しかし母親も自分自身の生活を持つべきだ
父親	Ⅰ	25.0	75.0	母親	Ⅰ	16.0	84.0
	Ⅱ	18.9	81.1		Ⅱ	15.0	85.0
	Ⅲ	22.7	77.3		Ⅲ	10.1	89.9
	Ⅳ	14.3	85.7		Ⅳ	17.5	82.5

うになってきた。しかしそれでもなお、先の表6－12に見るように、実際には大半が「育児の担当は母親」とする。では母親はどのように育児に取り組むべきだと考えているのか。表6－14は父親と母親それぞれに母親の育児の取り組み方、つまり母親の育児観について尋ねたものである。「育児は大事だから母親は育児に専念すべきだ」という育児専念型の意見と「育児も大事だが母親も自分自身の生活を持つべきだ」という、いわゆる生活自立型の意見のいずれかを選択させた。

母親については、いずれのタイプの母親も大半が生活自立型であり、タイプ別による差異はない。だが、父親は、全体的に見れば母親と同じように生活自立型が多いものの、タイプ別に比較すると若干の差異が見られる。

父親のタイプ別の傾向としては、育児分担と対応している。Ⅰ型とⅢ型の父親は育児専念型、Ⅱ型とⅣ型の父親は生活自立型という傾向である。単純に考えれば、Ⅰ型とⅢ型の父親は「母親は育児に専念すべきだ」という意見だから実際にも育児は母親に任せ、「育児は母親」とするが、Ⅱ型とⅣ型の父親は「母親も自立的な生活をすべき」という意見だから、母親の生活の自立を援助するために「育児を分担」していると言える（表6－12）。

しかし、Ⅰ型・Ⅲ型の父親は、先の表6－3に見るように、育児参加の自己評価が高いことを特徴とするタイプであるから、そのことと「母親は育児に専念すべき」という育児観、そして「育児担当は母親」という育児の分担とはどのように関連するのか。母親は育児に専念すべきであるとし、実際にも育児は母親が担当しているのであれば、父親の育児参加の自己評価は低いのではないのか。同様のことはⅡ型とⅣ型の父親についても言える。「母親も自立的な生活をするべき」だとし、それゆえに実際にも育児を「分担」して母親をサポートしているⅡ型とⅣ型の父親は、育児参加にも積極的で、したがって育児参加に対する自己評価も高いのではないかと思われるが、事実はそうではない。逆にⅡ型・Ⅳ型の父親は育児参加に対する自己評価が低いことを特徴とするタイプである（表6－3）。

Ⅰ型とⅢ型の父親は自身の育児参加に対する自己評価は高いが、しかし現に遂行している育児行為の自己評価は低い。それは先に述べたように、現に遂行している育児行為が限定的な、また母親の補助的な育児行為に限られているからである。フルタイム勤務の関係上（表6－5）、子どもとの接触が少ないⅠ型・Ⅲ型の父親にとってみれば（表6－11）、それが限度である。しかし繰り返し言うように、その限られた育児行為であっても、それを思うように遂行することによって父親は自己有用感と充実感を覚え、その限りにおいて自身の育児参加を高く評価しているのである。だが、父親の育児行為が限られたものだからこそ母親に全面的に補完してもらわなければならない。だから父親にとっては育児の責任は「母親」なのであり、「母親には育児に専念」してもらわなければならないのである。

これに対してⅡ型とⅣ型の父親は、Ⅰ型とⅢ型の父親と比較して、現に遂行している日常の育児行為を「よくしている」として自己評価も高い（表6－6～表6－10）。にもかかわらず、自身の育児参加に対する自己評価は低いのであるが、それは繰り返し言うように、この両タイプの父親の育児行為に対する自己期待水準が高いからである。だが、だからこそ現に遂行している日常の育児行為を「よくしている」として高く自己評価しても、それだけでは充実感を獲得できず、物足りなさが残っているのである。父親の育児行為の自己期待水準とは、父親が自身の能力から判断して育児行為の遂行が十分に可能だと見通しているほどのレベルのことである。だからそのレベルに達するほどの育児行為を実際に遂行できれば父親は充実感を獲得することができるだろう。しかし他方において、母親の生活自立型の生き方を主義とするのであれば、「母親の自立的な生活」が可能なほどにまで母親をサポートしていることも父親に充実をもたらすだろう。だが、実際には充実感を獲得できるほどの育児行為を遂行するレベルまでには達していないし、母親を十分にサポートしていると言えるほどの育児行為のレベルまでには到底達していない。だからⅡ型とⅣ型の父親は育児参加の自己評価が低いのである。

(6) 母親の育児不安と父親の育児態度に対する満足度

次に母親の育児不安について検討しよう。先に育児不安の四タイプについて述べたが、それぞれのタイプをさらに細分化して調査した結果が表6－15である。[5] それぞれの回答項目は「よくある」、「ときどきある」、「あまりない」の三段階としたが、表には前二者を「ある」として育児不安の有無を示している。そしてこの結果を育児不安のタイプ別に一括して見るために、育児不安の（A）タイプでは五項目の質問項目のうち四項目以上の質問項目を選択した場合、また育児不安（B）・（C）・（D）のタイプでは四項目の質問項目のうち三項目以上の質問項目を選択した場合を、それぞれのタイプの育児不安が「ある」として整理したのであるが、それが表6－16である。したがって表6－16の「育児不安」の右欄の育児不安全体は、育児不安の全質問項目一七項目のうち上記の条件を含む一三項目以上を選択した比率を示している。

表を一見すれば明らかなように、母親の育児不安についてはⅠ型と他のタイプとの間に明瞭な差異があることが見て取れよう。Ⅰ型の母親は、「育児不安全体」に示されているように、六割が不安を覚えているが、Ⅱ型・Ⅲ型・Ⅳ型の母親は三～四割と半数以下である。育児不安のタイプ別に見ても同様に、どの育児不安のタイプについ

表6－15　母親と父親の育児不安　(%)

育児不安のタイプ		／夫婦関係のタイプ		I	II	III	IV
(A) 育児についての不快感情	1	子どもが，わずらわしくてイライラすることがある	父親 母親	58.8 86.0	50.9 62.4	51.3 67.4	43.1 60.7
	2	子どものことを考えるのが面倒になることがある	父親 母親	23.5 30.2	22.4 18.8	24.7 24.1	15.3 21.4
	3	子どもが自分の言うことを聞かないのでイライラすることがある	父親 母親	66.7 95.3	72.0 94.6	63.0 88.7	59.3 96.4
	4	子どもが汚したり，散らかしたりするので嫌になることがある	父親 母親	45.1 69.8	60.6 65.8	45.5 74.5	49.2 75.0
	5	自分の子どもでも，かわいくないと感じることがある	父親 母親	19.6 25.6	14.9 22.1	16.9 22.7	6.8 25.0
(B) 子どもの成長・発達に関する不安	6	自分が思っているように子どもが成長しないので成長が遅れているのではないかと思うことがある	父親 母親	29.4 24.4	14.3 11.8	13.6 10.7	20.3 10.0
	7	子どもが病気にかかったり事故にあわないかと心配することがある	父親 母親	88.2 100.0	84.5 98.5	77.3 94.3	93.2 98.0
	8	他の子どもと比べて，自分の子どもの発達が遅れているのではないかと思うことがある	父親 母親	29.4 22.2	16.9 12.5	14.9 12.3	15.3 20.0
	9	育児雑誌や育児書と比べて，自分の子どもの発達が遅れているのではないかと思うことがある	父親 母親	12.0 15.6	13.1 9.6	7.8 7.4	8.5 12.0
(C) 母親自身の育児能力に対する不安	10	育児のことでどうしたらよいか分からないことがある	父親 母親	39.2 70.5	38.5 54.3	36.4 58.8	39.0 60.4
	11	他のお母さんの育て方と比べて，自分の育て方でよいのかどうか不安になることがある	父親 母親	31.4 61.4	26.7 44.1	27.3 60.3	28.8 54.7
	12	テレビや雑誌・本を見て，自分の育て方でよいのかどうか不安になることがある	父親 母親	19.6 38.6	17.4 24.4	22.1 32.8	15.3 43.4
	13	子どもをよく育てなければならないという気持ちを感じることがある	父親 母親	66.7 77.3	72.0 90.6	70.1 83.2	76.3 83.0
(D) 育児負担感・育児束縛感から生じる不安	14	子どもに時間を取られて，自分のやりたいことができず，イライラすることがある	父親 母親	－ 80.0	－ 70.5	－ 72.6	－ 69.0
	15	友人や知人が充実した生活をしているようなので焦りを感じることがある	父親 母親	－ 47.5	－ 33.9	－ 46.2	－ 38.1
	16	テレビや雑誌などで見る女性の姿と自分を比べて遅れていると感じることがある	父親 母親	－ 52.5	－ 47.3	－ 38.5	－ 61.9
	17	毎日，育児の繰り返しばかりで，社会との絆が切れてしまうように感じることがある	父親 母親	－ 42.5	－ 45.5	－ 47.9	－ 40.5

表6－16　母親の育児不安　（%）

育児不安のタイプ		(A) 育児についての不快感情	(B) 子どもの成長・発達に関する不安	(C) 母親自身の育児能力に対する不安	(D) 育児負担感・育児束縛から生じる不安	育児不安全体
夫婦関係のタイプ	Ⅰ	64.0	53.1	54.0	58.0	59.2
	Ⅱ	49.0	37.3	34.4	41.3	37.7
	Ⅲ	51.9	34.4	39.6	45.8	42.5
	Ⅳ	55.9	35.6	43.9	43.1	42.1

てもⅠ型の母親が多い。ただ（A）「育児についての不快感情」については、Ⅱ型、Ⅲ型、Ⅳ型の母親も過半数が不安を覚えている。このことは（A）「育児についての不快感情」が育児不安のなかでも誰もがとらわれやすい極めて一般的な育児不安であることを示している。だから（A）タイプの育児不安は全体的に高い比率を示しているのである。だが、そうであっても、とりわけⅠ型の母親に育児不安が高い。では、Ⅰ型の母親に育児不安が高いのはなぜか。

Ⅰ型は、先に述べたように、育児行為に対する父親の自己期待水準は低く、その父親の育児行為に対する母親の期待水準も低い。だからⅠ型の父親は、Ⅲ型の父親と同じように、育児の担当は母親だとし、母親は育児に専念すべきだとする。だが、Ⅰ型の父親が、Ⅲ型の父親と異なっているのは、現に遂行している育児行為（表6－6～表6－10）についても全体的な育児参加（表6－3）についても母親から高く評価されていることである。それはⅠ型の母親が、父親の限定的・補助的な、限られた育児行為を逆に父親の遂行すべき明瞭な形での育児行為として、つまり父親の役割として捉えているからである。だからⅠ型の母親は、その父親の役割としての、明瞭な形での育児行為に限って父親に期待することができる。母親は、その限りにおいての育児行為を父親の役割として期待し、任せることができるのである。それはⅠ型の母親が、Ⅲ型の母親とは異なり、父親の育児行為に対する期待水準が低いところからきている。Ⅰ型の母親は、父親に対する期待水準が低いから、その低い期待水準の限りにおいて父親の限られた育児行為、すなわち父親の役割遂行を評価し、期待することができるのである。

このようにⅠ型の母親は、父親の育児行為も育児参加も肯定的に評価し、また育児は父親と「分担」して遂行し、母親の生活自立型を主義としているのであるが、しかし実際は、その逆になっている。父親の育児行為も育児参加も肯定的に評価しているにもかかわらず、実際には、Ⅰ型の母親は父親の育児行為を全面的に補完し、援助しなければならず、また育児は父親と「分担」しているとしつつも、とどのつまりはすべての育児行為を担い、背負い込まなければならない。そしてまた母親自身も生活自立型を主義としているにもかかわらず、父親は母親は育児に専念すべきだとして母親とは逆の立場に立っているし、夫婦で話し合いながら育児を進めていると母親は思っているにもかかわらず、父親は育児の責任は母親であるとして育児についての夫婦の話し合いは少ないとしている。これを父親の側から言えば、父親は育児参加の自己評価は高いものの、自身の遂行する育児行為について実際には母親に全面的に依存し、しかも育児の担当は母親であるとして母親に期待・要求するところが大きく、だからといって育児について母親と話し合っているわけではない。したがって夫婦間での育児についての意識の齟齬、母親の育児に対する父親の強い期待と要求、そしてそれから生じるプレッシャー、そしてまた母親自身の育児についての意識と実際に遂行しなければならない役割行動との乖離、こうした齟齬と乖離、あるいは期待と要求とプレッシャーのためにⅠ型の母親に育児不安が高いのではないか。そしてどのタイプの育児不安もⅠ型の母親は他のタイプの母親よりも高いのは、そのことを示しているのではないか。

他のタイプの母親には、Ⅰ型の母親ほどに、夫婦間での齟齬も、母親自身の意識と行動との乖離も見られない。先に述べたようにⅢ型の父親も自身の育児参加に対する自己評価は高く、しかし現に遂行している育児行為に対する自己評価は低いという点ではⅠ型の父親と同様だが、その父親に対する母親の評価が異なっている。Ⅰ型の母親

表6－17　父親の育児態度に対する母親の満足度 (%)

	型	自分の育児態度に母親は満足していると思う	自分の育児態度に母親は満足していないと思う		型	父親の育児態度に満足している	父親の育児態度に満足していない
父親	Ⅰ	46.9	53.1	母親	Ⅰ	78.4	21.6
	Ⅱ	75.8	24.2		Ⅱ	85.7	14.3
	Ⅲ	38.2	61.8		Ⅲ	37.0	63.0
	Ⅳ	59.3	40.7		Ⅳ	42.4	57.6

は父親の育児行為も育児参加も高く評価しているが、Ⅲ型の母親の、父親の育児行為や育児参加に対する評価は低い。つまりⅢ型の母親は父親の育児行為にはあまり期待していないのである。だからⅢ型の母親は育児の担当も自分（母親）だとし、自分（母親）が育児を担当しなければならないと思っている。Ⅲ型の母親には夫婦間での齟齬もなく、母親自身の意識と行動との乖離もないが、それは父親の育児行為や育児参加に対して父親の自己評価も母親の評価も否定的であるという点で一致している。つまり母親は父親に期待し、要求することもなく、自身で育児を担っていこうとしているわけである。

Ⅱ型の母親は、父親の育児行為にも育児参加にも高い評価を与え、そうした父親の育児行為に対しても期待をしている。父親も自身の育児行為を高く評価している。要するにⅢ型とは逆に、父親の育児参加の自己評価は高くはないものの、父親の育児行為に対して父親の自己評価も母親の評価も肯定的であるという点で一致している。育児も分担しているとし、母親の育児の取り組み方についても生活自立型で一致し、夫婦間で育児について話し合うことも多い。だからⅡ型の母親は育児不安がもっとも少なくなっているのである。

Ⅳ型は、例えば、育児担当について父親は「分担」、母親は「自分（母親）」としているが、この齟齬は父親が育児は「分担」としようが育児は「母親」としようが、いずれにしても母親自身が育児の責任は「自分（母親）」としているから母親にとっては何の障害もない。Ⅰ型の場合は、父親は「育児は母親」だとし、母親は「父親と分担」だとして、いわば義務回避的な齟齬を生じさせているから問題なのである。Ⅳ型の母親も、Ⅲ型の母親と同様に、育児について父親に期待し、要求することもなく、自身で育児を遂行しようとしている。

いずれにしろ育児不安については、Ⅱ型・Ⅲ型・Ⅳ型の母親はⅠ型の母親ほどに高くはない。

最後に、父親の育児態度に対する母親の満足度を見ておこう。表6－17は、母親に対しては父親の育児態度に満足しているか否かを、また父親に対しては自分の育児態度に母親は満足していると思うか否かを尋ねた結果を示している。回答項目はそれぞれ「非常に満足している（と思う）」、「まあ満足している（と思う）」、「あまり満足していない（と思う）」、「全然満足していない（と思う）」の四段階に区分したが（（ ）内の「と思う」は父親の回答項目）、表には前二者を「満足」、後二者を「不満足」と二段階にカテゴリー化して示した。

この表6－17には、これまで述べてきた各タイプの夫婦関係の在り方の特徴的な傾向が端的に示されている。父親についてはⅠ型・Ⅲ型とⅡ型・Ⅳ型との間で、また母親についてはⅠ型・Ⅱ型とⅢ型・Ⅳ型との間で、それぞれ明瞭な差異が生じている。Ⅰ型・Ⅲ型の父親は「育児に対する自分の態度に母親は満足していない」と思っているが、Ⅱ型・Ⅳ型の父親は「育児に対する自分の態度に母親は満足している」と思っている。またⅠ型・Ⅱ型の母親は、育児に対する父親の態度に「満足している」のに対して、Ⅲ型・Ⅳ型の母親は「満足していない」としている。

父親の育児態度に対する母親の満足度の、こうした傾向は、父親の育児参加に対する母親の評価（表6－3）や父親が現に遂行している具体的な育児行為に対する母親の評価（表6－6～表6－10）に対応している。父親の育児参加を高く評価しているⅠ型・Ⅱ型の母親は父親の育児態度に「満足している」が、父親の育児参加を高く評価していないⅢ型・Ⅳ型の母親は「満足していない」。また現に父親が遂行している具体的な育児行為を高く評価しているⅠ型・Ⅱ型の母親は父親の育児態度に「満足している」が、父親が現に遂行している具体的な育児行為を評価していないⅢ型・Ⅳ型の母親は父親の育児態度に「満足していない」。

一方、父親は、自身が遂行している具体的な育児行為に対する自己評価に基づいて母親の満足度を推測している。自身の育児行為に対する自己評価の低いⅠ型・Ⅲ型の父親は、自身の育児行為が限定的・補助的であるから高い自己評価をすることができず、ために父親は「母親は満足していない」と思っている。しかし自身の育児行為に対する自己評価の高いⅡ型・Ⅳ型の父親は、自身の育児行為に有用性と充実感を感じているから「母親は満足している」と思っている。

これに対して父親の育児参加に対する自己評価は母親の満足度を推測する基準にはなっていない。父親の推測する母親の満足度は父親の育児参加に対する自己評価と、いわば逆の関係になっている。育児参加に対する自己評価の高いⅠ型・Ⅲ型の父親は自身の育児態度に「母親は満足していない」とし、育児参加の自己評価の低いⅡ型・Ⅳ型の父親は自身の育児態度に「母親は満足している」として、逆の関係になっている。

要するに、父親の育児態度に対する母親の満足度は、父親が現に遂行している育児行為に対する母親の評価に基づいている。そしてまた父親は自身の育児行為に対する自己評価に基づいて母親の満足度を推測している。

さらに母親の満足度に関連する要因として母親の育児分担意識が見られる。母親が「育児は分担」としているタイプでは母親の満足度が高くなっている。ということになれば先に見たように、夫婦間のコミュニケーション頻度も関連してこよう。「育児を分担」しているとするタイプの母親に「夫婦間のコミュニケーション」が高いからである。

では、父親の育児態度に対する母親の満足度と母親の育児不安との関係はどうか。母親の育児不安については、先に述べたようにⅠ型の母親のみに高い傾向が見られた。つまりⅠ型の母親は、父親の育児行為や育児参加を高く評価して、父親の育児態度に満足しているが、同時に育児不安も高いというわけである。だが、Ⅰ型の母親と類似的なⅡ型の母親は、父親の育児行為や育児参加を高く評価して、父親の育児態度にも満足しているが、育児不安は低い。母親の育児不安の、こうした夫婦関係のタイプによる違いは、これまで述べてきたように、Ⅱ型の夫婦関係のタイプにおいては、父親が遂行する育児行為に対する評価、育児の担当や育児の分担、夫婦間のコミュニケーション、母親の育児観などについて父親と母親との意見・評価が肯定的に一致しているのに対して、Ⅰ型の夫婦関係のタイプにおいては、こうしたことについて母親と父親との間で齟齬を来しているということからきている。

5 要約と結論

これまでの研究では、夫婦関係と母親の育児不安との関連を明らかにするために夫婦間のコミュニケーション頻度、父親の育児参加に対する母親の満足度を指標として夫婦関係の在り方を捉えてきたが、本章では、父親の育児参加とその父親の育児参加に対する母親の評価との関連から夫婦関係を捉え、夫婦関係の在り方と母親の育児不安との関連を明らかにしようとしてきた。主要な調査結果を箇条書き風に要約すれば、以下のようである。

① ほとんどの父親は、自分の時間的都合に合わせて遂行できる育児行為や慣れを要しないような育児行為であれば、子どもとの接触時間のいかんにかかわらず、育児行為を遂行して育児参加している。

② 父親に育児参加への意欲があっても、子どもとの接触の機会が少なければ、父親の遂行できる育児行為は限定的か、あるいは母親の補助的なものに限られる。そうなれば父親の、育児行為の遂行に対する自己期待水準は低くなる。

③ 育児行為の遂行に対する自己期待水準が高い父親は、現に多様な育児行為を遂行していても育児参加に対す

る自己評価は低い。自己期待水準に合うほどの育児行為を遂行することは仕事を持っている父親にとっては時間の関係上、実際には困難であり、ために物足りなさを感じ、充実感や自己有用感を感じることができないからである。

④ 育児行為が限定的な、あるいは補助的なものに限られている父親は自己期待水準が低いが（右記②）、しかしその低い自己期待水準の限りにおいて、その限られた育児行為に思い通りに携わることができれば充実感や自己有用感を感じ、そのために自身の育児参加に対する父親の自己評価は高い。

⑤ 育児行為に対する父親の自己期待水準が低く、かつ父親の育児行為に対する母親の期待水準も低い場合、父親は限られた育児行為であっても、それを継続していくことによって母親はその育児行為を父親の役割として期待し、父親に依存することができる。その限りにおいて母親は父親が遂行している育児行為を高く評価するのである。

⑥ 現に遂行している育児行為を高く自己評価している父親は、育児は「母親と分担」とするが、現に遂行している育児行為の自己評価が低い父親は「育児は母親」だとする。

⑦ 右の⑥に対応して、父親が遂行している育児行為を高く評価している母親は育児は「父親と分担」とするが、父親の育児行為に対する評価が低い母親は育児の担当は「母親（自分）」だとする。

⑧ 父親も母親も「育児は分担」としている場合には、父親も母親も育児についての「夫婦間のコミュニケーション頻度は高い」とするが、父親も母親も「育児は母親」だとしている場合には、父親も母親も育児についての「夫婦間のコミュニケーション頻度は低い」としている。

⑨ ほとんどの母親は「育児も大事だが母親も自分自身の生活を持つべきだ」という生活自立型の意見であり、父親も多くが母親の生活自立型を支持している。しかし父親は「育児の分担」によって育児観が異なり、育児は

「母親が担当」とする父親は「母親は育児に専念すべきだ」という育児専念型の育児観をいだき、育児は「母親と分担」とする父親は母親の生活自立型の育児観をいだいている。

⑩ 夫婦間での育児についての意識の齟齬、母親の育児に対する父親の強い期待と要求（そしてそれから生じるプレッシャー）、母親自身の育児についての意識と役割行動との乖離、こうした齟齬と乖離、あるいは父親の期待と要求（そしてプレッシャー）をいだいている母親は育児不安に陥る可能性が高い。しかもどのタイプの育児不安にも陥る可能性がある。

⑪ 父親の育児行為や育児参加に対する自己評価と母親の評価が、肯定的にしろ否定的にしろ一致している夫婦関係のタイプでは母親の育児不安は低く、そしてまた育児の分担、母親の育児の取り組み方、育児についてのコミュニケーションなどについて父親の意見と母親の意見が一致している夫婦関係のタイプでは母親の育児不安は低い。

⑫ 育児についての父親の意見がどうであれ、父親に育児行為を期待・要求することなく、自身で育児を遂行している母親は育児不安に駆られることは少ない。あるいは育児不安は低い。

⑬ 父親の育児行為や育児参加に対して高い評価をしている母親は、父親の育児態度に満足している。逆に父親の育児行為や育児参加に対して低い評価をしている母親は、父親の育児態度に満足していない。つまり父親の育児態度に対する母親の満足度は父親の育児行為や育児参加に対する母親の評価に基づいている。

⑭ 父親は、現に遂行している育児行為に対する自己評価に基づいて自身の育児態度に対する母親の満足度を推定している。自身の遂行している育児行為を高く自己評価している父親は自身の育児態度に対して母親は満足していると推定し、自身の育児行為に対する自己評価の低い父親は、自身の育児態度に母親は満足していないと推定している。

⑮　父親の育児参加に対する自己評価が高く、かつ母親の評価も高い夫婦関係のタイプ（I型）においては、父親の育児態度に対する母親の満足度は高いが、同時に育児不安も高い。

以上のことから父親の育児態度と母親の育児不安との関連について、以下のような結論を得ることができる。

（1）父親の育児参加の自己評価が高くても、そして母親がその父親の育児参加を高く評価していても（I型）、夫婦間で育児についての意識に齟齬があり、また夫婦間でのコミュニケーションにずれがあれば、母親は育児不安を形成しやすい。

（2）父親の育児参加の自己評価が低くても、育児について夫婦間でコミュニケーションがあり、育児についての意識が夫婦間で一致していれば、父親の育児参加に対する母親の評価は高く、また父親の育児態度に対する母親の満足度は高く、母親の育児不安は低い。

（3）父親の育児参加に対する父親の自己評価と母親の評価が異なっていても、育児についての意識が夫婦間で一致していれば、母親が育児不安に駆られることは少ない。あるいは母親の育児不安は低い。

（4）父親の育児参加や育児態度、また育児についての意識がどのようであれ、父親の育児行為を期待・要求することなく、つまり父親に依存することなく、自身で育児行為を遂行している母親は育児不安を形成することが少ない、あるいは育児不安は低い。

したがって、先に提示した夫婦関係のタイプの仮説の内容は、重複を厭わずに述べれば、以下のように修正されねばならない。

父親が自身の育児参加を高く自己評価し、かつ母親も父親の育児参加を高く評価しているI型の夫婦関係のタイプであっても、父親と母親との間で育児についての意識に齟齬があり、夫婦間でのコミュニケーションにずれがあれば、母親は育児不安に陥る可能性が高く、母親の育児不安は低いとは言えない。また父親の育児参加を母親は高く評価しているから母親は父親の育児態度に満足しているが、母親の育児不安は高い。このタイプは育児の満足度も高いが、育児不安も高いことを特徴としている。

父親は自身の育児参加を高く評価していないが、母親は父親の育児参加を高く評価しているⅡ型のタイプでは、仮説通り、母親の育児不安は低い。このタイプは自身の育児行為に対する自己期待水準が高いために育児参加に対する父親の自己評価が低いが、育児について夫婦間でコミュニケーションがあり、育児についての意識が夫婦間で一致しているために父親の育児態度に対する母親の満足度は高く、母親の育児不安は低いのである。

父親の育児参加に対する自己評価は高いが、母親の評価は低いⅢ型のタイプにおいて、母親の評価が低いのは父親の育児参加が母親の期待に応えてはいないためであり、したがって母親の育児不安は高いと推定されたが、逆に母親の育児不安は低かった。父親の育児参加に対する自己評価と母親の評価が異なっていても、育児についての意識が夫婦間で一致していれば、育児不安を抱える母親は少ない。

父親の育児参加に対して父親の自己評価も低く、母親の評価も低いⅣ型のタイプでは、父親は育児をすべて母親に任せているために母親の育児不安は高いと推定された。しかし実際には母親の育児不安は高くはなかった。父親の育児参加に対する母親の評価が低いのは、母親が父親の育児行為に期待・要求をしない、つまり父親に依存することがないからである。母親は自身で育児行為を遂行しているからかえって父親との関係に煩わされることがなく、母親は育児不安を形成することがない。

したがって、これまでの研究によって明らかにされた夫婦関係と母親の育児不安との関連についての仮説、すなわちA「父親とのコミュニケーションの頻度が高いほど父親の育児態度に対する母親の満足度は高く、母親の育児不安は低い」、またB「父親の育児への参加度が高いほど父親の育児態度に対する母親の満足度は高く、母親の育児不安は低い」という仮説は、夫婦関係の在り方から言えば、次のようになる。

Aは、「父親とのコミュニケーションの頻度が高いと母親が評価し、かつ父親もそのように評価している場合に、父親の育児態度に対する母親の満足度は高く、母親の育児不安は低い」ということになる。つまり父親の育児態度に対する母親の満足度が高く、母親の育児不安が低いのは、夫婦間のコミュニケーションが十分とられていると互いに評価しあっている場合だというわけである。このことは、つまるところ育児についての意識・意見が夫婦間で一致していることを意味しよう。父親とのコミュニケーションが高いと母親が評価しても、父親がコミュニケーションが高いと評価しないならば、つまり夫婦間のコミュニケーションについての評価に夫婦間でずれがあれば、育児についての意識・意見が夫婦間で一致しているとは限らないから母親の育児不安は低いとは限らないのである。

Bは、「父親の育児行為や育児参加に対する母親の評価が高いほど父親の育児態度に対する母親の満足度は高い。しかし母親の育児不安が低いとは限らない」ということになる。これまでは、父親の育児態度に対する母親の満足度と母親の育児不安とは背反関係にあるとされてきた。父親の育児態度に対する母親の満足度が高ければ母親の育児不安は低い、あるいはその裏も真というわけである。だが、父親の育児態度に対する母親の満足度と母親の育児不安とは背反関係にあるとは限らない。先の⑮で述べたように、父親の育児態度に対する母親の満足度が高くても、同時に育児不安も高いタイプの夫婦関係もある。

これを本章の課題にしたがって端的にまとめれば、「夫婦ともに育児についてのコミュニケーションが十分とられていると評価し、また育児についての意識・意見が夫婦間で一致している場合は、父親の育児参加・育児行為の実際のいかんにかかわらず、母親は父親の育児態度に満足し、母親の育児不安は低い」となるだろう。

[注]

（1）牧野は、母親の育児不安が夫婦関係と関連していることを一連の調査研究によって明らかにしている。牧野カツコ「育児における〈不安〉について」『家庭教育研究所紀要（№２）』（一九八一）、「乳幼児をもつ母親の生活と〈育児不安〉」『家庭教育研究所紀要（№３）』（一九八二）、「働く母親と育児不安」『家庭教育研究所紀要（№４）』（一九八三）、「乳幼児をもつ母親の育児不安――父親の生活および意識との関連――」『家庭教育研究所紀要（№６）』（一九八五）、牧野カツコ「乳幼児をもつ母親の学習活動への参加と育児不安」『家庭教育研究所紀要（№９）』（一九八七）、「〈育児不安〉の概念とその影響要因についての再検討」『家庭教育研究所紀要（№10）』（一九八八）。

（2）しかし父親が未だ直接的に育児行為を分担していなくても、母親を介して、あるいは意識的に育児に関わっている限り、父親は、母親とは違った形での育児不安を抱いているのではないか。こうした視点からの父親の育児不安については、住田正樹・藤井美保「育児不安に関する研究――父親の場合――」（『九州大学大学院教育学研究紀要』創刊号（通巻　第四四集）、一九九九、七九-九八頁）を参照。

（3）住田正樹「母親の育児不安と夫婦関係」日本子ども社会学会編『子ども社会研究』第五号、一九九九、三-一八頁（住田正樹、二〇〇一『地域社会と教育』九州大学出版会、第七章に所収）。

（4）住田正樹・藤井美保、前掲。

（5）細分化した具体的側面は以下のようである。（〔　〕内の数字は、前掲の表６-15の育児不安タイプの質問文の番号）。

Ａ　育児についての不快感情

〔ａ〕子どもの特定の態度・行動に感じる不快な感情

①母親と子どもとの関係からくる不快感〔３〕

②子どもの行動からくる不快感〔４〕

〔ｂ〕子ども自身を否定的に感じるような不快な感情

①子どもに対する否定的な感情〔５〕

②子どもの存在そのものの否定的感情〔１、２〕

B　子どもの成長・発達に関する不安
①子どもの成長・発達についての不快感や失望感（自分の思っている成長・発達ほどに子どもが成長・発達しないことに対する失望感）［6］
②子どもの病気や事故など不慮の事故に対する不安［7］
③他の子どもの発達と比べて自分の子どもの発達障害に対する不安［8］
④マスコミの情報氾濫からくる不安［9］

C　自分の育児能力に対する不安
①自身の育児能力に対する不安と自信喪失［10］
②他の母親との比較から生じる育児能力に対する不安［11］
③育児情報の氾濫からくる育児能力に対する不安［12］
④育児に対する重圧感・圧迫感［13］

D　育児負担感・育児束縛感から生じる不安
①自身の生き方に対する不満・不安［14］
②友人・知人など身近な人々との比較から生じる不満・不安［15］
③マスコミの情報からくる不満・不安［16］
④育児の繰り返しのマンネリ化から生じる孤立感や孤独感［17］

第7章 母親の育児不安と育児サークル

1 問題の所在

本章の目的は、母親の育児不安の軽減・解消を目的とした育児サークル活動の効果を明らかにすることにある。

育児サークルは、母親たちが育児不安あるいは育児負担感、育児疲労感の軽減と解消を図ることを目的に自発的に寄り集まって形成するインフォーマルな集団である。近年、育児に負担感や不安感をいだいたり、ときには子どもに拒否感情をいだいたりする母親が増加してきたが[1]、そうした母親たちが育児不安解消や育児負担・育児疲労の軽減のために自発的に寄り集まり、育児情報の交換、育児の相互援助、仲間との共同学習や相互交流などの活動をするサークルが各地で見られるようになった。

育児に悩み、疲労感を覚え、育児に不安を抱く母親が増えてきた背景には、社会の急激な変化がある。主要には以下のような社会の変化が考えられるだろう。

第一に、近年の私生活化の傾向があげられる。私生活化とはマイホーム主義に代表されるような私生活優先主義的な生活様式のことを言う。公的事象よりも私的事象を優先するという生活スタイルである。家族の幸福、自分の幸せという私的生活をもっぱら重視するが、社会や国家、地域といった公共的関心が乏しく、自分や自分の家族生活に影響がない限り公的問題には無関心であるという生活スタイルである。仕事よりも家庭重視である。だが、現代の私生活化は家族単位からさらに個人単位へと進みつつある。家族のなかであっても、さらに個人の私生活を優先するという傾向が強くなり、夫婦であっても八〇・一%が「お互いの自由時間の使い方に干渉すべきではない」としている（野村総合研究所 二〇〇一：四七）。家族の拘束力が弱くなり、いっそう個人優先になって、私的生活の単位が個人になってきているのである。こうした私生活化という社会的潮流のなかで人々は自身の生活を潤し、楽しむという自己本位的な思考・行動へと傾斜してきている。しかし育児は言葉も話せない乳幼児が対象であるから母親は片時も目を離すことができない。そのために母親は育児に時間を取られ、自由時間を持つことができない。厚生労働省の調査によれば、母親の六割が育児の負担・悩みとして「自分の自由時間が持てない」ことをあげている。六ヵ月児の母親では五五・二%、一歳六ヵ月児の母親では六三・七%、二歳六ヵ月児の母親では五八・六%、三歳六ヵ月児の母親では五八・九%となっている[2]。私生活化という社会的潮流のなかで育児に拘束されての「自由時間を持てない」という束縛感、負担感を母親は抑圧的・重圧的に感じているのである。

第二に、今日の一子豪華主義という時代的趨勢のゆえの育児成功への執着があげられる。今日にあっては育児・教育に高額の費用がかかるために理想の子ども数を持たずに（少子化）、その分のお金を少数の子どもの育児と教育に注ぎ込もうという考え方が浸透している[3]。だが、それは逆に言えば、だからこそ注ぎ込んだ分に相当するだけの成功を収めなければならない。親のイメージする「良い子ども」に育ってもらわなければならない。そうでなければ育児の失敗となり、母親の育児能力不足と見られることになる。そのために母親はよく育てなければならないという強迫観念を持つようになり、常に育児の失敗に対する不安に苛まれ、焦燥感をいだくようになる。今日の早期教育ブーム、情操教育ブームは一子豪華主義という時代的趨勢のゆえだろう。

第三に、マスコミによる育児情報の氾濫がある（情報化）。育児習慣はかつては家族のなかで代々と伝達され、また地域交流のなかで伝達されてきたが、近年では核家族化、都市化や流動化による地域交流の希薄化のために母親は孤立的になり、育児の相談相手も周囲にはおらず、そのために母親はもっぱらマスコミの育児情報に依存するようになってきた。だが、マスコミの育児情報があまりにも多いために、かつそれぞれに内容が異なるために母親は何が真実であり、自分にとって何が重要な情報なのかを判断できない。一定程度の育児知識が前もってあれば育児情報を自身の関心に引き寄せて取捨選択し利用できるかもしれないが、その前提となる知識がないままに情報の氾濫に巻き込まれてしまえば混乱に陥るだけであり、しかもそのなかから最善策の情報を得ようとするからますます理解困難に陥り、判断に迷うことになる。

第四に、就業との関係がある。出産直後は母親も無職が多く（七三・九％）、有職は少ないが（二五・一％）（六ヵ月児の母親）、漸次有職が増加していく。一歳六ヵ月児の母親の有職の割合は三〇・七％、以下、二歳六ヵ月児三四・七％、三歳六ヵ月児四一・八％[4]、四歳六ヵ月児四六・二％、五歳六ヵ月児五一・一％、七歳五五・八％となり[5]、子どもの幼稚園入園時には半数を超すようになる。そうなれば就業と育児の板挟みになって育児に負担感、困難感を感じることになる。子どもが三歳六ヵ月児の母親の場合、「仕事や家事が十分にできない」が増え（二〇・一％）、また「気持ちに余裕をもって子どもに接することができない」が多くなっているが（二三・〇％）[6]、母親の育児負担感・困難感を端的に示している。

第五に、育児環境の変化があげられる。育児環境とは母親の育児遂行過程に影響を与える外的条件である。大別して生活施設などの物理的条件と周囲の人々との社会的条件に分けられよう。公園や遊び場の不足、医療機関の不足、保育所・幼稚園の不足、通学路の整備不足などは物理的条件の不備である。しかし何よりも安全・防犯に対する不安がある。社会的条件の悪化である。ある調査によれば、小学校に入学する子どもの母親が不安に感じるのは、交通事故九四・八％、犯罪や事件九四％、登下校時の安全八九・二％となっており[7]、ほとんどの母親が安全・

防犯に不安を感じている。さらに上に述べたように、都市化・流動化といった移動社会であることからくる近隣関係の希薄化と家族の孤立化、そしてまたそれがゆえの、いわゆる「母子カプセル」状態と母親のネットワークの縮小化、さらに子どもに対する周囲の無理解な態度や無関心といった状況も社会的条件にはあるだろう。

このように近年になって育児に負担感や不安感をいだいたり、またそうした負担感や不安感が解消されずに子どもに拒否感情をいだいたりする母親が増えてきたのである。そこでそうした育児負担・育児不安を軽減・解消するために母親が同じような境遇にある仲間を求め、自発的にサークルを形成して、育児についての情報交換や学習活動、親睦活動、子どもの遊戯活動等を行うようになってきたのである。牧野の調査によれば（牧野 一九八二）、社会的な活動をするために外に出る機会が多い（「よくある」と「時々ある」）母親は育児不安が低いが（五二％）、社会的な活動を目的に外に出る機会がない（「ほとんどない」と「あまりない」）母親は育児不安が高い（七四％）としている。

しかし、サークル活動が母親の育児不安や育児負担・育児疲労を軽減・解消するように作用するばかりとは限らない。サークルに参加することによってメンバー（他の母親たち）の育児行為、あるいはメンバーの子どもの成育や発達の状況を目の当たりにし、それと比較対照して自分の育児行為の遂行や自分の子どもの成育・発達状況を判断し、逆に劣等感や育児能力不足を感じさせられることにもなりかねない。サークル活動といっても機能的に作用するばかりとは限らず、逆機能的に作用する場合もある。

母親の育児不安感や育児負担感を軽減・解消することを目的に形成された育児サークルが果たして目的通りに機能しているのかどうか、機能しているとすればどのように機能しているのか、そして機能していないとすれば、それはなぜなのか。本章の目的は、育児不安の軽減・解消を目的とする育児サークル活動の、その効果を明らかにすることである。

2　分析の枠組み

(1) 育児サークルへの参加タイプ

育児サークル活動の効果を測定するための基準を、ここではサークル活動への母親の参加目的に求めた。母親が育児サークルに参加するのは、そのサークル活動を通して参加の目的を達成するためである。だからその目的が達成されたと思うならば、母親にとってサークル活動は効果があったわけであり、目的が達成されていないと思えば、サークル活動の効果はなかったということになる。したがって母親の参加目的の達成を基準に育児サークルの効果を測定することができる。

一般に個人が集団に参加するのは、大別すれば、(イ) 集団のメンバーに魅力を感じて参加する場合と (ロ) 集団活動に魅力を感じて参加する場合とがある。育児サークルについて言えば、育児サークルは母親の育児負担感や育児不安感の軽減・解消を目的に形成されるインフォーマルな、かつ自発的な集団であり、育児についての情報交換や学習活動、育児の相互援助活動、親睦活動、レクリエーション活動、子どもの遊戯活動等のサークル活動を行うから、そうした活動を目的に参加するタイプが「(ロ) 集団活動」である。そして育児サークルのメンバーが近隣にいるとか、メンバーと頻繁に接触しているとか、親密だとか、自分と同じような年齢あるいは境遇であるといった、メンバーとの近接性、類似性、親近性、また接触度によって、そのメンバーに親近感を感じて参加したり、メンバーから勧められて参加するタイプが「(イ) 集団のメンバー」である。しかし育児サークルの場合、参加単位は母親個人ではなく、母親とその子どもという母子を単位とする。だから母親が自分のためだけの個人的関心・欲求の充足のために参加する場合もあるが、母親が子どものためにと思って参加する場合もある。前者の参加タイプを（A）母親中心型、後者の参加タイプを（B）子ども中心型としよう。母親が育児の情報交換や援助活動、育児の学習活動、親睦活動などのために育児サークルに参加するのは「（A）母親中心型」であるが、母親が子どもの遊び仲間を作るためにとか子どもに集団遊びをさせたい、あるいは子どもにさまざまな行事活動を体験させたいために参加するというのは「（B）子ども中心型」である。したがって育児サークルに参加する目的ないし契機は、上記のタイプを組み合わせることによって四つのタイプに類型化することができる。

（A）母親中心型

（イ）集団のメンバーに親近感を感じて参加するタイプ

（ロ）集団活動に魅力を感じて参加するタイプ

（B）子ども中心型

（イ）集団のメンバーに親近感を感じて参加するタイプ

（ロ）集団活動に魅力を感じて参加するタイプ

しかし、こうした育児サークルへの参加のタイプは、いずれも参加の目的が明確であって、積極的であり、かつ参加に対して自発的である。こうした参加タイプを積極型（α）としよう。だが、他方で消極的な参加のタイプもある。他のメンバーの母親に勧められ、誘われるままに、あるいはさしたる目的もないままに、また時間的余裕があるから、様子見で立ち寄ったことをきっかけにという参加タイプもあるだろう。こうした参加タイプを一括して消極型（β）としておこう。したがって育児サークルへの参加タイプは右記の（α）積極型の四タイプに、（β）消極型を加えて五つのタイプに分けることができる。

しかしながら、（B）子ども中心型は、理論上は上記のように、（イ）集団のメンバーに親近感を感じて、あるいはメンバーから勧められて参加する場合と（ロ）集団活動に魅力を感じて参加する場合とに分けることができるが、実際は明確に分けることはできない。子どもといっても乳幼児であるから自らが参加を決定する能力を持っているわけではない。もっぱら母親が子どものためを思って参加するのである。子どもの遊び仲間を作ってやりたい、仲間と一緒に遊ばせてやりたい、集団的な活動を体験させてやりたい、仲間と一緒に活動すればコミュニケーション能力も社会性も発達していくと思うからである。だから特定の子どもとか特定の集団活動に魅力を感じて子どもを参加させようとしているわけではない。どのような遊び仲間であってもよいし、どのような集団活動であってもよいのである。そして子どもにとっては遊び仲間づくりであろうと集団活動であろうと同じことなのである。子どもが遊び仲間を作るということは、仲間と集団的に活動するということであり、仲間とコミュニケーションを行うことだというわけである。だから子どもの場合は「（イ）集団のメンバー」と「（ロ）集団活動」を一つに統合することができる。そうとすれば、母親の、育児サークルへの参加は四つのタイプに分けることができる。

（α）積極型

（A）母親中心型

（イ）集団のメンバーに親近感を感じて参加

（ロ）集団活動に魅力を感じて参加

（B）子ども中心型

（β）消極型

今、調査結果を、このタイプ別に分類すると表7－1のようである。（α）積極型は八二・一％、（β）消極型は一七・九％である。（α）積極型のうち、（A）母親中心型は二六・九％、（B）子ども中心型は五五・二％、さら

表7-1　育児サークルへの参加目的　(%, (　) 内は実数)

参加タイプ	
(α) 積極型	82.1 (484)
(A) 母親中心型	26.9 (159)
(イ) 集団のメンバーに魅力を感じて参加	22.0 (130)
(ロ) 集団活動に魅力を感じて参加	4.9 (29)
(B) 子ども中心型	55.2 (326)
(β) 消極型	17.9 (106)
全　　体	100.0 (591)

(注) 無回答・不明を除く。以下同様。

に(A)母親中心型のうち、(イ)集団のメンバー型は二二・〇%、(ロ)集団活動型は四・九%、である。しかし(A-ロ)母親中心型―集団活動は四・九%とごく少数であるから、これを(A-イ)母親中心型―集団のメンバーと合わせて(A)母親中心型とした。したがって育児サークルへの参加タイプを、ここでは、結局、(A)母親中心型、(B)子ども中心型、(β)消極型の三タイプとしたのである。

以下では、この三つのタイプを枠組みとして、母親の育児不安と育児サークル活動の効果との関連を分析する。なお、既に述べた五つのタイプの参加理由の回答項目は、以下の通りである(左記の回答項目1から回答項目7のなかから一つを選択)。

(α) 積極型
(A) 母親中心型
(イ) 集団のメンバーに親近感を感じて参加
①自分(母親)の話し相手や仲間が欲しかったから〔回答項目2〕
(ロ) 集団活動に魅力を感じて参加
②育児について学習したかったから〔回答項目3〕
③育児についての不安があったから〔回答項目4〕
(B) 子ども中心型

④子どもの遊び仲間が欲しかったから〔回答項目1〕

（β）消極型

⑤友人・知人から誘われて〔回答項目5〕

⑥時間的に余裕があったから〔回答項目6〕

⑦何となく参加〔回答項目7〕

(2) 育児不安のタイプ

ところで、一口に育児不安といっても、その内容は多様である。育児不安は、育児という課題遂行の失敗に対する漠然とした恐れの感情をさすが、先に述べた母親の育児不安の社会的背景を考えると、育児不安の内容は四つのタイプに分類することができる。すなわち（a）「育児についての不快感情」、（b）「子どもの成長・発達についての不安」、（c）「母親自身の育児能力に対する不安」、（d）「育児負担感・育児束縛感から生じる不安」である（住田一九九九、二〇〇一）。

この、育児不安のタイプについては、すでに第六章で述べたが、いま重複を厭わずに簡潔に述べれば以下のようである。

育児は幼い生命の身体的成長や精神的発達に関わる行為であるから、母親は乳幼児の心身のみならず生活全般にわたって注意し、気配りしなければならないが、そうした乳幼児の生活全般にわたっての不断の注意や気配りから生じる不安や緊張が（a）「育児についての不快感情」である。また育児は乳幼児の身体的成長や精神的発達を目的とするが、しかしその成長や発達の明確な基準はない。そのために常に不安が付きまとい、危惧の念が生じる。これが（b）「子どもの成長・発達についての不安」である。

その乳幼児の身体的成長や精神的発達に対する不安や危惧は、翻って母親自身の育児能力に対する不安を喚起する。果たして自分は育児を遂行していく能力を持っているのかどうか。これが（c）「母親自身の育児能力に対する不安」である。そして近年は女性の就業が増加し、女性の自立が叫ばれ、それが社会的風潮ともなってきたために、育児に専念することに強い負担感や束縛感をいだいたり、あるいは疎外感をいだいたりするようになってきた。だがそうなれば母親は虚脱的・虚無的になり、育児に対する無力感が生じて育児意欲は低下し、育児に対する悲観的な、無力な感情に陥って育児不安を喚起するようになる。（d）「育児負担感・育児束縛感から生じる不安」である。

以下では、育児不安の、こうしたそれぞれの内容にしたがって、育児サークル活動の効果との関連を分析する。

3 調査の概要

調査の対象は、福岡市内にある育児サークルに参加している母親である。先に述べたように、育児サークルは、母親たちが育児不安の軽減と解消を図ることを目的に自発的に寄り集まって形成するインフォーマルな集団である。そのために外部からサークル活動の存在を捉えることは困難であり、したがって調査に際しては、まず育児サークルの存在自体を把握しなければならない。育児サークルはメンバー個人の自宅で全く独自に活動しているものもあるが、公民館や地区集会所などの施設で活動しているものもあり、また保健所に登録して随時アドバイスを受けているもの、育児雑誌などに登録して相互に交流を図っているものなどがある。そこでわれわれは福岡市各区の保健所に調査の趣旨を説明し、調査協力を依頼することにした。保健所は、登録している育児サークルしか把握していないが、サークルの名称、代表者名、代表者の連絡先を把握している。そこでまず保健所の担当者から育児サークルの代表者に調査の趣旨と方法を説明してもらい、調査の協力を得られたサークルについては、われわれが代表者と連絡をとってメンバーの人数を確認した上で、質問紙と依頼状および返信用封筒をセットにしてメンバーの人数分だけを代表者宛に送付し、代表者からサークル活動時に各メンバーに配布してもらうこととした(8)。そしてメンバーが質問紙に記入の上、大学宛に郵送することにしてもらったのである。

こうして協力を得られた育児サークルは、六九サークルであり、各代表者に確認したメンバーの合計、つまり調査対象者は一、二〇四人である。回収票は六二一票、回収率は五一・六％であった。調査時期は、一九九九（平成一一）年一〇月から一二月上旬にかけてである。サークルによって活動日がまちまちであるために代表者から各メンバーへの調査票の配布に時間がかかり、調査期間が長引いた。

4　調査結果の分析

(1)　対象者の属性と人間関係

分析に先立ち、まずサークルの実態を見ておく。表7－2は、育児サークルへの参加タイプ別に母親の年齢を見たものである。三〇歳代に七割が集中している。育児サークルの趣旨と活動から言えば、当然のことながらメンバーは、大方が二～三歳以下の乳幼児の母親であろうから、母親自身の年齢の幅も広くはない。母親が若いほど育児経験も育児知識も乏しく、したがって育児についての不安感も高いだろうから育児の共同学習とか他の母親との交流を望んで、育児サークルに参加しているのではないか、そうとすれば母親中心型に若い層が多いのではないかとも思われたが、二〇歳代以下の若い母親層は三割に満たなかったし、また参加タイプ別による年齢差も見られなかった。

表7－2　母親の年齢　(%)

参加型	母親の年齢			(計)
	20歳代以下	30歳代	40歳代以上	
(A) 母親中心型	28.3	71.1	0.6	(159)
(B) 子ども中心型	27.3	68.7	4.0	(326)
(β) 消極型	31.1	66.1	2.8	(106)
全　体	28.3	68.8	2.9	(591)

(注)(　) 内は実数。以下同様。

表7－3　子どもの人数　(%)

参加型	子どもの人数			(計)
	1人	2人	3人以上	
(A) 母親中心型	66.4	30.4	3.2	(158)
(B) 子ども中心型	51.2	40.2	8.6	(326)
(β) 消極型	53.8	38.7	7.5	(106)
全　体	55.8	37.3	6.9	(590)

有意差検定 $p < 0.05$

表7－4　参加時の子どもの年齢　(%)

参加型	参加時の子どもの年齢			(計)
	1歳未満	1歳~2歳未満	2歳以上	
(A) 母親中心型	45.9	44.0	10.1	(159)
(B) 子ども中心型	27.3	50.0	22.7	(326)
(β) 消極型	19.8	44.4	35.8	(106)
全　体	31.0	47.3	21.7	(591)

有意差検定 $p < 0.01$

表7－3は、子どもの人数を見たものであるが、過半数が子どもは一人としている。その中でも、子どもの人数が一人が多いのは（A）母親中心型である。したがって母親は、二〇歳代であろうと三〇歳代であろうと、年齢に関わりなく、第一子のときに、他の母親との交流とか育児の共同学習を目的にサークル活動に参加するのである。

表7－4は、母親がサークル活動に参加したときの子どもの年齢である。参加タイプを相互に比較して端的に特徴づければ、（A）母親中心型は一歳未満、（B）子ども中心型は一歳、（β）消極型は二歳以上、と言えるだろう。（B）子ども中心型は子どもの遊び仲間づくりが目的の参加タイプであるから、当然のことながらある程度子どもが成長していなければならない。しかし（A）母親中心型は母親が自分のために参加するのであるから、子どもの年齢には関係はない。むしろ（A）母親中心型は育児を自身に関わる問題として早いうちから認識しているのである。

なお、母親の就業形態では、表には示さなかったが、殆どが専業主婦であり、参加のタイプ別による差はなかった。ちなみに対象者全員について見ると、専業主婦：九三・六％、内職：一・八％、自営業：一・一％、パートタイム：一・一％、フルタイム：〇・六％、その他：一・八％であった。育児サークルは平日の日中に活動しているからメンバーには専業主婦が多いのである。しかし先に述べたように、出産直後は母親も無職が多く、有職は少ないが、子どもの成長とともに漸次有職が増加していく。子どもの幼稚園入園時には有識者がおおよそ半数を超すようになる。育児サークルに参加する母親層は、表7－4に見るように、まだ子どもの年齢が低く、無職の場合が多いのである。

居住歴については、表7－5のように、（B）子ども中心型と（β）消極型が類似的なパターンを示している。この二つのタイプは、いずれも三年未満層と五年以上層が多く、三年～五年層は少ないというU字型を示している。しかし（A）母親中心型は三年未満層、三年～五年層、五年以上層と順次減少していき、とくに五年以上層に

表7-5　居住歴　(%)

参加型	居住歴			(計)
	3年未満	3年～5年	5年以上	
(A) 母親中心型	39.6	37.1	23.3	(159)
(B) 子ども中心型	40.8	25.8	33.4	(326)
(β) 消極型	39.6	27.4	33.0	(106)
全　体	40.3	29.1	30.6	(591)

有意差検定 $p < 0.1$

表7-6　近隣関係の親密度　(%)

参加型	近隣関係の親密度		(計)
	低い	高い	
(A) 母親中心型	62.3	37.7	(159)
(B) 子ども中心型	61.7	38.3	(326)
(β) 消極型	49.5	50.5	(105)
全　体	59.7	40.3	(590)

有意差検定 $p < 0.1$

表7-7　地域の人々が子どもを見守ってくれるか　(%)

参加型	見守ってくれる		(計)
	はい	いいえ	
(A) 母親中心型	46.5	53.5	(159)
(B) 子ども中心型	52.3	47.7	(325)
(β) 消極型	54.3	45.7	(105)
全　体	51.1	48.9	(589)

表7－8　育児サークルへの参加度と満足度　（%）

参加型	参加度			満足度		
	低い	高い	（計）	低い	高い	（計）
（A）母親中心型	15.1	84.9	(159)	8.2	91.8	(159)
（B）子ども中心型	23.2	76.8	(323)	9.5	90.5	(325)
（β）消極型	23.6	76.4	(106)	4.7	95.3	(106)
全体	21.1	78.9	(588)	8.3	91.7	(590)

有意差検定：参加度 $p < 0.10$

なると急減している。（A）母親中心型は約八割が居住歴五年未満層である（七六・七％）。

この居住歴の問題は近隣関係の親密度と関係してくる。表7－6に見るように、（A）母親中心型は近隣関係の親密度が低い（六二・三％）。近隣関係が希薄なのである。だから「地域の人々が子どもを見守ってくれるか」と問われても（表7－7）、（B）子ども中心型と（β）消極型は「見守ってくれる」と過半数が肯定的に回答しているが（それぞれ五二・三％、五四・三％）、（A）母親中心型は逆に「見守ってくれない」として過半数が否定的に回答している（五三・五％）（ただし有意差なし）。つまり（A）母親中心型は、居住歴は三～五年で長いとは言えず、まだ近隣地域に定着しているとは言えないから近隣関係も豊富でない。だから「地域の人々が子どもを見守ってくれるか」という質問にも肯定的には答えられないのである。そのために自身の話し相手や仲間を求めてサークル活動に参加するのである。

（B）子ども中心型と（β）消極型は、居住歴が三年未満層と五年以上層が多いというU字型を示し、類似的なパターンを示しているが（表7－5）、（B）子ども中心型は近隣関係の親密度が低いのに対して、（β）消極型は近隣関係の親密度が高い（表7－6）。しかしいずれのタイプも過半数の母親が「地域の人々が子どもを見守ってくれる」と肯定的に回答している（表7－7）。大雑把に解釈すれば、（β）消極型はサークル活動に参加しなくても近隣地域において日常

表7－9　育児サークル活動の効果　（複数回答）（%）

参加型	サークル活動の効果：プラスの効果：子どもに遊び仲間ができた＊	自分自身の話し相手や仲間ができた	生活にハリができた＊＊	育児についていろいろ学習できた	育児について不安がなくなった	育児に自信ができた	マイナスの効果：他の母親の話を聞いて焦ったり不安になった	他の子どもの様子を見て焦ったり不安になった	（計）
（A）母親中心型	74.2	88.7	54.7	45.3	18.2	13.2	10.7	9.4	(159)
（B）子ども中心型	85.4	85.7	40.4	39.1	15.5	9.6	7.1	9.0	(326)
（β）消極型	79.2	84.9	34.0	46.2	14.2	9.4	3.8	12.3	(106)
全　体	81.3	86.4	43.1	42.1	16.0	10.6	7.5	9.7	(591)

（注）有意差検定
＊＊ $p < 0.01$
＊ $p < 0.05$

的に接触する親密な人々がいるのであり、あるいはサークル活動に誘ってくれるほどの親密なメンバー（母親）が近隣地域にいるということではないか。だから（β）消極型は、消極的な参加だとはいえサークル活動への参加度は高く、満足度も高いのではないか（後述、表7－8）。（B）子ども中心型は近隣関係の親密度が高いとは言えないが、過半数の母親が「地域の人々が子どもを見守ってくれる」と肯定的に回答している。これも大胆に推定すれば、地域の人々が子どもを見守るという活動は、居住歴には関係しても、近隣関係の親密度とはあまり関連しないのかも知れない。一定期間地域に居住していれば、何らかの接触があって地域の人々も地域の子どもとして認知するだろうし、そうなれば子どもを見守ることになり、母親もそうした地域の人々の態度を肯定的に評価しているのではないか。

(2)　育児サークル活動の効果

育児サークル活動への参加度と満足度を見ると、

表7－8のような結果になった。ここでは参加度を「ほとんど参加」、「ときどき参加」、「あまり参加しない」の三段階に区分して質問したが、「ほとんど参加」を参加度の高い群、後二者を参加度の低い群と分類した。また育児サークル活動への満足度については「非常に満足」、「まあ満足」「あまり満足していない」、「ぜんぜん満足していない」の四段階に区分して質問し、前二者を満足度の高い群、後二者を満足度の低い群と分類した。

表7－8に見るように、（A）母親中心型に参加度が高い傾向が見出された。育児の共同学習にしろ母親同士の交流・援助や親睦活動にしろ、（A）母親中心型は母親自身の関心から積極的に参加したのであるから、それだけに参加度が高く（八四・九％）、そしてそれだけに積極的に活動しているであろうから満足度も高いのである（九一・八％）。だが、満足度については参加タイプによる有意差は見られなかった。しかし参加度についても満足度についても、それぞれ大多数の母親が高いとしているから、一般に育児サークルへの参加度は高く、満足度も高いと言えるだろう。

こうした育児サークル活動の参加度と満足度を高めているのが、その活動効果である。つまり育児サークルへの参加目的の達成度に対する評価である。活動の効果が高ければ、つまり参加目的が達成されていると思えば、当然のことながら参加度も高くなり、積極的に活動するようになり、満足度も高くなるだろう。表7－9は、参加タイプ別にサークル活動の効果を見たものである。効果と言ってもプラスの効果だけとは限らない。マイナスの効果もあるだろう。ここではプラスの効果としては参加目的と対応させた項目を考え、マイナスの効果については他のメンバーあるいは他の子どもと比較しての差異を考えた。表に見るように、タイプ別に比較して有意差のある項目に注目すると、活動効果は参加目的に対応している傾向が見られる。（A）母親中心型は「（自分の）生活にハリができた」が多く、（B）子ども中心型は「子どもに遊び仲間ができた」が多い傾向が見られる。

話し相手や自身の仲間づくりができたとするのは、参加タイプによる差はなく、八六・四％の母親が効果ありとしている。育児サークルは母親がメンバーであるから、とにかく参加し何らかの活動をしていれば、参加タイプのいかんにかかわらず、母親同士の関係の輪は自ずと広がっていくだろう。だから参加タイプによる差はないのである。しかし育児についての学習、育児不安の減少、育児に自信ができたという育児に関わる活動の効果については、いくぶん、(A)母親中心型が効果ありとしている比率が高いようである。ちなみに、この育児に関わる三項目を合計すると、(A)母親中心型は七六・七%、(B)子ども中心型は六四・二%、(β)消極型は六九・八%となり、(A)母親中心型が効果ありとする比率がいくぶん高い(ただし有意差なし)。つまり(A)母親中心型は、もともと話し相手や自身の仲間づくり、あるいは育児の共同学習などが育児サークルへの参加目的であるから、そうした目的は達成されていると感じているわけである。当初の目的が達成されていると判断しているのであるから、したがって結果として「生活にハリが出てくる」わけである。(B)子ども中心型は、子どもの遊び仲間づくりが目的であるから、そしてそれゆえに育児サークルのなかでも、そのように活動するであろうから、子どもの遊び仲間ができたとする(八五・四%)。

このように(A)母親中心型は「生活にハリができた」とし、(B)子ども中心型は「子どもに遊び仲間ができた」とする。しかしそうした目的がある程度達成され、プラスの効果があったと評価する一方で、そうした目的が達成されないと判断する場合もある。そうした場合、母親はその目的を明確に意識しているだけに目的が達成されなかったことに対する反動によってかえってマイナスの効果を意識するように感じるのではないか。あるいは効果があったかどうか分からない、あるいはどちらとも言えないという消極的な回答ではなく、明らかに活動の効果がなかったと判断して、マイナスの効果を強く意識するのではないか。このマイナスの効果も比率が低いもののそれぞれ参加目的に対応している傾向が見られる。つまり(A)母親中心型は「他の母親の話を聞いて不安や焦燥感を持つ」ようになり、(B)子ども中心型は「他の子どもの様子を見て不安や焦燥感を持つ」ようになったとしている。参加目的が明確であるだけに、そこに母親の注意が焦点づけられ、その視点から他のメンバーに接したり、他の子どもを見るために、そのメンバーや他の子どもを比較の基準としてしまうのである。だから、育児サークル活動は確かに母親にとってプラスに機能し、実際そうした場合が多いのであるが、他方で他のメンバーや他の子どもが自己との、あるいは自分の子どもとの比較基準として作用し、そこに差異を強く感じればマイナスの効果を生じさせるようになるのである。つまりマイナスの効果を意識するような母親にとっては、育児サークルは育児についての不安と焦燥感をかきたてる方向に作用しているのである。

(3) 育児サークル活動と育児不安

このように、育児サークル活動が母親にとってプラスに機能する場合もあるが、他方でマイナスの効果を生じさせる場合もあるとすれば、育児サークル活動と母親の育児不安とはどのような関係にあるのだろうか。

表7－10～7－13は、育児サークル活動への参加タイプ別に育児不安の四タイプ、すなわち（a）「育児についての不快感情」、（b）「子どもの成長・発達についての不安」、（c）「母親自身の育児能力に対する不安」、（d）「育児負担感・育児束縛感から生じる不安」それぞれについて見たものである。だが、いずれの育児不安についても参加タイプ別による不安の程度に差異は見られなかった（有意差なし）。いずれの参加タイプについても、またいずれの育児不安のタイプについても、育児不安の低い群が多く、近似的なパターンを示している。

それでは、母親の育児不安は母親の育児サークル参加によってどのように変化するのだろうか。育児サークル参加前とサークル参加後の母親の育児不安を比較してみよう。表7－14は子どもの誕生後の不安を参加のタイプ別に見たものである。「あなたは、お子さんを産んだ後、育児をすることに不安を持ちましたか」という質問文に対して「非常に不安を持った」、「少し不安を持った」、「あまり不安を持たなかった」、「全然不安を持たなかった」とい

表7－10　育児についての不快感情　(%)

参加型	育児についての不快感情		(計)
	低い群	高い群	
(A) 母親中心型	60.8	39.2	(158)
(B) 子ども中心型	64.6	35.4	(325)
(β) 消極型	55.8	44.2	(104)
全　体	62.0	38.0	(587)

表7－11　子どもの成長・発達についての不安　(%)

参加型	子どもの成長・発達についての不安		(計)
	低い群	高い群	
(A) 母親中心型	68.6	31.4	(159)
(B) 子ども中心型	64.1	35.9	(326)
(β) 消極型	66.0	34.0	(106)
全　体	65.7	34.3	(591)

表7－12　母親自身の育児能力に対する不安　(%)

参加型	母親自身の育児能力に対する不安		(計)
	低い群	高い群	
(A) 母親中心型	50.9	49.1	(159)
(B) 子ども中心型	52.5	47.5	(326)
(β) 消極型	51.9	48.1	(106)
全　体	51.9	48.1	(591)

表7－13　育児負担感・束縛感から生じる不安　（%）

参加型	育児負担感・育児束縛感からの不安		（計）
	低い	高い	
（A）母親中心型	50.3	49.7	(159)
（B）子ども中心型	52.9	47.1	(325)
（β）消極型	50.9	49.1	(106)
全　体	51.9	48.1	(590)

表7－14　子どもの誕生後の育児不安　（%）

参加型	育児不安の程度			（計）
	非常に不安を持った	少し不安を持った	あまり不安はなかった・全然不安はなかった	
（A）母親中心型	28.5	44.3	27.2	(158)
（B）子ども中心型	19.9	51.6	28.5	(326)
（β）消極型	19.8	48.1	32.1	(106)
全　体	22.2	49.0	28.8	(590)

表7－15　育児サークル参加後の育児不安の程度　（%）

育児不安のタイプ	育児不安の程度			（計）
	よくある	ときどきある	あまりない	
（a）一般的な不快感情	8.9	44.6	46.5	(　589)
（b）成長・発達についての不安	7.4	22.8	69.8	(　591)
（c）育児能力に対する不安	9.0	45.3	45.7	(　591)
（d）負担感・束縛感からの不安	11.6	40.8	47.6	(　591)
全　体	9.2	38.7	52.1	(2,362)

表7－16　育児サークル活動の効果のタイプ　（複数回答）（%，（　）内は実数）

サークル活動の効果	自分自身の話し相手や仲間ができた	86.6 (538)	母親に対する効果	プラスの効果
	生活にハリができた			
	育児についていろいろ学習できた	48.1 (299)	育児に対する効果	
	育児について不安がなくなった			
	育児に自信ができた			
	子どもに遊び仲間ができた	78.3 (486)	子どもに対する効果	
	他の母親の話を聞いて焦ったり不安になった	13.0 (81)	マイナスの効果	
	他の子どもの様子を見て焦ったり不安になった			

う四段階での回答を用意し、うち後二者を統合して三段階での回答にまとめたものである。子どもの誕生後ではあるものの、この時期はまだ実際の育児行為の経験があまりない段階であるから育児不安の四タイプに分けてではなく「育児不安」という一般的な形で問うている。その結果、子どもの誕生後に「非常に不安を持った」母親は（A）母親中心型がやや高いが（ただし有意差なし）、全体では二割（二二・二％）であり、「少し不安を持った」母親は半数（四九・〇％）、「あまり不安を持たなかった、もしくは全然不安を持たなかった」という母親は三割（二八・八％）である。

表7－15は、育児サークル参加後の育児不安について、育児不安の四タイプ別に見たものである。育児不安のタイプ別による差異は見られない。ただ「子どもの成長・発達についての不安」が「あまりない」が七割と高くなっている（六九・八％）。先の表7－4で見たように、参加時の子どもの年齢は二歳未満が八割（七八・三％）であるから、まだ個々の子どもの成長・発達に目立つような差異は見られない段階なのである。だから表7－9のように、他の子どもの様子を見ても焦ったり不安になったりすることがないのである（「焦ったり不安になる」は

全体で九・七％）。この育児サークル参加後の表７－15を参加前の表７－14と比較すると、全体では、育児不安が「よくある」は参加前二二・二％→参加後九・二％、「ときどきある」は四九・〇％→三八・七％、「あまり（全然）ない」二八・八％→五二・一％となっていて、育児サークル参加前と比較すると参加後は「育児不安」が大きく減少しているから育児サークルは母親の育児不安を確実に軽減・解消していると言ってよいだろう。ちなみに育児サークル参加前とサークル参加後の育児不安の程度（全体）との間には、〇・〇一で有意差があった。

さて次に、育児サークル活動の効果と育児不安との関連を見てみる。育児サークル活動の効果を捉えるためにここでは、表７－９に見たように、八つの項目を考えたのであるが、これを「母親に対する効果」、「育児に対する効果」、「子どもに対する効果」という「プラスの効果」と「マイナスの効果」という四つにカテゴリー化した。表７－16は、その結果である。

「母親に対する効果」とはサークル活動が母親にとってプラスの効果をもたらしたとするものであり、「育児に対する効果」とは母親が現に遂行している育児行為に対してプラスの効果があったとするものである。この、それぞれのカテゴリーに分類された項目は前者（母親に対する効果）が「自分自身の話相手や仲間ができた」、「生活にハリができた」、そして後者（育児に対する効果）が、「育児についていろいろ学習できた」、「育児について不安がなくなった」、「育児に自信ができた」である。また「子どもに対する効果」とは「子どもに遊び仲間ができた」ことである。

これら三つのカテゴリーはプラスの効果であるが、一方マイナスの効果もある。先に述べたように、育児サークルに参加することによって母親がメンバーである他の母親に接し、また他の子どもの様子を見て、自分たち（母親と子ども）と比較し、自分たちの方が後れているのではないか、劣っているのではないかと懸念したり、危惧したりして、不安をかき立てられるような場合である。母親が育児サークルに参加して、育児知識や育児経験の豊富な

（またはそのように感じられる）他の母親に接すれば、その知識と経験の豊富さに気後れし、圧倒されて、これまで自身が遂行してきた育児行為の妥当性をいぶかしみ、あるいは自信喪失して、にわかに不安をかき立てられる。そうなれば「母親自身の育児能力に対する不安」が急激に膨らんでくる。そしてまた母親が他の子どもと比較して自分の子どもの方が未発達ではないか、後れているのではないかと懸念すれば、「子どもの成長・発達についての不安」が湧き上がってくることになる。このことについては既に述べたが、これが育児サークルの「マイナスの効果」である。

このように育児サークル活動の効果を四つにカテゴリー化すると、表7－16のようになる。大多数の母親（八六・六％）は育児サークルに参加することによって話し相手や仲間ができ、生活にも張りができて、育児サークルは自分にとってプラスだったとポジティブに評価している。また多くの母親（七八・三％）は子どもに遊び仲間ができて、子どもにとってもプラスだったと評価している。そしてほぼ半数の母親（四八・一％）は育児行為を遂行していく上で育児サークルでの学習が役に立ち、そのために自信もできて育児についての不安も軽減したとして育児サークルを肯定的に評価している。

しかしその反面、少数ではあるが（一三・〇％）、育児サークルへの参加が他の母親や他の子どもとの比較対照の機会となり、そのためにコンプレックスを持つようになって不安感や焦燥感をかき立てられ、かえってマイナスだったと否定的に評価する母親もいる。育児サークルは母親にとってプラスの効果をもたらすばかりでなく、マイナスの効果をもたらすこともあるというわけである。

こうした育児サークル活動の効果と育児サークルへの参加型との関連を育児不安のタイプ別に見たのが表7－17～表7－20である。どのようなタイプの育児不安に対して、どのような育児サークルへの参加型がどのような効果をもたらすのかというわけである。

表７-17　参加型別による育児サークル活動の効果と「育児についての不快感情」

（%，（　）内は実数）

参加型	育児サークル活動の効果		不快感情		全　体
			低い群	高い群	
(A)母親中心型	母親に対する効果	あり	61.5	38.5	(148) 100.0
		なし	50.0	50.0	(10) 100.0
	育児に対する効果　＊	あり	68.2	31.8	(88) 100.0
		なし	51.4	48.6	(70) 100.0
	子どもに対する効果	あり	62.7	37.3	(118) 100.0
		なし	55.0	45.0	(40) 100.0
	マイナスの効果	あり	56.0	44.0	(25) 100.0
		なし	61.7	38.3	(133) 100.0
(B)子ども中心型	母親に対する効果	あり	64.4	35.6	(284) 100.0
		なし	67.6	32.4	(37) 100.0
	育児に対する効果	あり	65.8	34.2	(149) 100.0
		なし	64.0	36.0	(172) 100.0
	子どもに対する効果	あり	63.1	36.9	(274) 100.0
		なし	74.5	25.5	(47) 100.0
	マイナスの効果　＊＊	あり	42.9	57.1	(42) 100.0
		なし	68.1	31.9	(279) 100.0
(β)消極型	母親に対する効果	あり	55.1	44.9	(89) 100.0
		なし	60.0	40.0	(15) 100.0
	育児に対する効果	あり	61.5	38.5	(52) 100.0
		なし	50.0	50.0	(52) 100.0
	子どもに対する効果	あり	57.8	42.2	(83) 100.0
		なし	47.6	52.4	(21) 100.0
	マイナスの効果　†	あり	35.7	64.3	(14) 100.0
		なし	58.9	41.1	(90) 100.0

（注）有意差検定

＊＊　$p < 0.01$

＊　$p < 0.05$

†　$p < 0.10$

まず、「育児についての不快感情」について、育児サークルへの参加型とその効果との関連を見ると（表7－17）、（A）母親中心型では「育児に対する効果」に有意差が示された。すなわち仲間づくりとか育児の学習という目的をもって育児サークルに参加した母親のうち、育児の学習が役立ち、そのために自信もでき、不安も軽減されたとして「育児に対する効果」をポジティブに評価する母親は「育児についての不快感情」が低いが（六八・二%）、逆に「育児に対する効果」はないとして否定的に評価する母親は「育児についての不快感情」が高くなっている（四八・六%）。同様の傾向は「母親に対する効果」にも「子どもに対する効果」にも見られ、それぞれの効果を肯定的に評価している母親は「育児についての不快感情」が低いが（それぞれ六一・五%、六二・七%）、それぞれの効果を否定的に評価している（「マイナスの効果」あり）母親は不快感情が高い（それぞれ五〇・〇%、四五・〇%）。だが有意差はない。

しかし子どもの仲間づくりを目的にサークルに参加する（B）子ども中心型は「マイナスの効果」に有意差が示されている。前述のように、母親が他の子どもと比較して自分の子どもに何らかのコンプレックスを感じれば（マイナスの効果あり）、「子どもの成長・発達についての不安」がかき立てられ、その不安はさらに「母親自身の育児能力に対する不安」をあおるようになる。実際、表7－18および表7－19に見るように、（B）子ども中心型のうち、他の子どもと比較して自分の子どもにコンプレックスを持つような（マイナスの効果あり）母親は「子どもの成長・発達についての不安」が高く（四七・六%）（表7－18）、また「母親自身の育児能力に対する不安」もすこぶる高くなっている（七六・二%）（表7－19）。（B）子ども中心型は子どもの仲間づくりを目的に参加するのであるから、仲間としての他の子どもの心身のレベルに関心が集中し、自分の子どもと比較対照しがちになるのである。つまり（B）子ども中心型に対しては、育児サークルは他の子どもとの比較対照の機会を作っているのである。

表 7 - 18　参加型別による育児サークル活動の効果と「子どもの成長・発達についての不安」

（%，（　）内は実数）

参加型	育児サークル活動の効果			成長・発達についての不安 低い群	成長・発達についての不安 高い群	全体
(A)母親中心型	母親に対する効果		あり	68.2	31.8	(148) 100.0
			なし	72.7	27.3	(11) 100.0
	育児に対する効果		あり	66.3	33.7	(89) 100.0
			なし	71.4	28.6	(70) 100.0
	子どもに対する効果		あり	70.3	29.7	(118) 100.0
			なし	63.4	36.6	(41) 100.0
	マイナスの効果	†	あり	48.0	52.0	(25) 100.0
			なし	72.4	27.6	(134) 100.0
(B)子ども中心型	母親に対する効果		あり	65.3	34.7	(285) 100.0
			なし	54.1	45.9	(37) 100.0
	育児に対する効果		あり	68.5	31.5	(149) 100.0
			なし	60.1	39.9	(173) 100.0
	子どもに対する効果		あり	62.9	37.1	(275) 100.0
			なし	70.2	29.8	(47) 100.0
	マイナスの効果	＊	あり	52.4	47.6	(42) 100.0
			なし	65.7	34.3	(280) 100.0
(β)消極型	母親に対する効果		あり	67.0	33.0	(91) 100.0
			なし	60.0	40.0	(15) 100.0
	育児に対する効果		あり	66.0	34.0	(53) 100.0
			なし	66.0	34.0	(53) 100.0
	子どもに対する効果		あり	70.2	29.8	(84) 100.0
			なし	50.0	50.0	(22) 100.0
	マイナスの効果	＊＊	あり	35.7	64.3	(14) 100.0
			なし	70.7	29.3	(92) 100.0

（注）有意差検定

＊＊　$p < 0.01$

＊　$p < 0.05$

†　$p < 0.10$

（β）消極型は、他のメンバーの勧誘により、さしたる目的もないままに参加したパッシブなタイプであるが、「マイナスの効果」に有意差が見られる（表7‐17）。すなわち消極的な参加型であっても、他の子どもと比較して自分の子どもにコンプレックスを感じることがあり（マイナスの効果あり）、そうした母親は「育児についての不快感情」も高いが（六四・三％）、また表7‐18～表7‐20に見るように、「子どもの成長・発達についての不安」も高く（六四・三％）、「母親自身の育児能力に対する不安」も相当に高い（七一・四％）。さらに「育児負担感・育児束縛感から生じる不安」についてはは際だって高くなっている（八五・七％）。

この（β）消極型は、もともとサークル活動に対して積極的な意義を見出そうという意識に乏しい。視線はむしろ集団のメンバーに向いている。メンバーにはどのような人がいるのか、メンバーは自分の参加を受け入れてくれるのか、自分はそのメンバーを受け入れることができるのか、自分がメンバーとして溶け込めるのか、あるいはメンバー（母親）の子どもはどんな子どもなのかと言った一抹の不安のゆえである。そのために他のメンバーである母親や子どもに視線が向き、比較対照するようになるのである。そしてその差異に気づけば、その差異が些細なものであっても、その差異を強く意識してコンプレックスを持つようになる。したがって（β）消極型にとって育児サークルは、（B）子ども中心型以上に、他のメンバーとの比較対照として機能しているのである。だから表7‐17～表7‐20に見るように、どのようなタイプの育児不安についても（β）消極型は「マイナス効果」に明確な差異を示しており、そして、マイナスの効果ありとしてサークル活動を否定的に評価している母親は育児不安が高く、マイナスの効果なしとしてサークル活動を肯定的に評価している母親は育児不安が低い。

表7‐18は、「子どもの成長・発達についての不安」であるが、いずれの参加型にも「マイナスの効果」に有意差が見られる。母親中心型の「マイナス効果」は、先に述べたように母親が育児知識や育児経験の豊富な他の母親に接触することによって、これまで遂行してきた自身の育児行為に対する確信が揺らいで動揺を来たし（マイナス

の効果あり）、にわかに「子どもの成長・発達についての不安」がかき立てられることを端的に示している。また子ども中心型の「マイナス効果」についても、そしてまた消極型についても、同様に、母親が他の子どもと比較対照して自分の子どもにコンプレックスをいだくようになれば（マイナスの効果あり）、「子どもの成長・発達についての不安」がせり上がってこよう。

このように、「子どもの成長・発達についての不安」のタイプでは、いずれの参加型も自分の子どもと他の子どもとを比較対照し、そのために些細な差異であっても、その差異のゆえに不安や焦燥をかき立てられるのである。だが、サークルに参加しても他のメンバーや子どもと自分たち親子とを比較することがなければ（マイナスの効果なし）、母親は「子どもの成長・発達についての不安」をいだくことはない。

表7-19は、「母親自身の育児能力に対する不安」について見たものである。母親中心型では「母親に対する効果」に、そして（B）子ども中心型と（β）消極型ではそれぞれ「マイナス効果」に有意差が見られた。（A）母親中心型は、話し相手や仲間づくりを目的にした参加型であるからサークル活動にも積極的で、したがって話し相手や仲間との交流・協力も進み、そうした相互交流や相互協力によって、それまでいだいていた「母親自身の育児能力に対する不安」も軽減され、生活にも張りができたのである。

（B）子ども中心型の「マイナス効果」は、母親が他の子どもと比較して自分の子どもにコンプレックスをいだく場合であり（マイナスの効果あり）、そのために母親は「子どもの成長・発達についての不安」にとらわれることになる。そしてそれは母親自身の無能力のゆえではないかとして「母親自身の育児能力に対する不安」を引き起こすことになる。（β）消極型も同様に、母親が他の育児知識や経験の豊富な母親に接して気後れし、あるいは自信喪失すれば（マイナスの効果あり）、「母親自身の育児能力に対する不安」を募らせるだろうし、自分の子どもにコンプレックスをいだけば（マイナスの効果あり）、「子どもの成長・発達についての不安」に取り付かれることに

表7－19　参加型別による育児サークル活動の効果と「母親自身の育児能力に対する不安」

（%，（　）内は実数）

参加型	育児サークル活動の効果			育児能力に対する不安		全体
				低い群	高い群	
(A)母親中心型	母親に対する効果	＊	あり	53.4	46.6	(148) 100.0
			なし	18.2	81.8	(11) 100.0
	育児に対する効果		あり	55.1	44.9	(89) 100.0
			なし	45.7	54.3	(70) 100.0
	子どもに対する効果		あり	52.5	47.5	(118) 100.0
			なし	46.3	53.7	(41) 100.0
	マイナスの効果		あり	40.0	60.0	(25) 100.0
			なし	53.0	47.0	(134) 100.0
(B)子ども中心型	母親に対する効果		あり	54.4	45.6	(285) 100.0
			なし	40.5	59.5	(37) 100.0
	育児に対する効果		あり	51.0	49.0	(149) 100.0
			なし	54.3	45.7	(173) 100.0
	子どもに対する効果		あり	54.2	45.8	(275) 100.0
			なし	44.7	55.3	(47) 100.0
	マイナスの効果	＊＊	あり	23.8	76.2	(42) 100.0
			なし	57.1	42.9	(280) 100.0
(β)消極型	母親に対する効果		あり	50.5	49.5	(91) 100.0
			なし	60.0	40.0	(15) 100.0
	育児に対する効果		あり	52.8	47.2	(53) 100.0
			なし	50.9	49.1	(53) 100.0
	子どもに対する効果		あり	51.2	48.8	(84) 100.0
			なし	54.5	45.5	(22) 100.0
	マイナスの効果	†	あり	28.6	71.4	(14) 100.0
			なし	55.4	44.6	(92) 100.0

（注）有意差検定

＊＊　$p < 0.01$

＊　$p < 0.05$

†　$p < 0.10$

表7－20　参加型別による育児サークル活動の効果と「育児負担感・育児束縛感から生じる不安」

（%，（　）内は実数）

参加型	育児サークル活動の効果		負担感・拘束感からの不安 低い群	負担感・拘束感からの不安 高い群	全体
(A)母親中心型	母親に対する効果	あり	52.0	48.0	(148) 100.0
		なし	27.3	72.7	(11) 100.0
	育児に対する効果	あり	50.6	49.4	(89) 100.0
		なし	50.0	50.0	(70) 100.0
	子どもに対する効果	あり	48.3	51.7	(118) 100.0
		なし	56.1	43.9	(41) 100.0
	マイナスの効果	あり	44.0	56.0	(25) 100.0
		なし	51.5	48.5	(134) 100.0
(B)子ども中心型	母親に対する効果	あり	53.2	46.8	(284) 100.0
		なし	54.1	45.9	(37) 100.0
	育児に対する効果	あり	56.1	43.9	(148) 100.0
		なし	50.9	49.1	(173) 100.0
	子どもに対する効果	あり	53.6	46.4	(274) 100.0
		なし	51.1	48.9	(47) 100.0
	マイナスの効果	あり	50.0	50.0	(42) 100.0
		なし	53.8	46.2	(279) 100.0
(β)消極型	母親に対する効果	あり	49.5	50.5	(91) 100.0
		なし	60.0	40.0	(15) 100.0
	育児に対する効果	あり	56.6	43.4	(53) 100.0
		なし	45.3	54.7	(53) 100.0
	子どもに対する効果	あり	54.8	45.2	(84) 100.0
		なし	36.4	63.6	(22) 100.0
	マイナスの効果　＊＊	あり	14.3	85.7	(14) 100.0
		なし	50.9	49.1	(92) 100.0

（注）有意差検定

＊＊　$p < 0.01$

＊　$p < 0.05$

†　$p < 0.10$

なるだろう。

表7－20の「育児負担感・育児束縛感から生じる不安」については、（β）消極型の「マイナス効果」のみに有意差が示された。豊富な育児経験、そしてまた充実した生活経験を語る他の母親と自身の現実の生活とを比較して、その格差を思い知らされれば、コンプレックスをいだくと同時に羨望を感じて（マイナスの効果あり）、「育児負担感・育児束縛感」を強く感じるのである。

このように育児サークル活動は、どのようなタイプの育児不安であれ、母親の育児不安を軽減・解消するような効果をもたらし、そしてそうしたプラスの効果の方が多いが、しかしその一方で、育児サークルへの参加が他のメンバーとの比較対象の機会を作り出し、そのために母親が自身に対してであれ、子どもに対してであれコンプレックスを感じれば、母親は、どのようなタイプの育児不安であれ、募らせていく。こうしたマイナスの効果は多くはないが、より明確に表れている。

5　要約と結論

母親の育児不安を軽減・解消することを目的に自発的に形成されたインフォーマルな育児サークルの活動効果を分析してきたが、分析の結果、以下の事実を指摘できる。

（1）育児サークルは乳幼児の母親が参加する集団であるから母親の年齢幅も一定であり、三〇歳代が大半を占める。

（2）母親は、第一子の時は子どものためよりも自分自身のために育児サークルに参加する場合が多い。

（3）子どもの遊び仲間づくりを目的に育児サークルに参加する母親は、子どもが一歳前後が多い。

（4）母親が自分自身のために参加するのは、居住歴が短く、近隣関係も希薄なために話し相手や交流する仲間がいないためであり、またそうした状況のために地域の人が子どもを見守ってくれているとは思っていない。

（5）育児サークルの参加者の大部分は、積極的参加であれ消極的参加であれ、サークル活動への参加度は高く、またサークル活動に対する満足度も高い。

（6）育児サークルに参加することによって話し相手や仲間を作ることができ、また育児についての学習効果もあるとして、多くの母親は育児サークル活動を肯定的に評価している。

（7）育児サークルに参加することによって子どもに遊び仲間ができるため、子どもにとっても育児サークルは効果があったとして肯定的に評価している母親が多い。

（8）育児サークルは母親の育児不安を軽減・解消することを目的としており、実際、多くの場合は、そのようにプラスに機能しているが、その反面、育児不安を高めるようにマイナスに機能する場合もある。

（9）育児サークルが母親の育児不安を高めるようにマイナスに機能するのは、育児サークルへの参加が他のメンバーや子どもとの比較対照の機会を作り出し、その結果、母親が何らかのコンプレックスを感じるようになる場合である。

（10）育児サークルに参加して母親が他の子どもと比較対照して自分の子どもにコンプレックスを感じれば、母親は子どもの態度・行動に「不快感情」を感じることがある。

（11）他の子どもと比較して母親が自分の子どもにコンプレックスを感じれば、母親は「子どもの成長・発達についての不安」を募らせるようになる。この不安はさらに「母親自身の育児能力に対する不安」となって表れる。

（12）育児サークルに参加して育児知識や育児経験の豊富な他の母親に接すれば、母親は自身の遂行してきた育児行為に不安をいだき、「母親自身の育児能力に対する不安」にとらわれるようになる。
（13）育児サークルに参加して母親が他の母親の充実した生活経験や豊富な育児経験に接すれば、自身の現実生活とに格差を感じ、それがコンプレックスとなって「育児負担感・育児束縛感」を募らせていく。

以上、母親の育児不安の軽減・解消を目的とした育児サークルの活動効果を分析してきたが、その結果、次のように結論づけることができる。

母親の育児不安の軽減・解消を目的に形成されたインフォーマルな、かつ自発的な育児サークルは、その目的通りに母親の育児不安を軽減・解消するように機能する。しかしその一方で育児サークルが参加メンバー間の比較対照の機会を作り、それが母親にコンプレックスを抱かせ、育児不安を募らせるように逆機能的に作用する場合もある。

【注】
（1）丹羽洋子『今どきの子育て事情』には、最近の若い母親が何事につけて不安をいだいていることが示されている。
（2）子どもを育てていて負担に思うことや悩みについての質問の回答（複数回答）。厚生労働省『21世紀出生児縦断調査の概況』第一回（調査時期二〇〇一―二〇〇二）～第四回（二〇〇四―二〇〇五）。この調査は同一客体を追跡調査する縦断調査として二〇〇一年度から実施している。
（3）国立社会保障・人口問題研究所の調査によれば、理想の子ども数を持たない理由は「子育てや教育にお金がかかりすぎるから」が六五・九％と最も多い。次いで「高年齢で生むのはいやだから」三八・〇％、「これ以上、育児の心理的、肉体的負担に耐えられないから」二一・六％、「自分の仕事（勤めや家業）に差し支えるから」一七・五％となっている（複数回答）。国立社会保障・人口問題研究所（編集）二〇〇七、一九頁。調査対象：五〇歳未満の有配偶女性。調査期間：二〇〇六年六月。回収票数七、二九六（九一・五％）。

（4）厚生労働省『21世紀出生児縦断調査の概況』第四回（二〇〇四―二〇〇五）、五頁。
（5）厚生労働省『21世紀出生児縦断調査の概況』第五回（二〇〇五―二〇〇六）～第七回（二〇〇八）。ただし第七回の対象児は年齢七歳。
（6）厚生労働省『21世紀出生児縦断調査の概況』第四回（二〇〇四―二〇〇五）、一八頁。第四回調査では「気持ちに余裕をもって子どもに接することができない」など新たな回答項目が追加されている。
（7）小学館「新小学一年生に関する母親の意識調査」。調査対象：小学一年生となる子どもの母親（二〇～四〇歳代）五〇〇人、調査方法：インターネットで実施、調査時期：二〇一〇年一一月。
（8）しかし保健所に登録されているサークルといっても必ずしも多くはない。サークルの方から保健所に届け出ることになっているからアドバイスの依頼とか活動場所の依頼等の必要がなければ届け出ないのだろうと思われる。福岡市七区のうち協力を得られた六区の保健所は、いずれも把握しているサークルは二〇程度であった。

［引用文献］

厚生労働省、二〇〇一―二〇〇八、『21世紀出生児縦断調査結果の概況』第一回～第七回。

国立社会保障・人口問題研究所（編集）二〇〇七、『平成17年わが国夫婦の結婚過程と出生力――第一三回出生動向基本調査――』（財団法人厚生統計協会）。

牧野カツコ、一九八一、「乳幼児をもつ母親の生活と〈育児不安〉」『家庭教育研究所』第二号。

野村総合研究所、二〇〇一、「［続］変わりゆく日本人」、野村総合研究所広報部。

丹羽洋子、一九九九、『今どきの子育て事情』、ミネルヴァ書房。

住田正樹、一九九九、「母親の育児不安と夫婦関係」日本子ども社会学会編『子ども社会研究』五号。三―一八頁（住田正樹、二〇〇一、『地域社会と教育』九州大学出版会。第七章に所収）

第Ⅳ部

子ども社会学の現在

第8章 現代日本の子ども観

1 問題とアプローチ

どの社会や集団にも、その社会や集団の成員が共有している、子どもについての一般的な認識や意識、あるいは表象といった観念がある。これが子ども観である。

子ども観は、現象としては、個々人がいだく子どもについての観念であるから主観的な側面がある。しかし全くの主観的現象ではない。社会や集団は基本的な価値と規範の体系を共有しているから、その共有している価値と規範の体系にしたがって、人々は子どもについても基本的に共通な観念を形成している。したがって、たとえ個々人の子ども観が異なっているように見えても、大局的に見れば、そこには多くの人々に共通している客観的な側面が見られるのである。

このように子ども観は、その社会や集団の成員に共有された観念であるから、人々はその社会や集団の子ども観にしたがって子どもに対して実際に働きかけるのである。子ども観はその社会や集団の成員に対して子どもの取り扱いに特定の方向づけを与える。子ども観は子どもに対する人々の態度・行動を媒介する内面的要因なのである。したがって子どもに対する人々の態度・行動を理解するためには、その社会や集団の子ども観の内容を明らかにしなければならない。子ども観の内容を分析することによって、子どもに対する人々の働きかけの動機・目的や相互作用状況、人々が子どもに対していだいている信念や価値感情、その社会や集団における子どもの社会的位置や子どもの発達の方向性（社会化の目標と方法）を理解することができる。あるいは、子ども観の内容やその具体的な行動形態を比較文化的に分析することによって、日本の子どもに特有の社会化の様相とその結果を把握することができるし、またある地域の子どもに特有の社会化の様相とその結果を明らかにすることができる。翻って、子ども観は、右に述べたように、ある時代、あるいはある社会や集団に属する人々の、子どもの取り扱いに対して特定の方向づけを与えるから、小嶋の言うように（一九八二：五）、子どもの観察や見方に特定のバイアスをかけることもある。子ども観は子どもの研究を導くモデルやパラダイムにも影響するのである。

しかしながら、これまで、その社会や集団の人々が共有している子ども観を実証的に分析した研究はあまり見られない。これまでの子ども観研究は、大まかに言えば、①風俗、習慣・儀礼・行事など伝統的文化に見られる子どもの行動様式についての研究、②文学・絵画・映画など芸術作品に描かれている子ども像についての研究、③歴史的資料としての教育書・育児書に見られる子ども観・育児観あるいは思想家の子ども観といった歴史的・思想史的研究が中心であった。子どもについての、人々の一般的認識や考え、イメージ、子どもに対する見方についての社会意識論的な実証的研究はいたって少ない。しかもその少数の研究も子ども観を明確に定義し、概念化した研究ではない。

本章の目的は、人々が共有している子ども観を相互に関連する構成諸要素に分けて概念化し、枠組みを構成して実証的に分析し、今日の子ども観の内容と現実を明らかにすることである。

さて、子ども観は、大きく三つの体系から構成されていると考えることができる。信念・価値的体系、認知的体系、心象的体系である。ここで体系とはその領域において何ほどかの論理的な一貫性をもってまとまった全体を意味している。

信念・価値的体系は、二つの要素から成る。信念的要素と価値的要素である。信念的要素は子どもの属性や特質、子ども期の特性や子どもの発達についての確信的な考えである。子どもと位置づけられる時期や発達段階、子どもとされる期間、その子ども期の特性あるいは子どもとしての特質、子ども本来の発達の仕方や発達過程、また子どもの取るべき規範的行動についての考え、子どもの育て方などについて人々が共有している確信的な見方・考え方である。価値的要素は子どもの発達の目標やしつけの目標、人々が期待する子ども像とか理想とする子ども像、子どもに対して人々が取るべき望ましい関係・態度・行動、子どもの発達にとっての望ましい環境など人々が本来の子どもの姿として望ましいとする共有的な見方・考え方である。

認知的体系とは、子どもの事実に対する事象の把握や理解、その事実に伴う感情や評価といった、現実の子どもに対する人々の対応的な側面のことである。これには三つの要素がある。認識的要素、感情的要素、評価的要素である。認識的要素とは子どもの考え方や態度・行動、またコミュニケーションの仕方や身なりなど実際の子どもの姿や振舞いに対する人々の認識や理解・判断を意味し、感情的要素とは、そうした実際の子どもの姿や振舞いに対して人々がいだく快・不快といった感情を意味する。また評価的要素とは、実際の子どもの姿や振舞いに対する人々の評価、判定を意味する。このうち認識的要素と感情的要素は相互規定的な関係にあるが、評価的要素は、これら二つの要素によって規定されるという関係にある。

心象的体系とは、実際の子どもの姿や振舞いに対して人々が抱く子どもについての全体的イメージのことである。したがって人々の、こうした全体的イメージは、認知的体系に強く規定される。人々が子どもの現実の姿や振舞いを肯定的に捉えるならば（認識的要素）、子どもに対して好感を持ち（感情的要素）、現実の子どもの姿や振舞いを肯定的に評価して（評価的要素）、人々は子どもに対して全体的に肯定的な、好意的なイメージを持つだろう

（心象的体系）。しかし人々が子どもの現実の姿や振舞いを否定的に捉えるならば、子どもに対して否定的な、嫌悪的な感情を持つようになって、現実の子どもの姿や振舞いを否定的に評価するようになり、子どもに対して全体的に否定的な、悪感情的なイメージを持つようになるだろう。

こうした子ども観を構成する三つの体系の関係は、まず人々が考えている子どもの属性や特性、また本来のあるべき子ども像といった信念・価値的体系があり、そしてそうした視点からの、子どもの現実の姿や振舞いに対する認識・感情・評価といった認知的体系があって、さらにその認知的体系に規定されるという形で人々がいだく子どもに対しての全体的イメージという心象的体系がある。信念・価値的体系が認知的体系を規定し、その認知的体系が心象的体系を規定するという関係にある。こうした三つの体系が規定的に関連しあって全体としての子ども観が形成され、その社会や集団の子ども観として機能しているのである。

以下では、こうした枠組みにしたがって子ども観を分析していく。使用するデータは、「現代日本の子ども観に関する実証的研究」と題する科学研究費による調査データの一部である。福岡県内において都市圏を構成している中核都市（K市）と周辺の郊外地域（TN町・TC町）に居住する二〇歳以上の住民を母集団とし、層化二段階抽出法による標本二、五〇三人を対象にして、二〇〇三（平成一五）年七～八月に郵送法による調査を実施した。標本は各市町の選挙人名簿（平成一五年六月現在）から抽出した。有効回収票は一、三四九票、回収率は五三・九％であった。質問紙を郵送した一〇日後に督促状を一回郵送した。

いま対象者の属性を見ると、性別では男性四〇・二％、女性五九・八％、年齢別では二〇～三〇歳代の若年世代二一・二％（男性一八・四％、女性二三・〇％）、四〇～五〇歳代の中年世代三八・〇％（男性三四・〇％、女性四〇・七％）、六〇歳代以上の高年世代四〇・八％（男性四七・六％、女性三六・四％）であった。

2 調査結果の分析

(1) 信念・価値的体系の側面

信念・価値的体系は多様な側面があるが、ここでは子ども期の期間と子どもとしての特質、人々の理想とする子ども像、子どもの発達にとっての環境を取り上げた。

表8－1は子どもとされる時期の開始時期と終了時期を見たものである。一～三歳から子ども期が始まり一二歳までに終わるとするものが全体の二割（二〇・四％）である。しかし一二歳以下と言っても、さらに区分してみると、そのうち一〇～一二歳が九〇・五％を占め、三～九歳は九・五％でしかないから、子ども期は一～三歳から始まり、一〇～一二歳に終わるとしているのが最も多いというわけである。次いで四～六歳から始まり一〇～一二歳で終わるとするものが一六・八％、一～三歳から一三～一五歳とするものが一二・〇％、四～六歳から一三～一五歳とするものが九・一％であり、五八・三％が一～六歳から一〇～一五歳の期間が子ども期であるとしている。一口に子ども期と言っても、その年齢幅は相当に広がっている。いま、子ども期の開始時期と終了時期の平均年齢を見ると、始まりは二・九一歳、終わりは一三・九一歳となっている。だから子ども期はおおよそ三歳から始まり一四歳で終わるというわけである。三歳というのは幼児期の段階であり、この時期の特徴は何と言っても有意味言語の獲得である。言語を獲得することによって子どもは自我を形成し、また社会的関係を広げていく。保育園、幼稚園での集団生活が始まるのもこの時期である。したがって一般的には、状況認識も言語表現も不十分ではあるものの、ようやく他者とのコミュニケーションが可能となり、他者との共同生活が始まる時期、つまり社会生活が始まる時期、言い換えれば大人と同じような生活が可能になるような時期を子ども期の始まりと見なしているわけであ

表8－1　子ども期の開始年齢と終了時期　（%：（　）内は実数）

子ども期の開始時期	子ども期の終了時期				計
	12歳以下まで	13～15歳まで	16～18歳まで	19歳以上	
生まれたときから	32.3 8.1	25.6 6.4	23.5 5.9	18.6 4.7	100.0（　328） 25.1
1～3歳から	51.9 20.4	30.4 12.0	13.6 5.4	4.1 1.6	100.0（　513） 39.3
4～6歳から	56.3 16.8	30.6 9.1	11.6 3.4	1.5 0.5	100.0（　389） 29.8
7歳以上から	26.7 1.5	49.3 2.8	18.7 1.1	5.3 0.3	100.0（　75） 5.7
計	46.8 (611)	30.3 (396)	15.8 (206)	7.0 (92)	100.0（1,305） 100.0（1,305）

（注1）無回答・不明を除く。以下同様。
（注2）上段：横100.0%
　　　　下段：総和に対する比率

表8－2　最も子どもらしい時期　（%：（　）内は実数）

生まれたとき	1.1（　14）
幼稚園に入る前くらいまで	11.9（　158）
幼稚園くらいの子ども	33.7（　446）
小学校低学年くらいの子ども	47.4（　628）
小学校高学年くらいの子ども	4.4（　58）
中学生くらいの子ども	1.0（　13）
高校生くらいの子ども	0.2（　3）
その他	0.4（　5）
計	100.0（1,325）

る。そして一四歳という子ども期の終わりは、次の発達段階の青年期の開始時期に当たる。児童期の終わりで青年期に入るという、この時期の、最も特徴的なことは第二次性徴と第二反抗期ということである。この時期、第二次性徴という身体面での変化が急速に現れ始めるようになり、またそれまでの親への依存性から脱却して独立性の獲得、すなわち自我の確立を模索し始めるようになる。自我の確立の模索というのは、具体的には親や年長者、さらには大人一般に対する反抗という強い自己主張として現れる。これが第二反抗期である。

したがって一般的に言えば、他者とのコミュニケーションと社会生活の開始、そして第二次性徴という身体的特徴と自立欲求のための反抗的態度といった、いわば人々にとって可視的な特徴的事象を子ども期の開始と終了の区切りにしているのである。端的に、子ども期＝幼児期および児童期と見なしているわけである。

このように子ども期は、おおよそ三歳から一四歳という一〇年余の期間とされているのであるが、そのなかでも最も子どもらしい時期を尋ねると表8‐2のようである。幼稚園くらい（三三・七％）および小学校低学年くらい（四七・四％）の時期で、八割を占めている。年齢で言えば、四〜八歳くらいだろう。そしてその理由を見たのが表8‐3である。この表は、表8‐2の、子どもらしいとする四つの時期、すなわち（a）幼稚園に入る前くらいまで、（b）幼稚園くらい、（c）小学校低学年くらい、（d）小学校高学年くらいの四つの時期について、子どもらしいとする理由、つまり「子どもらしい」の中身、内容について見たものである。一見して明らかなように、子どもらしいとする時期によって、その内容は異なる。（a）幼稚園入園前から（b）幼稚園くらいという時期では「無邪気で純粋」、「大人に甘える／頼る」が多いが、（b）幼稚園くらいから（c）小学校低学年の時期になると「明るく大らか」、「元気よく遊ぶ」が多くなり、（c）小学校低学年から（d）小学校高学年の時期になると「まじめで素直」、「幼稚園や学校の先生の言うことをよく聞く」、「仲間とグループを作る」、「礼儀正しい」、「自主的に活動」が多くなるというように「子どもらしい」とする内容は異なってくる（いずれも有意差あり）。同じ子ども期

(%)

先生の言うことをよく聞く	よく勉強する	仲間とグループを作る	元気よく遊ぶ	礼儀正しい	自主的に活動
3.8	–	0.6	25.3	0.6	1.9
15.2	0.9	2.5	35.7	3.6	3.4
19.9	1.9	7.3	46.0	7.0	3.7
15.5	6.9	19.0	31.0	12.1	10.3
16.1	1.6	5.3	39.2	5.3	3.6
＊＊＊		＊＊＊	＊＊＊	＊＊＊	＊

であっても、その範囲のなかで年齢とともに、子どもらしいとする内容は、大まかに言って、依存から自立へ、あるいは個人から集団人へという方向に向けて変化しているようである。大人に依存し保護されるなかでの子どもの個々の無邪気な、純粋な活動から子ども同士が仲間とグループを作り、元気よく楽しく遊ぶという集団的・自立的な活動への移行である。ただし、子どもの自立的な活動といっても、それはあくまでも大人の下位にあって集団規律を守る限りにおいてである。「幼稚園や学校の先生の言うことをよく聞」いて、「まじめで素直」で「礼儀正しい」子どもが「子どもらしい」のである。

こうした「子どもらしい」とする内容は、人々が理想としている子ども像、子どもらしいと考えている子ども像にも表れている。表8-4のように、子どもは勉強よりも仲間や友だちと遊ぶことの方が重要であり（C）、少しくらい危険な遊びをしても当然（A）なのであり、友だちが困っていれば助けてあげる（B）ほどの仲間意識や友情を持つべきなのだ。そして仲間に対しても自分の意見をきちんと主張できるようでないといけない（G）。要するに仲間と一緒に仲良く、元気よく遊ぶ子どもが理想とされ、そのような子どもが期待されているのである。しかしあくまでも未だ子どもであるから、仲間や友だちの言うことよりも親や先生の言うことを聞き（E）、それにしたがうべき

表8－3　「子どもらしい」の内容（複数回答）

	無邪気 純粋	明るく 大らか	優しい 穏やか	まじめ 素直	大人に 従順	大人に 甘える ／頼る
（a）幼稚園に入る前	93.7	27.8	8.2	24.1	10.8	25.9
（b）幼稚園くらい	80.3	31.6	7.8	20.9	16.6	24.9
（c）小学校低学年	58.6	33.3	6.5	29.5	19.3	14.3
（d）小学校高学年	34.5	24.1	8.6	27.6	12.1	20.7
計	69.3	31.6	7.3	25.7	17.0	19.7
有意差検定	＊＊＊			＊		＊＊＊

（注1）有意差検定
＊＊＊ p≦0.001　　＊＊ 0.001＜p≦0.01　　＊ 0.01＜p≦0.05

であって（D）、子どもであっても社会規範を守り（H）、礼儀正しくすべきなのである（F）。人々が抱いている理想的な子ども像は、大人の言うことをよく聞き、社会の規範を守りながら仲間と一緒に元気よく遊ぶ子どもなのだ。

そして「子どもは生まれつき一人ひとり能力も違うし、資質も違う」（表8－5、B）のだけれども、「子どもの発達にとっては素質よりも環境が重要」（表8－5、C）なのであって、したがってそうした環境をコントロールするように「大人がしっかりとしつけや教育をすることが必要」（表8－5、A）だと人々は考えている。

それでは現代のような複雑な社会ではどのような要因が子どもの発達に大きく影響するかと言えば、表8－6にあるように、八割が「家庭環境」をあげている（ただし複数回答）。言うまでもなく子どもは家族のなかで生まれ育ち、そのなかで人間としての最も基礎的な部分を形成していく。人間の発達にとって初期環境の重要性は言うまでもないが、実はその最も初期の環境を形成しているのは家族であり、親なのである。そしてまた右に見たように、子どもに対して「大人がしっかりとしつけや教育をすることが必要」（表8－5、A）なのだが、その大人とは実は親なのである。だから親は子どもをしつけ、教育していくのだけれども、そうした親の子どもに対する態度・行動そ

表8－4　理想としている子ども像　(%)

A	a) 少しくらい危険な遊びをしても当然 b) 危険な遊びをしてはいけない	72.1 27.9	＊＊＊
B	a) 友だちに負けないように勉強すべきだ b) 友だちが分からなければ教えてあげるべきだ	9.4 90.6	＊＊＊
C	a) 勉強よりも仲間や友だちと遊ぶことの方が重要 b) 遊びよりも今のうちにしっかり勉強すべきだ	94.4 5.6	＊＊＊
D	a) 親の言うことにしたがうべきだ b) 親の言うことより自分でしたいことをするのが当然	69.0 31.0	＊＊＊
E	a) 仲間よりも親や先生などの言うことを聞くべき b) 大人の言うことより仲間のことを優先するのが当然	79.6 20.4	＊＊＊
F	a) 子どもでも礼儀正しくするのは当然 b) 子どもだから騒がしくても活発な方がよい	57.5 42.5	＊＊＊
G	a) みんなの意見に従うような子ども b) みんなと意見が違っても自分の意見を言える子ども	2.9 97.1	＊＊＊
H	a) 人に迷惑をかけないように社会のきまりを守るべき b) 社会のきまりに縛られないで自由に行動してもよい	96.7 3.3	＊＊＊

(注1) 右欄の有意差は，a) vs b)

(注2) 有意差検定（以下同様）

＊＊＊ $p \leqq 0.001$　＊＊ $0.001 < p \leqq 0.01$　＊ $0.01 < p \leqq 0.05$

表8－5　素質と環境の比較　(%)

A	a）子どもが発達していくためには，大人がしっかりとしつけや教育をすることが必要 b）子どもは，いろいろな能力を持っているから，大人は子どもの自然な発達を見守っていればよい	78.3 21.7	＊＊＊
B	a）子どもは，能力も資質も，みな同じように生まれついている b）子どもは，生まれつき一人ひとり能力も違うし，資質も違う	11.8 88.2	＊＊＊
C	a）子どもの発達にとって環境は素質よりも重要である b）子どもの発達には素質の方が環境よりも重要である	76.9 23.1	＊＊＊

(注1)：右欄の有意差は，a) vs b)

表8－6　子どもの発達に影響する現代社会の要因

（複数回答）％：（（　）内は実数）

本人自身の性格や資質	20.2（　270）
家庭環境	80.3（1,072）
友人や仲間	43.1（　576）
学校生活	10.4（　139）
地域社会の環境	18.8（　251）
社会の風潮や政治などの環境	19.2（　256）
その他	0.3（　　4）
	100.0（1,335）

のものが子どもの初期環境を形成しているのである。

家庭環境に次いで子どもの発達に大きな影響を及ぼすのは「友人・仲間」である（表8－6）。右に見たように、仲間と一緒に元気よく遊ぶ子どもが本来の子どもの姿だと人々は考えているのであるから、友人・仲間からの影響は大きいと考えているのであろう。これとは逆に子どもの発達に「学校生活」の影響があるとする考えは少ない。子どものうちは仲間と一緒に元気よく遊ぶべきであって「遊ぶことよりもしっかり勉強すべきだ」という勉強重視の考え方は少ないからであろうが（表8－4、C）、それは最も子どもらしい時期が（b）幼稚園児から（c）小学校低学年という幼児期・児童前期と考えているからである（表8－2）。この時期は「明るく大らか」に、そして「元気よく遊ぶ」べき時期なのだ（表8－3）。

(2)　認知的体系の構造

①　認識的要素と感情的要素の関連

認知的体系には、先に述べたように認識的要素、感情的要素、そして評価的要素があるが、まず認識的要素の側面から見てみる。

ここでは、今日の子どもたちの様態に対する人々の認識を分析するために、子どもたちの様態を六つの側面に区分した。（a）性格、（b）意識、

表8-7　今日の子どもたちに対する感情と認識（肯定の比率）　（%）

		(A) 感じがよく子どもが好き	(B) 感じがよくなく子どもが嫌い、どちらでもない	計	有意差検定 (A) vs (B)
(a) 性格	1) 自己中心的である (N)	66.9	88.5	85.7	***
	2) 親切で思いやりがある (P)	65.4	25.4	30.6	***
(b) 意識（考え方）	1) 社会道徳や規範意識，モラルに欠けている (N)	61.7	84.6	81.6	***
	2) 興味・関心が広い (P)	71.6	65.6	66.4	
(c) 態度	1) 基本的なマナーもできていないし，生活態度もわるい (N)	48.5	84.6	79.8	***
	2) 礼儀正しい (P)	49.1	14.5	19.1	***
(d) 人間関係	1) 友だちとのつきあい方が上手だ (P)	55.1	34.8	37.4	***
	2) 自分の気持ちを他人に伝えられない (N)	61.3	81.0	78.4	***
(e) 行動	1) 口先ばかりで実行しない (N)	42.5	72.9	68.9	***
	2) 物怖じしないで行動する (P)	80.9	76.8	77.3	
(f) 表現	1) 言葉づかいが乱暴だ (N)	53.3	82.1	78.4	***
	2) 服装が子どもらしくない (N)	31.0	69.2	64.1	***

（注）：（P）は肯定的項目，（N）は否定的項目

（c）態度、（d）人間関係、（e）行動、（f）表現（言葉と服装）である。そしてそれぞれの側面において肯定的な項目（P）と否定的な項目（N）をあげ（f表現を除く）、それぞれの項目の認否を問うた。表8-7がそれである。表には（A）（B）ともにそれぞれの項目について、その通りだと肯定した回答の比率を示している。計欄に見るように、全体的には、いずれの側面についても否定的な項目（N）の方が肯定的な項目（P）よりも相当に高い比率を示している。人々は今日の子どもたちを否定的に見ているわけである。ただし肯定的、否定的といってもそれぞれの項

目が対になっているわけではないから厳密な意味での比較ではなく、大ざっぱな傾向として人々は子どもたちを否定的に見ているというわけである。（f）表現については、いずれも否定的な項目（N）をあげたが、それぞれに高い比率を示しているから（七八・四％、六四・一％）、人々は子どもたちの言葉づかいや服装といった表現的側面についても否定的に見ているのである。

こうした、今日の子どもたちの様態に対する人々の否定的な認識の仕方は感情的要素にも表れている（後掲の表8－9）。人々の、今日の子どもたちに対する感情を尋ねると、「よい感じがして好きである」一三・一％（表8－9、②a肯定的）、「あまり感じがよくないので好きになれない」二一・〇％、「どちらとも言えない」六五・九％となっている。「どちらとも言えない」というのは少なくとも今日の子どもたちに対して好感を示し、積極的な肯定感をいだいているとは言えない回答であるから、これを否定的な感情のカテゴリーに含めれば、八六・九％となり（表8－9、②b否定的）、ほぼ九割近くの人々は今日の子どもたちに対して肯定的な感情、好感をいだいていないということになる。今日の子どもたちに対する人々の認識も感情も否定的な傾向にあるわけである。

しかしこの認識的要素と感情的要素は相互規定的な関係にある。子どもたちに対して肯定的な感情、好感をいだいていないから子どもたちの現実の様態に対する認識も否定的になり、逆に子どもたちの現実の様態に対する認識が否定的だから子どもたちに対する感情も否定的になるのである。右の表8－7は、子どもたちに対する感情と子どもたちの様態に対する認識との関係をも示している。（a）性格から（e）行動、（f）表現に至るまでの項目について、子どもたちに対する感情が「好き」という肯定的な場合（A）と子どもたちに対する感情が「嫌い、どちらとも言えない」という否定的な場合（B）を比較すると、ほとんどの項目（一二項目のうちの一〇項目）について、子どもたちに好感をいだいている場合（A）は子どもたちを肯定的に認識しているが、子どもたちに好感をいだいていない場合（B）は子どもたちを否定的に認識している（AB間にいずれも有意差あり。右欄）。子どもた

表8－8　今日の子どもたちに対する認識と感情　(%)

		回答	(A) 感じがよく子どもが好き	(B) 感じがよくなく子どもが嫌い、どちらでもない	YN別有意差検定
(a) 性格	1) 自己中心的である (N)	Y	10.2	89.8	＊＊＊
		N	30.3	69.7	
	2) 親切で思いやりがある (P)	Y	27.7	72.3	＊＊＊
		N	6.5	93.5	
(b) 意識（考え方）	1) 社会道徳や規範意識，モラルに欠けている (N)	Y	9.9	90.1	＊＊＊
		N	27.2	72.8	
	2) 興味・関心が広い (P)	Y	14.2	85.8	
		N	11.1	88.9	
(c) 態度	1) 基本的なマナーもできていないし，生活態度もわるい (N)	Y	8.1	91.9	＊＊＊
		N	33.7	66.3	
	2) 礼儀正しい (P)	Y	34.2	65.8	＊＊＊
		N	8.4	91.6	
(d) 人間関係	1) 友だちとのつきあい方が上手だ (P)	Y	19.3	80.7	＊＊＊
		N	9.4	90.6	
	2) 自分の気持ちを他人に伝えられない (N)	Y	10.3	89.7	＊＊＊
		N	23.7	76.3	
(e) 行動	1) 口先ばかりで実行しない (N)	Y	8.2	91.8	＊＊＊
		N	24.5	75.5	
	2) 物怖じしないで行動する (P)	Y	13.3	86.7	
		N	10.8	89.2	
(f) 表現	1) 言葉づかいが乱暴だ (N)	Y	8.9	91.1	＊＊＊
		N	28.2	71.8	
	2) 服装が子どもらしくない (N)	Y	6.3	93.7	＊＊＊
		N	25.3	74.7	

(注) 回答欄のYは肯定的回答，Nは否定的回答を示す。

ちに対して肯定的感情をいだいている人々は（好感をいだいている場合）、例えば（a－2）「今日の子どもは親切で思いやりがある」と認識している割合が六五・四％であるが、否定的な感情をいだいている人々（好感をいだいていない場合）では二五・四％に過ぎないし、（a－1）「今日の子どもは自己中心的だ」という否定的な項目では、子どもたちに対する感情が肯定的な人々であっても六六・九％と高い比率であるが、否定的な感情を抱いている人々ではさらに高く、八八・五％となっている。他の側面の項目についても同様である。したがって、子どもたちに対する感情のいかんによって子どもたちの現実の様態に対する認識の仕方が違うわけである。感情的要素が認識的要素を規定しているのである。

しかし逆に認識的要素が感情的要素を規定している側面もある。表8－8はその関係を見たものであるが、例えば（a－2）「今日の子どもは親切で思いやりがある」という意見を肯定している人々（Y）のうち子どもたちに対して肯定的な感情を持っているのは二七・七％（A欄）、否定的な感情を持っているのは七二・三％（B欄）であるが、逆に「今日の子どもは親切で思いやりがある」ことを否定している人々（N）のうち子どもたちに対して肯定的な感情を持っているのは六・五％（A欄）、否定的な感情を持っているのは九三・五％（B欄）であって、子どもたちの実際の性格的側面を肯定的に認識しているにしろ、否定的に認識しているにしろ、子どもたちに対する感情は否定的な場合が多いけれども、しかし全体的傾向としてみれば「今日の子どもは親切で思いやりがある」ことを肯定している人々（Y）は子どもたちに対しても肯定的な感情を抱き、「今日の子どもは親切で思いやりがある」ことを否定している人々（N）は子どもたちに対しても否定的な感情を抱いている傾向がある（AB間に有意差あり）。また（a－1）「今日の子どもは自己中心的だ」という否定的な項目では、そのように認識している人々（Y）、すなわち子どもの性格的側面を否定的に認識している人々のうち八九・八％が子どもたちに対して否定的な感情をいだき（B欄）、肯定的な感情を抱いているのは一〇・二％に過ぎないが（A欄）、「自己中心的」で

表8－9　子どもに対する感情　（％：（　）内は実数）

子どもに対する本来の感情	今日の子どもたちに対する感情		計
	②a　肯定的	②b　否定的	
①a　肯定的	15.6 86.5 11.4	84.4 70.9 61.6	100.0（971） 72.9 72.9
①b　否定的	6.5 13.5 1.8	93.5 29.1 25.3	100.0（361） 27.1 27.1
計	13.1 100.0 （174） 13.1	86.9 100.0 （1,158） 86.9	100.0（1,332） 100.0（1,332） 100.0（1,332）

（注1）否定的には「どちらでもない」を含む。
（注2）上段：横100.0％
中段：縦100.0％
下段：総和に対する比率

あることを否定している人々（N）、すなわち子どもたちの性格的側面を肯定的に認識している人々で子どもたちに肯定的感情をいだいているのは三〇・三％（A欄）、否定的感情をいだいているのは六九・七％（B欄）であって、同様に、全体的な傾向としてみれば、「今日の子どもは自己中心的である」として子どもたちの性格的側面を否定的に認識している人々（Y）は子どもたちに対しても否定的な感情をいだき、「今日の子どもは自己中心的」であることを否定している人々、つまり今日の子どもたちの性格的側面を肯定的に認識している人々は子どもたちに対しても肯定的な感情を抱いている傾向がある（AB間に有意差あり）。

（b）意識以下の項目についても同様の傾向が見られる。子どもたちの現実の様態に対する認識の仕方が子どもたちに対する感情を規定しているわけである。今日の子どもたちの様態を否定的に認識していれば、子どもたちに対する感情も否定

表8－10　今日の子どもたちに対する評価と感情　（%）

	(A) 感じがよく子どもが好き	(B) 感じがよくなく子どもが嫌い、どちらでもない	計	有意差検定 (A) vs (B)
(a) 性格　：子どもらしい	36.3	21.1	32.2	***
(b) 意識（考え方）：子どもらしい	31.4	19.8	28.3	***
(c) 態度　：子どもらしい	29.5	18.0	30.6	***
(d) 人間関係　：子どもらしい	32.9	24.6	26.6	***
(e) 行動　：子どもらしい	29.2	19.9	26.3	***
(f1) 言葉　：子どもらしい	20.1	17.2	19.3	***
(f2) 服装　：子どもらしい	32.4	32.2	32.1	***

的になり、子どもたちの様態を肯定的に認識していれば、子どもたちに対する感情も肯定的になる。子どもたちの様態に対する認識的要素と子どもたちに対する感情的要素は相互規定的な関係にあるわけである。

しかし、子どもという幼い人間に対して本来否定的な感情を持っている人々は少ない。前述のように、ほぼ九割近くの人々（表8－9、八六・九%）は今日の子どもたちに対して肯定的な感情、好感を抱いていないけれども（「あまり感じがよくないので好きになれない」二一・〇%、「どちらとも言えない」六五・九%）、それは今日の子どもたちの様態に限っての感情であって、子どもに対する本来の、根っからの感情ではない。人々は子どもに対して本来は好意的な感情を抱いているのである。子どもに対する本来の感情を尋ねると、（イ）「もともと子どもは好きだ（①a）」というのは七二・九%（九七一人）、（ロ）「好きでない」は四・三%（五七人）、（ハ）「どちらとも言えない」は二二・八%（三〇四人）であって（①b）、大方の人々は子どもに対してもともと好感をいだいているのであり、好印象を持っているのである。だが、それが今日の子どもたちに対する感情になると、一転して否定的な感情になる。表8－9に見るように、本来子どもに対して好意的感情を持っていた人々（右の（イ）、表8－9の①a）のうち、今日の子どもたちに対しても好意的感情を持っている人々は一五・六％（一五一人）に過ぎず（②a）、大方の人々（八四・四％、八二〇人、②b）は子どもに対する本来の好意的感情にもかかわらず、今日の、現実の子どもたちに対しては否定的な感情に変わっているのである（有意差あり）。それは今日の子どもたちの様態を人々が否定的に認識しているからである。したがって、子どもに対する本来の好意的感情→今日の子どもたちの様態に対する否定的認識→今日の子どもたちに対する否定的感情→今日の子どもたちの様態に対する否定的認識……といったプロセスを辿って、子どもたちに対する人々の認知的体系が形成されているのである。そうとすれば、子どもたちに対する認識的要素と感情的要素は相互規定的な関係にあるだけでなく、相乗的な関係にもあると言ってよいだろう。

しかし子どもたちに対する人々の本来の関係のあり方や態度は、もともと子ども観の信念・価値的体系に属する要素である。だから以上の分析結果は、子ども観の信念・価値的体系と認知的体系との間に齟齬が生じていることを示している。表8－9に見るように、子どもに対する本来の感情と今日の子どもたちに対する感情との間に齟齬が生じているのは六三・四％であるが（肯定的①a→否定的②b＝六一・六％、否定的①b→肯定的②a＝一・八％）、ほとんどは本来の好意的感情から今日の子どもたちに対する否定的感情への変化である。だが、一方で変化しない場合もある。本来肯定的な感情を持ち（①a）、かつ今日の子どもたちに対しても肯定的である（②a）のは一一・四％、逆に本来否定的な感情を持ち（①b）、今日の子どもたちに対しても否定的である（②b）のは二五・三％で、こうした一貫型は信念・価値的体系が強固で今日の子どもたちの実際の様態に左右されることはないのである。

表8－11　今の子どもの発達に対する評価と感情　（%）

	(A) 感じがよく子どもが好き	(B) 感じがよくなく子どもが嫌い、どちらでもない	計	有意差検定 (A) vs (B)
(a) 性格　：望ましい方向に育っている	55.3	14.4	19.8	＊＊＊
(b) 意識（考え方）：望ましい方向に育っている	52.4	13.4	18.6	＊＊＊
(c) 態度　：望ましい方向に育っている	41.9	13.0	16.8	＊＊＊
(d) 人間関係：望ましい方向に育っている	42.9	10.5	14.7	＊＊＊
(e) 行動　：望ましい方向に育っている	47.3	8.2	13.4	＊＊＊
(f1) 言葉　：望ましい	39.3	8.6	12.6	＊＊＊
(f2) 服装　：望ましい	59.8	21.7	26.8	＊＊＊

②　感情的要素・認識的要素と評価的要素との関連

次に評価的要素の側面を見よう。表8－10は、（a）性格から（e）行動、（f）表現に至るまでの側面について、今日の子どもたちを「子どもらしい」と評価するか否かを見たものである。それぞれの側面の具体的項目は表8－7および表8－8にある肯定的認識と否定的認識を含んだ項目、例えば（a）性格については自己中心的である、親切で思いやりがある、といった項目である。これらの具体的項目を含んだ（a）性格という側面を被調査者に全般的に評価させたわけである。表には（A）（B）ともにそれぞれの項目について肯定した回答の比率を示した。すでに表8－7に見たように、かなり多くの人々は今日の子どもたちの様態の各側面を否定的に認識しているのであるから、それに伴って評価も否定的である。ほぼ九割近く（八五・七％）の人々が今日の子どもたちは自己中心的な側面があると否定的に認識している一方で、親切で思いやりの側面があると肯定的に認識しているのはわずか三割（三〇・六％）でしかないから（表8－7）、評価についても当然のことながら否

表8－12　今日の子どもたちに対する認識と感情　（%）

		回答	(A) 子どもらしい	(B) 望ましい方向に育っている	有意差検定 (A)欄	有意差検定 (B)欄
(a) 性格	1) 自己中心的である (N)	Y	26.9	15.9	＊＊＊	＊＊＊
		N	62.8	41.3		
	2) 親切で思いやりがある (P)	Y	58.0	33.5	＊＊＊	＊＊＊
		N	20.0	13.6		
(c) 態度	1) 基本的なマナーもできていないし，生活態度もわるい (N)	Y	18.9	8.5	＊＊＊	＊＊＊
		N	56.0	32.4		
	2) 礼儀正しい (P)	Y	57.1	36.5	＊＊＊	＊＊＊
		N	18.7	7.9		

定的である。表8－10の計欄に見るように、今日の子どもたちの様態を「子どもらしい」と肯定的に評価するのはいずれの側面についても二～三割程度でしかなく、したがって七～八割の人々は「子どもらしい」とは評価していないわけである。

しかし、この評価的要素も感情的要素によって強く規定されている。今日の子どもたちに対して肯定的な、好意的な感情を持っている人々は（表8－10のA欄）、否定的な感情を持っている人々（B欄）よりも、今日の子どもたちの様態のいずれの側面についても「子どもらしい」と肯定的に評価している（いずれの側面についても有意差あり）。

こうした傾向は、今日の子どもたちの発達の方向性についての評価になると、さらに強くなる。表8－11は、今日の子どもたちの様態のそれぞれの側面について望ましい方向に育っているか否か、望ましい方向に向かっているか否かの評価について見たものである。同じように表には（A）（B）ともにそれぞれの項目について肯定した回答の比率を示している。計欄を見るように、いずれの項目についても、今日の子どもたちは望ましい方向に向かって育っていると評価しているのは、一三〜二七％の人々に過ぎない。大方は望ましい方向に育ってはいないと否定的に評価しているわけである。しかし、この、発達の方向性についての評価も感情的要素によって規定されている。子どもたちに肯定的な、好意的な感情を抱いている人々（A欄）の場合は、四〇〜六〇％と半数、または過半数が望ましい方向に向けて発達していると肯定的に評価しているが、否定的な感情を持っている人々（B欄）では、せいぜい一〇〜二〇％程度しか肯定的に評価していない（いずれの側面についても有意差あり）。評価的要素の側面も感情的要素によって強く規定されているわけである。

認識的要素との関連はどうか。表8-12は、紙数の関係上、今日の子どもたちの（a）性格と（c）態度の二側面のみに対する認識と今日の子どもたちに対する評価との関連を見たものである。これまでの傾向と同様に、例えば性格的側面について言えば、（a-2）「今日の子どもは親切で思いやりがある」という意見を肯定している人々（Y）では今の子どもたちを「子どもらしい」と肯定的に評価しているのは五八・〇％であるが（A欄）、「親切で思いやりがある」という意見を否定している人々（N）では今の子どもたちを「子どもらしい」と肯定的に評価しているのは二〇・〇％に過ぎず、また望ましい方向に向かっているか否かという発達の方向性の評価についても、今日の子どもを「親切で思いやりがある」と肯定している人々（Y）では「望ましい方向に育っている」と肯定的に評価しているのは三三・五％であるが（B欄）、「親切で思いやりがある」を否定している人々（N）では「望ましい方向に育っている」と肯定的に評価しているのは一三・六％に過ぎない。態度的側面についても同様で、今日の子どもを（c-2）「礼儀正しい」と肯定している人々（Y）では五七・一％が「子どもらしい」と肯定的に評価しているが（A欄）、「礼儀正しい」を否定している人々（N）では一八・七％しか「子どもらしい」と評価していない。発達の方向性の評価についても、それぞれ三六・五％（Y）、七・九％（N）を示している。今日の子ど

表８－13　今の子どもたちに対するイメージ　(%)

	(A) 感じがよく子どもが好き	(B) 感じがよくなく子どもが嫌い、どちらでもない	(C) 子どもらしいと思う	(D) 子どもらしいとは思わない	計	有意差検定 (A) vs (B)	有意差検定 (C) vs (D)
かしこい	43.4	25.0	33.0	23.0	27.5	＊＊＊	＊＊＊
かわいい	46.2	19.3	31.6	15.9	22.9	＊＊＊	＊＊＊
明るい	48.6	20.0	34.4	15.1	23.7	＊＊＊	＊＊＊
おしゃれ	46.2	55.4	51.3	56.6	54.2	＊	
頭がいい	26.0	20.9	22.9	20.5	21.6		
大人びた	37.6	54.3	44.3	58.4	52.1	＊＊＊	＊＊＊
忙しい	26.0	26.6	27.5	25.8	26.5		
ひ弱	18.5	29.4	22.2	32.5	27.9	＊＊	＊＊＊
あきっぽい	29.5	47.9	37.8	51.9	45.6	＊＊＊	＊＊＊
わがまま	42.8	67.1	53.7	72.3	64.0	＊＊＊	＊＊＊
だらしがない	8.1	23.6	14.9	26.8	21.5	＊＊＊	＊＊＊
無責任	12.1	31.6	19.8	36.3	29.0	＊＊＊	＊＊＊
自己中心的	29.5	55.7	41.2	61.1	52.2	＊＊＊	＊＊＊
横着	11.0	30.3	17.8	35.9	27.8	＊＊＊	＊＊＊

もたちの性格的側面についても態度的側面についても肯定的に認識している人々は今日の子どもたちを「子どもらしい」、あるいは「望ましい方向に育っている」と肯定的に評価しているわけである（いずれも有意差あり）。だから評価的要素は認識的要素によっても強く規定されていると言える。

こうして認知的体系は、認識的要素と感情的要素が相互規定的な関係にあり、そしてこの二つの要素が評価的要素を規定するという関係にあるといった内部構成を示しているのである。

(3)　心象的体系の構造

ここで心象的体系とは、先に述べたように、実際の子どもたちの

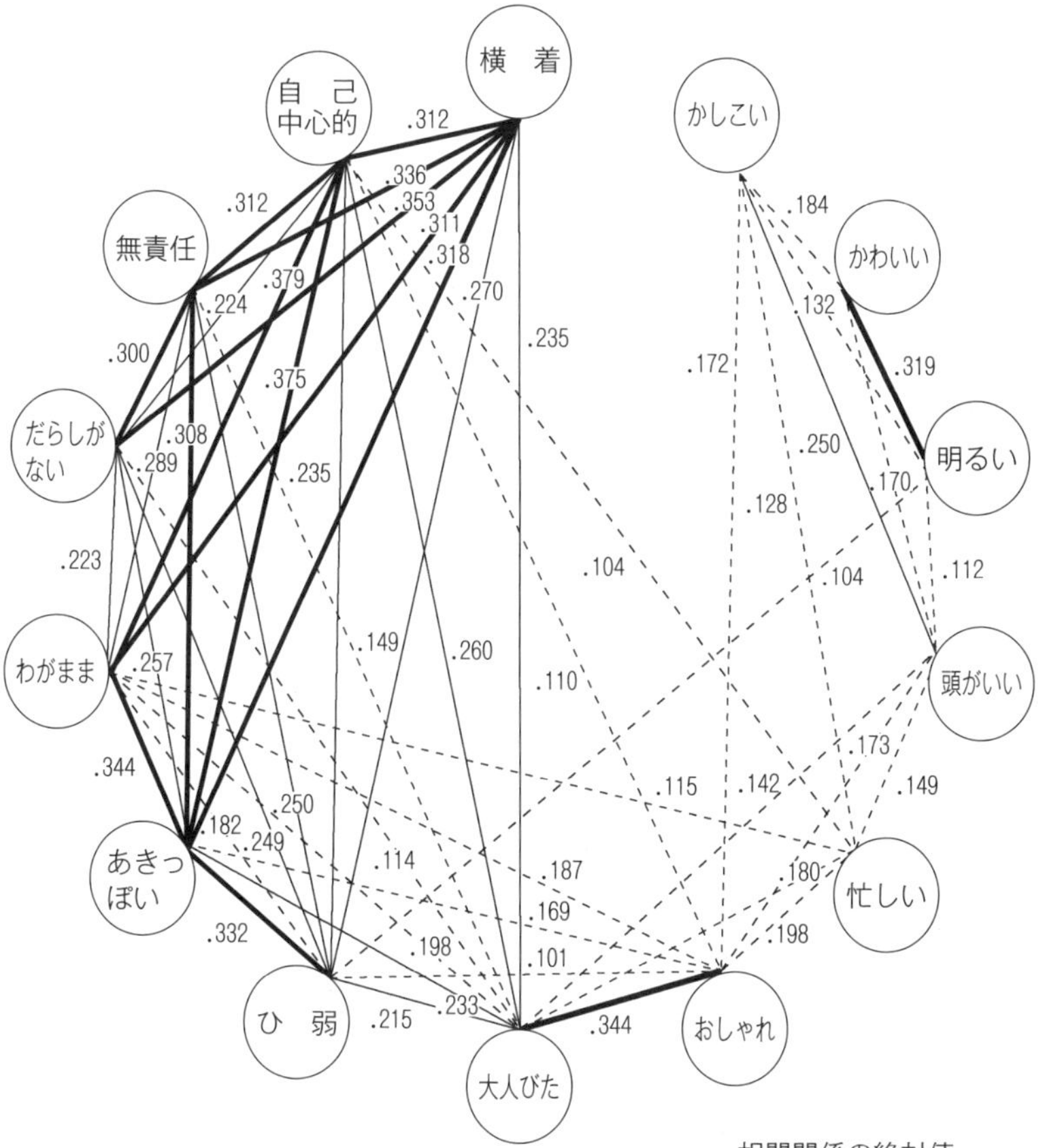

数値は，.100 以上の相関関係

相関関係の絶対値

- - - - - - - -（.199 ～ .100）

————（.299 ～ .200）

━━━━（.399 ～ .300）

図８－１　今日の子どもたちに対するイメージの構造

様態に対して人々がいだく全体的イメージを指す。そしてここでは子どもたちの様態をイメージする三〇の言葉を用意して、今日の子どもたちを最もよく言い表している言葉を複数選択させた。三〇の言葉は、かしこい（二七・五％）、かわいい（二二・九％）、まじめ（六・七％）、素直（一〇・七％）、明るい（二三・七％）、やさしい（九・二％）、おしゃれ（五四・二％）、責任感がある（二・九％）、礼儀正しい（七・八％）、がまん強い（二・四％）、行動力がある（一三・九％）、かっこいい（一〇・九％）、頭がいい（二一・六％）、大人びた（五二・一％）、忙しい（二六・五％）、ひ弱（二七・九％）、不安（一六・〇％）、あきっぽい（四五・六％）、わがまま（六四・〇％）、暗い（六・六％）、冷たい（一一・八％）、だらしがない（二一・五％）、引っ込み思案（六・九％）、お調子もの（一五・七％）、見栄っ張り（一三・八％）、無責任（二九・〇％）、自己中心的（五二・二％）、勤勉（五・八％）、横柄（一四・六％）、横着（二七・八％）である。肯定的なイメージの言葉と否定的なイメージの言葉を一五ずつ半々になるように並べた。（　）内はその言葉が選択された比率を示している。このうち、二〇％以上の人々が選択した言葉をあげたのが、表8－13である。一四の言葉が選択された。そしてこの言葉の間の意味連関を探るために相関関係の連関を見ると、図8－1のようになる。図には〇・一以上の相関係数を示す関連のみを線で示した。

係数が〇・三以上の強い相関を中心に分析すると、①自己中心的＝わがまま＝横着＝だらしがない＝無責任＝あきっぽい、②あきっぽい＝ひ弱、③大人びた＝おしゃれ、④かわいい＝明るい、という部分が浮かび上がってくる。そのうち、「自己中心的」、「無責任」、「横着」、「あきっぽい」の四つは〇・二以上の相関係数の関係をそれぞれ六個以上作っており、イメージ構造の中核を成している。特に「自己中心的」は〇・一以上の相関係数を示す関係が九個と最も多い。またこの「自己中心的」は過半数（五二・二％）が選択しており、さらに同類の「わがまま」も六四・〇％が選択している。ここに今日の子どもたちに対するイメージを最も特徴づける一つの中心的な核があると思われる。すなわち、今日の子どもたちは、何よりも①「自己中心的」で、「わがまま」で身勝手であり、そのために本来自分がやるべきことがあっても飽きる（「あきっぽい」）とすぐに止めてしまうという「無責任」なところがあって、何事もきちんとしない（「横着」）という「だらしなさ」がある。何事も最後までできちんとやり遂げるという強さがない（「ひ弱」）のである。何か困難が生じると、あるいは困難が生じるのではないかと思うだけで、もう止めてしまうのである（②あきっぽい＝ひ弱）。「自己チュー」で、身勝手で、「横着」で、「あきっぽく」て「無責任」なのである。ここに今日の子どもたちに対する人々のイメージ構造の核がある。

こうした核となるイメージの言葉と結びついているのが「大人びた」という言葉である。この言葉は①の言葉とすべて関係している。だから①自己中心的＝わがまま＝横着＝だらしがない＝無責任＝あきっぽいというイメージの核の背後に全く子どもらしくない、まるで大人のような（大人びた）態度・言動を人々は子どもたちに対してイメージしているのだ。子どもらしく何事にも興味・関心を示したり、あるいは何かに熱中・没頭し、熱狂したり興奮するようなことがなく、まるで世事にたけた大人のように、ひねくれた態度を取り、また冷めた態度や諦観的な言動をとっているというイメージである。「横着」、「あきっぽい」、「無責任」、「だらしがない」という態度・行動は（①）、その具体的な現れなのである。また少しでも困難が生じれば、あるいは困難が予想されれば諦めてしまうような脆さ（「ひ弱」）を感じさせるのである（②）。しかし一方で、この「大人びた」というイメージは「おしゃれ」と結びついている（③）。それは、例えば表8－7のように、今日の子どもたちの服装は子どもらしいイメージからはほど遠く（六四・一％）、髪形、服装、化粧など全般的な身なりに気を配って、おしゃれをしているのが今日の子どもたちだというイメージなのである。おませな子ども、こましゃくれた子ども、小さな大人というのが今日の子どもたちのイメージなのであろう。

この、「大人びた」というイメージは、「自己中心的」と同様に過半数（五二・一％）が選択しているイメージであり、また相関係数を示す関係も「自己中心的」と並んで最も多いから、今日の子どもたちに対するイメージ構造の核を構成していると言ってよい。つまり「大人びた」というイメージは「自己中心的」なイメージと結びついて、全く子どもらしくない、大人と対等な意識（考え方）・態度・行動を取る、ひねくれて生意気な子どもたちをイメージさせる。自分を大人と同列に置き、大人と肩を並べて、大人と同じような、いっぱしの意識（考え方）・態度・行動を子どもたちが取るからである。それは大人に権威を感じて服従したり、遠慮したり、大人をおそれたりするような態度・行動ではない。この、大人と対等な、比肩的な態度・行動あるいは（f）表現（言葉や服装）のために今日の子どもたちに対する人々のイメージは否定的なのだ。全く子どもらしくないからである。

これに対して、④かわいい＝明るい、というイメージがある。このイメージは、先の表8－3に見るように、つまるところ「子どもらしい」ということである。この、「かわいい」、「明るい」という言葉と今日の子どもたちの様態をイメージする他のすべての言葉（二八）との相関を見て、〇・二以上の係数の関係を示す言葉を抜き出してみると、「かわいい」との相関がある言葉は、やさしい（・三二六）、礼儀正しい（・二五四）、素直（・二四〇）、まじめ（・二二六）であり、また「明るい」との相関がある言葉は、素直（・三五六）、やさしい（・三三二）、礼儀正しい（・二五二）、まじめ（・二三七）であって、したがって、かわいい＝明るい＝やさしい＝礼儀正しい＝素直＝まじめという一つの核が構成されていることが分かる。つまり、「かわいく」て、「明るい」という今日の子どもたちのイメージは、子どもたちの持っている「やさしさ」、「礼儀正しさ」、「素直さ」、「まじめ」という態度から構成されているわけである。だが、「かわいい」も「明るい」も二三〜二四％の人々が選択しているに過ぎないから全体的なイメージの周辺に位置するに過ぎない。

このように今日の子どもに対する人々のイメージは、（α）かわいい＝明るいというイメージとその背後にある、やさしさ＝礼儀正しさ＝素直さ＝まじめ、とが一体となった好感的な、肯定的イメージと、（β）自己中心的＝わがまま＝横着＝だらしがない＝無責任＝あきっぽい＝ひ弱という相互に強く関連した一群の否定的イメージとに分けられる。しかし選択率の高さ、相互の関連の強さ、緊密な結びつきの強さから見れば、（β）の一群の否定的イメージが今日の子どもたちに対するイメージの中核部分を成し、（α）の肯定的イメージは周辺部分に位置すると理解されるだろう。そして（β）の否定的イメージは、今日の子どもたちが有している大人と肩を並べるような、いっぱしの対等意識や対等的態度・行動からきているものと思われる。

しかし、こうした今日の子どもたちに対するイメージを認知的体系の感情的要素と評価的要素それぞれに関連させてみると、極めて特徴的な傾向が見出せる。表8−13は、今日の子どもたちに対するイメージ（二〇％以上選択された項目）と子どもたちに対する感情および評価との関連を見たものであるが、表に見るように、今日の子どもたちに対して好感的感情を持っている人々（A）は、「かわいい」、「明るい」というイメージが多く、明確に（α）の好感的、肯定的イメージを持っているが、逆に今日の子どもたちに対して否定的な感情を持っている人々（B）は、「自己中心的」を核とする一群のイメージが多く、（β）の否定的イメージを持っているわけである。

この傾向は、今日の子どもたちに対する評価的要素とイメージとの関連についても同様である。今日の子どもたちを子どもらしいと肯定的に評価した人々（C）は（α）の肯定的イメージを持ち、子どもらしくないと否定的に評価した人々（D）は（β）の否定的イメージを持っている。今日の子どもたちに対する全体的イメージは認知的体系の感情的要素と評価的要素によって大きく規定されているのである。

このように心象的体系は、実際には子どもたちの現実の様態に対する認識的要素の側面を極めて単純にイメージ化したものであるが、それは感情的要素と評価的要素に規定されていると言える。

3 要約と結論

以上の調査結果から見出された諸傾向および諸事実のうち、有意差があって明確に指摘できることを要約すると、以下のようにまとめられる。

（1）一般的には、子ども期＝幼児期・児童期と捉えられている。子ども期の開始を他者とのコミュニケーションと社会生活が開始される幼児期の段階とし、終了を第二次性徴という身体的特徴と自立欲求のための反抗的態度が見られる青年期の前段階、すなわち児童期の段階としている。可視的な特徴的事象を子ども期の開始と終了の区切りにしている。

（2）同じ子ども期であっても、「子どもらしさ」の内容は異なる。幼児期の段階では大人に依存し保護されるなかでの無邪気さ、純粋さが子どもらしいとされるが、児童期の段階では仲間と元気よく楽しく集団的遊戯活動に興じることが子どもらしいとされる。

（3）人々が有している理想的な子ども像は、大人の言うことにしたがい、社会の規範を守りつつ、仲間とともに自由に集団的遊戯活動に興じている子どもである。

（4）子どもは一人ひとり能力も違うし、資質も違うが、子どもの発達にとっては素質よりも環境が重要である。特に初期環境を形成する家庭環境、また幼児期から始まる仲間との関係が重要だと人々は考えている。

（5）今日の子どもたちの様態に対する人々の認識は、子どもたちの性格、意識（考え方）、態度、人間関係、行動、表現（言葉づかいと服装）のいずれの側面についても否定的である。

（6）子どもに対する人々の本来の感情は肯定的・好意的・好感的であるにもかかわらず、今日の子どもたちに対する人々の感情は否定的、拒否的、嫌悪的である。
(7) それは今日の子どもたちの様態に対する人々の認識が否定的だからである。したがって子どもたちに対する感情も否定的になる。またそうした否定的な感情をいだくがゆえに、子どもたちの現実の様態に対する認識も否定的になる。つまり今日の子どもたちの様態に対する認識的要素と子どもたちに対する感情的要素は相互規定的な関係にある。
(8) 今日の子どもたちの様態に対する人々の評価は、いずれの側面についても子どもらしくないと否定的であり、また今日の子どもたちの発達の方向性に対する人々の評価も、いずれの側面についても望ましい方向性に育っていないと否定的である。
(9) こうした今日の子どもたちの様態に対する人々の評価も、また子どもたちの発達の方向性に対する人々の評価も、いずれも感情的要素と認識的要素によって規定されている。
(10) 今日の子どもたちに対するイメージは、「自己中心的」、「わがまま」、「横着」、「無責任」という相互に強く関連した一群の否定的イメージと、「かわいく」て「明るい」という肯定的イメージとがあるが、前者の一群の否定的イメージが今日の子どもたちに対するイメージの中核部分を成している。この一群の否定的イメージは今日の子どもたちが有している大人との比肩的な対等意識・態度・行動からきている。大人との比肩的な対等意識や対等的な態度・行動のゆえに人々は今日の子どもたちに対して子どもらしさを感じられず、否定的な、あるいは嫌悪的、拒否的な感情をいだいているのである。
(11) しかしこうした子どもたちに対する全体的イメージも認知的体系の感情的要素と評価的要素によって規定される。子どもたちに対して肯定的・好意的感情を持ち、子どもたちを肯定的に評価している人々は全体的に肯定的・好意的なイメージを持っているが、子どもたちに対して否定的・嫌悪的感情を持ち、子どもたちを否定的に評価している人々は一群の強い否定的イメージを持っている。

さて、ここでは、子ども観を、その社会や集団の成員が共有している、子どもについての一般的な認識や意識、あるいは表象といった観念として捉え、信念・価値的体系、認知的体系および心象的体系という三つの体系から構成されていると考え、さらに認知的体系は認識的要素、感情的要素、評価的要素の三要素から構成されていると考えたが、以上の分析結果から次のように結論づけることができる。

信念・価値的体系、認知的体系、心象的体系の三つの体系の関係は、①信念・価値的体系が認知的体系を規定し、その認知的体系が心象的体系を規定するという関係にある場合もあるが、②信念・価値的体系と認知的体系との間に齟齬が生じ、信念・価値的体系と認知的体系とが合致しない場合もある。ただしこの場合も認知的体系は心象的体系を規定する関係にある。①の場合、信念・価値的体系が肯定的であり、その肯定的な視点から今日の子どもたちの様態を認知し、全体的にイメージする。だから肯定的な子ども観が形成される。しかし②の場合、信念・価値的体系は肯定的であるが、その視点から今日の子どもたちの様態を見ると、「子どもらしい」とする信念・価値的体系の許容範囲を越えており、したがって認知的体系は否定的となり、それゆえ、心象的体系も否定的になる。つまり否定的な子ども観が形成されるわけである。

また認知的体系の内部は、認識的要素と感情的要素が相互規定的な関係にあり、評価的要素はこの二要素によって規定されるという構造を成している。

そして心象的体系は、子どもたちの現実の様態に対する認識的要素の側面を全体としてイメージ的に捉えたものであり、認知体系の認識的要素と感情的要素に規定されている。

［引用文献］

Clausen, J. A., 1986, *The Life Course:A Sociological Perspective*, Prentice-Hall Inc.（＝一九八七、佐藤慶幸・小島茂（訳）『ライフコースの社会学』、早稲田大学出版会。）

藤原武弘、二〇〇一、『社会的態度の理論・測定・応用』、関西学院大学出版会。

小嶋秀夫、一九八二、「児童観研究序説」三枝孝弘・田畑治編『現代の児童観と教育』、福村出版。

小嶋秀夫、二〇〇一、『心の育ちと文化』、有斐閣。

Lindesmith, A. R., Strauss,A.L. and Denzin, N. K., 1999 *Social Psychology* (8th edition), Sage Publications, Inc.（ただし、第五版（一九七八）の訳 一九八一、船津衛（訳）『社会心理学』、恒星社厚生閣。）

中西新太郎、二〇〇四、『若者たちに何が起こっているか』、花伝社。

住田正樹・南博文（編）、二〇〇三、『子どもたちの「居場所」と対人的世界の現在』、九州大学出版会。

矢野喜夫、一九九二、「児童観・発達観の構造と変遷」村井潤一（編）『新・児童心理学講座１ 子どもの発達と基本問題』、金子書房。

山下恒男、一九九三、『子どもという不安』、現代書館。

第9章　子ども社会学の現状と課題

「子ども社会学」（sociology of children）は、子どもおよび子どもに関わる諸問題を社会学的方法によって研究していく社会学の一部門であると規定することができる。

これまで子どもを対象に研究してきたのはもっぱら心理学であった。幼児や児童独自の心理学的特性を解明しようとする児童心理学（child psychology）[1]、あるいは生涯の発達過程の視点から児童期を解明しようとする発達心理学（developmental psychology）がそれである。では、子どもを社会学的に研究する意義はいったい何なのか。

本章は、「子ども社会学」の現状を概観するとともに今後の研究課題を整理することを目的にしている。

1　子どもの社会参加

(1)　社会的動物としての人間

アリストテレス（Aristotelēs）は「人間はその自然の本性においてポリス的動物である」と定義した（田中美知太

郎訳　一九九四：六九）。ポリス（国）とは共同体であり、古代ギリシャにおいては社会の単位であるところから「人間は社会的動物である」という有名な定義として知られるようになった。社会学は、この根本的事実から出発する。

この定義には、二つの事実が含まれている。人間は動物だということと人間は社会的だということである。人間は動物だという意味は、人間は生命ある有機体であり、人間としての活動期間は一定であって、その期間が終われば有機体としての生命は消滅し、無活動に帰していくということである。

人間は社会的だという意味は、人間は共同生活を営み、孤立しては生存できないということである。社会心理学者のニューカム（Newcomb, T. M.）は、これにはさらに二つの意味が含まれているという（Newcomb, T. M. 1950 訳書：四七-四九）。一つは、人間は生まれてから数年間は他者の世話と援助に依存しなければ生存できないし、成長することもできないということであり、もう一つは、人間が人間らしい性質、つまり人間性を獲得するためには他者から学習しなければならないということである。人間性とは人間独自の行動様式であり、人間の行動を方向づける価値・信念であり、行動するための規準である。換言すれば、文化である。文化とは人間として生存していくために必要な諸欲求の充足の仕方であり、人間としての行動のモデルであり、行動の規準である。

人間以外の動物は、すでに誕生時において環境への適応様式を生得的な本能として有しているが、人間は誕生時においては環境への適応方法を一切知らず、人間的な諸欲求の充足方法を何ら身につけていない。人間は生まれたその瞬間から人間として生存していくための諸欲求の充足方法、すなわち文化の一切を学習していかなければならない。だが、その学習している期間は、他者の庇護と世話に依存しなければならないし、さらに学習といっても他者の指導と援助を受けなければならない。他者の指導と援助を受けなければ果てしない試行錯誤の過程と経験の模索を繰り返すことになる。この学習と指導を受けている期間が「子ども」であり、この期間、子どもを庇護し、世話をし、指導していく他者というのが「大人」である。大人はすでに文化を習得し、人間的な諸欲求の充足方法としての行動様式を獲得している。だから子どもは誕生の瞬間から共同生活のなかにいるわけである。

しかし文化を習得している大人であっても共同生活を離れては生存していくことはできない。生存していくためには、なお共同生活を営み、他の人々と協働しなければならない。衣食住、そして危険の回避と安全・防御といった人間の基本的な諸欲求の充足は共同生活のなかでこそ可能である。人間は子ども期は言うまでもなく、大人になってからも共同生活という社会を離れては生存していくことはできない。人間が社会的動物と呼ばれるのは、そのためである。

(2) 社会の補充要員

しかし、人間は生命ある有機体であるから人間の共同生活が持続していくためには常に新たな成員が補充されなければならない。成員の補充は社会が持続していくための必須の条件である。それは具体的には、新たな成員となる子どもが生まれてくることを意味する。だが、子どもは、誕生後、長期にわたって文化を学習していかなければならない未熟な存在である。だから大人は、この未熟な存在である子どもに文化を習得させ、心身ともに成熟した成員にまで育成し、社会参加できるように指導し、援助していかなければならない。

このように子どもが社会成員として必要な行動様式を学習していく過程、そしてまた大人が子どもに社会成員として必要な行動様式を習得させ、獲得させていく過程を社会化（socialization）という。前者は、子どもに視点を置いた社会化の過程、つまり個人的学習の過程であり、後者は社会成員である大人の側に視点を置いた子どもの社会化の過程、つまり文化伝達の過程である。いずれにしろ社会化は子どもが社会の成員として必要な行動様式を習得していく過程、すなわち社会の成員性の獲得過程であり、社会参加の過程なのである。

このように子どもは、社会の視点から見れば、社会の成員の補充要員であり、将来の社会の成員なのである。(2) したがって未熟な存在である子どもがどのような過程を経て成熟した社会成員になり、社会という共同生活に参加していくのかという社会化の過程は、人間の共同生活を研究対象とする社会学にとっては、正に中心的な研究課題なのである。

では、未熟な子どもとはどのような存在なのか、逆に成熟した社会成員としての大人とはどのような人間なのか。

人間が社会化され、社会参加するということは、具体的には、その共同生活を成立せしめている諸々の社会的役割を分担し、遂行していくということである。人間の共同生活は、諸々の社会的役割の相互依存関係によって成り立っている。他の人々との協働関係というのは、それぞれの社会的役割の相互依存関係のことである。したがって社会参加の条件は、社会的役割を遂行していくための一定の資質を有しており、かつその、一定の資質を有していることを他の社会成員が承認しているということである。

このような視点から社会成員としての条件を考えてみると、自律性、関係性、規範性、認知性という四つの資質をあげることができる（住田 二〇一二：一七–一九）。自律性とは自らの意思によって物事を決定し、行動し、その行動に対して責任を持つ能力のことであり、関係性とは他の人々との協働関係を調整し、連携を図っていく能力のことを言う。またその関係性を維持しつつ自律的に行動していくためには、社会の秩序や価値、倫理、道徳を遵守するという態度、すなわち規範性が形成されていなければならない。さらに社会的役割を遂行していくためには、その役割が要求する一定水準の知識と技能が必要である。認知性である。こうした四つの資質は、言うまでもなく相互関連的である。社会的役割を遂行していくためには一定水準の知識・技能を有していなければならず（認知性）、その社会的役割は他の人々との協働関係から成り立っているから協働関係を調整していく能力が必要であり

（関係性）、また協働関係に関わる人々から受容されるような規範的態度が形成されていなければならない（規範性）。そして社会成員として社会的役割を遂行していくためには常に自己決定をしていかなければならない（自律性）。こうした四つの資質を備えている人間を「社会的人間」と言い、自立的行動の可能な社会成員の条件として認められている。(3)

したがって子どもとは、こうした四つの資質を有していない未熟な存在であって、未だ社会的人間への学習・習得過程の途上にある存在なのである。子どもとは、将来の正規の成員であり、いわば「将来を見越した社会化」(anticipatory socialization) の過程の途上にある。その意味で、子どもは、現在は社会の「補充要員」なのである。そして今日においては、学校教育（社会化期間）を終えれば社会的人間としての資質を獲得したと見なされ、一応、社会成員と見なされる。一応というのは、現代のような高度産業化社会においては学校教育を終えても未だ社会生活経験に乏しく実践性に欠け、なおもしばらくの間は社会的人間としての資質形成を要請されるからである。

2 子どもに対する社会学の無関心——なぜ子どもは社会学の対象にならなかったか——

(1) 社会の非成員と研究対象からの排除

社会学は人間の共同生活を対象とする科学であるにもかかわらず、社会にとって必須条件である成員補充の問題、すなわち子どもの問題を長い間研究してこなかった。なぜか。

その理由は、第一に、子どもは社会の補充要員ではあっても、あるいは補充要員であるがゆえに、正規の社会成員とは見なされてこなかったからである。子どもは、いま現在は、あくまでも社会の補充要員であって社会的人間への形成過程の途上にある。この準備期間においては正規の社会成員である大人の庇護と世話と助力を必要とし、それに全面的に依存しなければ生きていくことはできない。だから子どもは、社会のなかで生活していても未だ自立的行動の可能な社会的人間ではないために正規の社会成員とは認められなかったのである。子どもは社会の「非成員」であり、正規の社会成員である大人とは本質的に異なっていると考えられていたのである。したがって子どもを対象に研究をしても、そこで明らかになった社会的事実や解明された理論的仮説は正規の社会成員（大人）から構成される社会全体には適用できず、一般化することもできないと考えられていた。だから子どもを研究する意義や価値はなく、そのために子どもが研究の視野に入ってくることはなかったのである。

このことは、一九六〇年代に女性社会学（sociology of women）が成立するまで、従来の社会学理論が男性優位の社会にあって、女性の存在を全く考慮せず、女性を社会の「非成員」と見なしていた事実と軌を一にする。ストール（Stoll, C. S.）は一九六六年、一九六八年、一九七〇年の「アメリカ社会学評論」（*American Sociological Review*）の掲載論文のうち調査研究に基づいた論文を取り上げ、その調査のサンプルの性別を調べているが、その結果、一九六六年では、男性のみ三四%、女性のみ一六%、男女両性四四%、一九六八年ではそれぞれ三八%、八%、四二%、一九七〇年では五六%、〇%、三一%であって、男性対象の調査に比して女性対象の調査研究が圧倒的に少ないことを指摘している（田中 一九八一：三九-四〇）。またブラウ（Blau, P. M.）とダンカン（Duncan, O. D.）による著書『アメリカの職業構造』（*The American occupational structure*, 1967）は、社会移動と社会階層の研究に新たな統計的分析手法を導入した著名な研究であるが、しかしその調査対象は全雇用者の五分の二を占める女性労働者を排除して男性労働者のみを対象にしているという（田中 一九八一：四二）。そうであれば研究結果はアメリカ社会の職業構造の社会的事実として一般化することはできず、その妥当性と有効性は限定されることになる。

このように、〈正規の社会成員＝男性〉という男性優位の社会の価値・観念が広く流布し、社会学者もまた、そうした社会に生まれ、育ち、男性優位の価値・観念を持っていたのである。子どもも女性も正規の社会成員である男性から見れば、社会の「非成員」でしかなかったのである。

第二に、社会学は、コント（Comte, A.）以来、伝統的に子どもを研究対象として取り上げてこなかったことがある。どのような学問であれ、研究は先学の業績の上に蓄積され、発展していく。社会学も例外ではない。社会学もその課題、方法、領域において伝統的な社会学や社会学の主流の影響を受けてきた。そして社会学は、これまで伝統的にマクロ社会学が主流を占めていた。マクロ社会学は全体社会を一つの単位として考察し、その構造・機能・歴史的変動に関心を抱くが、そこでは個人は正規の社会成員であっても客体でしかなく、ましてや「非成員」である子どもを取り上げる意味や価値は全くなかった。一方、行為主体としての個人に焦点を当てるミクロ社会学も、その個人はすでに相互作用とコミュニケーション行為によって社会化された社会的人間としての個人であって、社会化過程の途上にある子どもではなかった。たとえ社会化が問題とされても、それは理論上の抽象的次元での考察であって、具体的な事実としての子どもが取り上げられることはなかったのである。

アムバート（Ambert, A. M.）は、コント（Comte, A.）、マルクス（Marx, K. H.）、パレート（Pareto, V.）、デュルケム（Durkheim, É.）、ジンメル（Simmel, G.）、ウェーバー（Weber, M.）、ミード（Mead, G. H.）、パーソンズ（Parsons, T.）、マートン（Merton, R. K.）の九人の著名な社会学者の研究業績を取り上げ、英語訳の著書を対象に、全頁数のうち「子ども」を取り上げている頁数の割合を調査している（Ambert, A. M. 1986, pp. 15-16）。表9－1－1および表9－1－2がその結果である。九人の社会学者すべての総頁数のうち「子ども」を取り上げている頁は四・二％でしかない。最も多いのはデュルケムで一五・八％である。とくに『道徳教育論』（*L'Éducation Morale*, 1925）では全頁にわたって子どもが取り上げられているが、しかし他の著作では合わせて三・三％に過ぎない（再集計による）。次いでパーソンズが九・八％であるが、パーソンズは『家族：核家族と子どもの社会化』（*Family : Socialization and Interaction Process*, 1955）を著しており、この著作の半分近く（四六・三％）の頁に子どもが取り

表9-1-1　主要な社会学者の著作（英訳書）において子どもに焦点が置かれている頁数

社会学者および著作タイトル	全頁数	子どもに関する頁数	子どもに関する頁数の割合
コント（Comte, A.）			
実証精神論	172	0.0	0.0
実証主義の一般的評価	444	8.0	1.8
実証哲学講義Ⅰ	385	0.0	0.0
実証哲学講義Ⅱ	333	2.4	0.7
実証哲学講義Ⅲ	419	2.0	0.5
	全体 1,453	12.4	0.9%
マルクス（Marx, K. H.）			
ルイ・ボナパルトのブリュメール18日	120	0.0	0.0
共産党宣言	71	0.2	2.8
ドイツ・イデオロギー（エンゲルス共著）	193	0.1	0.5
経済学批判要綱	208	0.0	0.0
アメリカの南北戦争	274	0.1	0.0
資本論　第1巻	545	20.5	3.8
資本論　第2巻	307	5.5	1.8
	全体 1,718	29.0	1.7%
パレート（Pareto, V.）			
社会学論集	228	2.0	0.9
エリートの周流	77	0.5	0.7
政治経済学提要	389	0.6	0.2
社会学大綱　第1巻：非論理的行為	494	4.0	0.8
社会学大綱　第2巻：感情の分析	384	3.5	0.9
社会学大綱　第3巻：派生の理論	547	1.5	0.3
社会学大綱　第4巻：社会の一般的形態	479	0.6	0.2
	全体 2,598	12.7	0.5%
デュルケム（Durkheim, É.）			
道徳教育論	280	280.0	100.0
宗教生活の原初形態	447	13.5	3.0
社会分業論	409	7.0	1.7
インセスト：タブーの本質と起源	103	9.0	8.7
社会学と哲学	96	0.0	0.0
自殺論	357	3.2	0.9
社会学的方法の基準	146	2.5	1.7
	全体 1,838	315.2	17.2%
デュルケム：選集	105	20.5	19.5
エミール・デュルケム（著作選集）（A. ギディンズ編）	217	5.5	2.5
	全体　322	26.5	8.1
	全体 2,160	341.7	15.8%

表 9-1-2　主要な社会学者の著作（英訳書）において子どもに焦点が置かれている頁数（続）

社会学者および著作タイトル	全頁数	子どもに関する頁数	子どもに関する頁数の割合
ジンメル（Simmel, G.）			
闘争と社会圏の交差	182	3.0	1.7
個性と社会形態	390	6.0	1.5
宗教社会学	76	0.3	0.3
社会科学における理解について	107	0.3	0.2
歴史哲学の諸問題	162	0.3	0.2
全体	917	9.8	1.1%
ウェーバー（Weber. M.）			
宗教社会学	273	1.5	0.6
プロテスタンティズムの倫理と資本主義の精神	170	0.3	0.2
都市	165	0.5	0.3
一般社会経済史要論	249	2.0	0.8
社会経済組織の理論	342	1.0	0.3
全体	1,199	5.25	0.4%
ミード（Mead, G. H.）			
精神・自我・社会	389	23.5	6.0
行為の哲学	660	5.5	0.8
19 世紀の思想動向	510	4.3	0.8
現在の哲学	195	2.0	1.0
社会心理学論選	351	11.5	3.3
全体	2,105	46.8	2.2%
パーソンズ（Parsons, T.）			
社会体系論	555	22.5	4.1
家族：核家族と子どもの社会化	295	136.5	46.3
社会学理論エッセイズ	439	16.0	3.6
社会学理論と現代社会	520	3.0	0.6
全体	1,809	178.0	9.8%
マートン（Merton, R. K.）			
社会理論と社会構造	627	5.0	0.8
科学の社会学	559	0.0	0.0
全体	1,186	5.0	0.4%
総計	15,145	640.7	4.2%

Ambert, A. M. 1986 Sociology of Sociology, in Adler, P. A. and Adler, P. (eds.), *Sociological Studies of Child Development*, Vol. 1. pp. 15-16.

表9-2 「社会学」のテキストにおいて子どもが取り上げられている頁数と割合（1972～1983）

編　著　者	テキスト	全頁数	子どもに関する頁数	子どもに関する頁数の割合
ブリセン（Blishen）他	カナダ社会学（1971）	575	21.5	3.7%
ブルーム（Broom）他	社会学（7版，1981）	571	55	9.6
エッシェルマン（Eshleman）/キャッション（Cashion）	社会学（1983）	551	33	6.0
グリーンブラット（Greenblat）	社会学入門（1981）	548	44	8.0
ヘイグドーン（Hagedorn）編	社会学（2版，1983）	560	38	6.8
ヘス（Hess）他	社会学（1982）	590	19.5	3.3
ホッジズ（Hodges）	葛藤と合意：社会学入門（1971）	553	22	4.0
ホートン（Horton）/ハント（Hunt）	社会学（5版，1980）	476	19.5	7.1
レスリー（Leslie）他編	社会学入門（3版，1980）	538	26	4.8
マンスフィールド（Mansfield）	社会学入門（1982）	367	31.8	8.7
ロチャー（Rocher）	社会学概論（1972）	556	4.5	1.0
ローズ（Rose）	社会学入門（3版，1980）	547	7	1.3
スメルサー（Smelser）	社会学（1981）	475	20.5	4.3
ティーバン（Teevan）編	社会学入門（1982）	422	21.5	5.1
トビー（Toby）	現代社会学（1971）	591	34	5.8
テューミン（Tumin）	社会の型（1973）	409	9.5	2.3
ロング（Wrong）/グレイシー（Gracey）	社会学読本	563	20	3.6

Ambert, A. M. 1986 Sociology of Sociology, in Adler, P. A. and Adler, P. (eds.), *Sociological Studies of Child Development*, Vol. 1. p. 17.

上げられている。だが他の著作では二・七％に過ぎない（再集計による）。デュルケム、パーソンズ以外の他の社会学者ではおしなべて低く、自我の社会性（社会化）を研究テーマにしたミードでさえわずか二・二％であり、その理論的核心とも言える『精神・自我・社会』（*Mind, Self, and Society : from the standpoint of social behaviorist*, 1934）においても六・〇％に過ぎない。社会化の問題が中心であっても具体的な事実としての子どもが対象とならず、抽象的な次元での記述だからである。だから九人の著名な社会学者のうちデュルケムとパーソンズの二人だけが「子ども」について論じているのである。

またアムバートは一九七一〜一九八三年の間に刊行された社会学のテキスト三〇冊について同様の方法で調査をしているが、うち初めに調査した一七冊について結果を報告している。表9‐2がそれである。テキストでは社会化や家族を扱っている章はあるが、しかし直接に「子ども」を対象としていないという。子どもに関する記述が最も多いのは、ブルーム（Broom, L. P.）などの編集した『社会学』（七版）（*Sociology*, 7th, 1981）で九・六％、最も低いのはロチャー（Rocher, G.）の『社会学概論』（*A General Introduction to Sociology*, 1972）で一・〇％である。一七冊を平均すれば四・八％になる（再集計による）。

このように伝統的な社会学も、また中心的な社会学者も子どもの問題を取り上げることがほとんどなかったのである。子どもは社会学の主流からは排除されていたのである（Corsaro, W. A. 2011, p. 8）。そしてそうした事実が反映して、社会学のテキストにおいても子どもの問題を取り上げることはなかったのである。だが、社会学が、個々人に自分の置かれている社会的現実の世界を理解できる能力を形成する学問であるとするならば（Berger, P. L. & Berger, B. 1975, 訳書：四〇六）、社会学のテキストから子どもが排除されていることは（女性が排除されていることも含めて）社会学的洞察の有効性を歪めることにもなりかねない。

表9－3　社会学のジャーナルにおいて子どもに焦点がおかれている論文数と割合（1972～1983）

ジャーナル	全論文数	子どもに関する論文数	子どもに関する論文の割合
American Journal of Sociology	544	4	0.7
American Sociological Review	688	9	1.3
Canadian Review of Sociology & Anthropology	319	3	0.9
Social Forces	694	5	0.7
Social Problems	548	8	1.5
Sociological Quarterly	458	3	0.7
Journal of Marriage and the Family	906	33	3.6
Sociology of Education	288	19	6.6

Ambert, A. M. 1986 Sociology of Sociology, in Adler, P. A. and Adler, P. (eds.), *Sociological Studies of Child Development*, Vol. 1. p. 18.

(2)　子ども調査の困難

第三に、子どもを対象に調査することの困難さがあげられる。子どもといっても発達段階によって異なるが、認知能力・応答能力からいって質問紙法が可能な年齢はせいぜい児童中期（小学校三年生）くらいからだろう。子どもは言葉を習得し、その意味を理解し、そして自分自身の思考を理解し、他者の考えを自分で定式化できるまでは他者とコミュニケートすることができない。さらに文字を認知し、理解し、文章の意味を理解できるという認知能力がなければ質問紙法は困難である。となれば児童中期が妥当なところだろう[4]。だが、児童中期といっても自分自身の思考を明確化し、それを言葉で表現することは難しい。大人でさえ自身の思考や内省を明確にすることは容易ではない。だから子どもの社会生活を理解するためには、一方で事例調査やモノグラフといった質的調査が必要である。プロウト（Prout, A.）とジェイムズ（James, A.）は「子ども期の社会学」の新たなパラダイムにとってエスノグラフィが極めて有効な社会学的データ蒐集の方法だと述べている（James, A. and Prout, A. 1997, p. 8）。しかしその質的調査であっても、子どもの言葉、態度、行為を理解することは容易でなく、データ収集期間も長期にならざるを得ない場合もある。デンジン（Denzin, N. K.）の言うように、子どもは社会学的質問に対する準備ができておらず、社会学的研究にとって良い対象とは言えないのである（Denzin, N. K. 1977, p. 59）。

第四に、このことと関連するが、子どもの社会学的研究の質的調査は、社会学のジャーナルにおいては評価されず、そのためにこれまでは研究論文が掲載される機会が乏しかったということがあげられる（Ambert, A. M. 1986, p. 23）。これまでの社会学はマクロ社会学、とくに機能主義的社会学が主流を占めていたが、機能主義的社会学は量的データを統計的技法によって解析するという統計的方法が中心であったから質的調査を用いることの多い子どもの社会学的研究は、その意味では主流から外れ、評価されることがなかったのである（Ambert, A. M. 1986, p. 23）。アムバートは、そのために子ども社会学者は研究論文を公表することに躊躇し、そうしたことが子どもの社会学的研究を停滞させたとさえ述べている。彼女は、このことを検証するために一九七二〜一九八三年の間の主要な社会学のジャーナル八誌について、子ども、または子ども期に焦点をおいた論文数を調査している。表9－3は、その結果であるが、いずれのジャーナルにも子ども、または子ども期をテーマとした研究論文はほとんど掲載されていない。子どもについての関心が高いと思われる「結婚と家族ジャーナル」（*Journal of Marriage and the Family*）でも子どもに関する論文は、わずか三・六％である。それ以上に子どもと関連すると思われる「教育社会学」（*Sociology of Education*）でもわずか六・六％に過ぎない。八誌を平均すればわずか一・九％でしかない（再集計による）。社会学のジャーナルは社会学のテキストよりも、さらに子どもについての研究が少ないのである。[5]

このように子どもの社会学的研究は、子どもを対象とする調査の困難、そしてまた質的調査を用いるがゆえに量的調査を中心とする社会学の主流から排除されていたのである。こうした状況に鑑みてアドラー夫妻（Adler, P. A. & Adler, P.）は、子どもの社会学的研究の論文発表の場として、一九八六年から不定期ではあるが、『子どもの発達の社会学的研究』（*Sociological Studies of Child Development*）を刊行している。[6]

3　子どもに対する社会学的関心

(1)　子どもへの関心の高まり

子どもが社会学の対象として本格的に研究され始めたのはアメリカであって、一九八〇年代に入ってからである。この頃から子どもに関するモノグラフ、事例報告、経験的レポートが発表されるようになり、アドラー夫妻（Adler, P. A. & Adler, P.）の子どもの社会学的研究のジャーナルも刊行されるようになり（一九八六年）[7]、そして社会学のテキストに「子ども」や「子ども期の社会化」が取り上げられるようになった。

一九八〇年代に子どもや子ども期に対する社会学者の関心が高まった背景には、一九六〇年代後半から一九七〇年代にかけて起こった女性やマイノリティの解放運動がある。女性やマイノリティの解放運動はそれまで社会的・文化的に従属的な地位に位置づけられていた集団がその地位のゆえに不平等な扱いを受けていたことに対して平等な権利を要求する反対運動であった。これらの運動の当事者には社会学者もいたから、この運動を機に女性学（wemen's studies）や女性社会学（sociology of women）、そしてまたマイノリティを対象とした民族学（ethnic studies）といった新たな学問が出現し、急速に発展していった。すでに一九七〇年代半ばには多くの大学のカリキュラムや講座に女性学の新たな学問が取り入れられるようにもなった。全米女性学会（National Women's Studies Association）が設立されたのは一九七七年である。

こうした女性やマイノリティに対する研究者の視点が同じ劣等的な立場にあった子どもに関心を向けるようになったのである（Corsaro, W. A., 2011, pp. 7-8）。女性もマイノリティも子どももともに社会の「非成員」だった。オークリー（Oakley, A.）は、子どもも女性も父権社会のなかでは権利も道徳も相対的に欠如している同じ社会的マイノリティ・グループと見なされてきたから研究していく上において類似点もある、だが決定的な相違点もあり、女性は自身の権利の主張が可能であるが、子どもはそうではないから、子どもに関連する仕事に携わっている人々がそれぞれの立場から子どもの生活や心身についての新たな知識を蓄積していくことの必要性を強調している(Oakley, A. 1994, pp. 13-32)。

こうした平等な権利を要求する解放運動が子どもの運動にも波及し、一九七〇年代に、いわゆる「子どもの権利運動」(Children's Rights Movement)が起こった。その背景には、一九六〇年代以降、性の解放、離婚、家庭内暴力、子ども虐待といった家族崩壊があり(我妻 一九八五:八二、一六六-一二〇)、親性(parenthood)が事実上解体するという現象があった。特に子ども虐待は一九六〇年代初めに一挙に社会問題化し、アメリカの最も深刻な社会問題となった(熊谷 二〇〇五:一〇三-一〇五)。一九六三~一九六七年にはアメリカ全五〇州において子ども虐待通告法が制定されたが、このわずか数年という短期間のうちに全州に法規が制定されるというのはいかに子ども虐待が重大かつ喫緊の課題であり、社会的関心の高い問題であったかを端的に物語っている。これまで自明とされていた親の保護に対する信頼は、親性の解体によって失われ、もはや「親の保護・監督ではなく、子ども自身の意志と子どもの自律権こそが権利の中心概念」だとする「子どものオートノミー」という考え方が広まっていった(森田 一九九九:八三-八八)。この子どもの権利運動は子どもを親の保護から解放するという意味での子どもの解放運動であったから「子ども解放運動」とも呼ばれた。こうした社会的背景のなかで子どもの問題、なかんずく子ども虐待に対する研究者の関心は高まり、一九六〇年代後半~一九七〇年代にかけて法律、医学、心理学、社会福祉などの分野において多数の論文や研究書が発表されるようになった。だが、さらに一九七〇年代から一九八〇年代にかけては一〇代の未婚母の問題や子どもの性的虐待が社会問題化し、子どもの問題はますます緊急の課題となって研究者の関心を高めたのである。

こうした社会的背景のなかで、フランスの歴史家アリエス（Ariès, P.）の『子どもの誕生』（*L'Enfant et la vie familiale sous l'Ancien Régime*, 1960）が大きな影響を与えた。それは上記のような子どもの問題に加えて、一九七〇年代後半～一九八〇年代になるとマリファナや薬物使用、暴力やいじめ、犯罪、そして若者の反逆といった青少年の問題が深刻化し、有効な問題解決策を模索していくなかでアリエスの説が子ども研究に新たな視点を提示したからである。それは中世に子ども期はなく、近代になって子ども期が発見され、社会のなかに子どもという地位が確定したということを論証したものだった。中世では子どもは〈小さな大人〉と見なされ、七歳前後には徒弟として見習修行に出されたが、その生活（大人の世界）を通して子どもは知識・技能や実務経験を獲得していった。だが大人たちの穢れた世界から無垢な子どもを隔離し、身近に置いて監視しようという親の欲求や意識変化によって近代家族が誕生すると、子どもは家族のなかで愛され、庇護されるべき存在として位置づけられるようになった。また富裕層の親が子どもから大人への過渡期の社会的な手ほどきは学校教育の方が適切だと考えるようになり、子どもは学校において教育されるべき存在として位置づけられるようになった（アリエス、訳書 三四五―三四八）。そのために子どもは近代家族や学校のなかに隔離され、囲い込まれるようになったのである。つまり中世では子どもの社会化は、いわば社会が担っていたのだが、近代になるとそれは家族や学校だけが担うような閉鎖的なものになったのである。だが、そのことが「〈小さな大人〉」から「子ども」へと概念を変化させ、子ども期を成立させたとアリエスは論じたのである。こうしたアリエスの視点は、子どもを再び家族、学校、国家などとの諸関係との関連において問い直し、つまり私的な問題としてではなく公的な問題としてとらえ直し、子どもを社会構造のなかに位置づけて理解し、社会の側から子どもの問題に対する対応策を講じることの必要性を提示することとなった。

アリエスの影響を受けて、一九七〇年代後半～一九八〇年代になると子ども期を社会の視点から研究するようになった（Handel, G. Cahill, S. & Elkin, F. 2007, pp. 65-76. Corsaro, W. A. 2011, pp. 67-89）。子ども期を社会構造のなかに位置づけて理解しようというわけである（Corsaro, W. A. 2011 p. 370）。アムバートは、子ども（children）＝人（person）、子ども期（childhood）＝地位（status）と規定している（Ambert, A. M. 1986 p. 13）。「子ども（children）」は大人とは区別された個性的な存在、つまり「人（person）」であるが、「子ども期（childhood）」は大人との関係において社会構造のなかに位置づけられた関係的な存在、つまり社会構造のなかでの「地位（status）」なのである。端的に「子ども（children）」は個性的存在であり、「子ども期（childhood）」は社会構造のなかでの関係的存在と言ってよい。

このように子どもの社会学的研究は、子ども問題に対する社会的関心の高まりを背景にようやく一九八〇年代になって本格的に始められるようになった。だから子ども社会学と言ってもたかだかこの三〇年くらいの動きに過ぎず、実に新しい研究領域なのである。

(2) 子ども社会学の出現

子ども社会学、または子どもの社会化に限って言えば[8]、もっとも早く研究書を著したのは、ボッサード（Bossard, J. H. S.）である。彼はすでに一九四八年に『子どもの発達社会学』（*The Sociology of Child Development*）を著している。この書はその後一九五四年に二版が出され、一九六〇年に三版が出されているが、三版からボル（Boll, E. S.）が執筆に加わり、新たに三章を加えるとともに大幅に改訂されている。パーソナリティの社会的発達とは端的に子どもの社会的発達であり、それはとりも直さずパーソナリティの社会学的アプローチを意味するとする。そしてパーソナリティは社会的条件の所産であり、社会的場において形成されるとし、その社会的場としての家族、仲間集団、学校を構造、過程、内容の三側面から分析している（Bossard, J. H. S. and Boll, E. S. 1960）。

ボッサードに次いで研究書を著したのは、エルキン（Elkin, F.）とハンデル（Handel, G.）である。彼らは一九六〇年に『子どもと社会』（初版）（*The Child and Society*）を著し、子どもを社会学的視点から見れば、子どもが現代の、絶えず変動する社会のなかでどのように社会化され、活動する成員になっていくかが中心的な問題であるとして、幅広く子どもの社会化について論じ、さらに社会化は生涯にわたる過程であるとして最終章（第七章）において青年期と成人期の社会化についても論じている（Elkin, F. and Handel, G. 1960）。

コラー（Koller, M. R.）とリッチー（Ritchie, O. W.）も一九六四年という比較的早い時期に『子ども期の社会学』（*Sociology of Childhood*）を著している。現在の社会学理論は構造機能主義が支配的であり、構造機能主義の立場からは子どもの社会化が中心的課題であるとして、とくに社会化が顕著に表れる一二歳以下の時期を子ども期として論じている（Koller, M. R. and Ritchie, O. W. 1978, pp. 14-19）。だが、その一方で構造機能主義以外に象徴的相互作用論、交換理論、葛藤理論といった新たな理論も発展してきており、こうした理論は子どもの社会化過程を解釈する上で有効であると述べている。

クラウゼン（Clausen, J. H.）が一九六八年に編集した『社会化と社会』（*Socialization and Society*）もこの時期の代表的な研究書である。タイトルに子どもの表示はないが、六人の研究者の論文から構成されている（うち一章は成人の社会化について論じている）。子どもの社会化過程を社会構造や社会的文脈との関連でとらえようとし、その社会化過程への影響を重視しているところに特徴が見られる（Clausen, J. H. 1968, pp. 3-12）。

子どもの社会学的研究が本格化する以前においては、おおよそこのような状況であったが、先に述べたように一九六〇年～一九七〇年代に子どもの権利運動、解放運動が起こったために、一九七〇年代以降の研究書においては、子ども虐待や子どもの権利の問題が取り上げられるようになった（例えば、Dreitzel, H. P. 1973, pp. 111-137）。こうした子どもの問題を背景に子どもへの社会学的関心が高まり、一九八〇年代になってから子どもの社会学的研究がようやく本格化するようになってきたのである。タイトルも「子ども社会学」（sociology of children）の他に「子ども期の社会学」（sociology of childhood）、あるいは「子ども期の社会化」（childhood socialization）と題する研究書が多くなった。しかしほとんどの研究書は、タイトルがどうであれ、子どもの社会化過程に焦点を置いている。ドライツェル（Deitzel, H. P.）、ジェンクス（Jenks, C.）、ワスクラー（Waskler, F.）、ジェイムズとプラウト（James, A. and Prout, A.）、ハンデルとケイヒルとエルキン（Handel, G. Cahill, S. and Elkin, F.）、コーサロ（Corsaro, W. A.）などの子ども社会学者は、子どもの社会学的研究の焦点は子どもの社会化過程にあると明確に述べている（Deitzel, H. P. 1973, p. 6. Jenks, C. 1982, pp. 9–24. Waskler, F. 1991, pp. 12–22. James, A. and Prout. A. 1997, pp. 10–14. Handel, G. Cahill, S. & Elkin, F. 2007, pp. 2–10. Corsaro, W. A. 2011, pp. 9–25）。

4　子ども社会学の意義と対象

(1)　子ども社会学の意義

①　子どもの社会化と社会学の根本問題

子ども社会学の基本的な問題は、子どもの社会化過程にある。前述のように、子どもは社会の補充要員であるから、未熟な存在である子どもが成熟した社会的人間へと社会化され、正規の社会成員として社会参加していく社会化の過程は子ども社会学の基本的な問題である。

しかし社会化を研究しているのは、子ども社会学だけではない。社会学理論においても社会化を研究主題としている。社会化理論の源流を辿れば、ジンメル（Simmel, G.）にまで遡ることができるが（Clausen, J. H. 1986, p. 4）、ジンメルは周知のように「社会はいかにして可能であるか」を問い、社会学の根本問題であるとした（Simmel, G. 1908, 訳書 三七-五七）。そして社会を構成しているのは諸個人間の心的相互作用であるとし、その様式としての社会化の諸形式を考察している。翻って現代の社会学理論、例えば象徴的相互作用論では、シンボルを媒介にする相互作用過程に焦点をおいて人間の自我形成の過程を中心的な研究課題としている（船津 一九七六：九三）。つまり社会化過程である。こうした個人と社会との関係の問題は、言うまでもなく社会学の最も基本的な問題である。しかし、この個人と社会との関係は、経験的には子どもの社会化過程の問題に具象化される。ミード（Mead, G. H.）が自我形成の過程を子どもの遊戯を例に論じているのは周知の通りである（Mead, G. H. 1934, 訳書 一六四－一七六）。したがって「社会はいかにして可能か」という個人と社会との関係の問題は、デンジン（Denzin, N. K.）の言うように、子どもの社会化の過程を具体的に説明できるような理論でなければならない（Denzin, N. K. 1977 p. 5.）。つまり子ども社会学における社会化研究は、個人と社会の関係という社会学理論の根本問題に関わってくる重要な問題なのである。その意味において子ども社会学は、社会学理論に貢献することができる。子ども社会学と社会学理論が緊密な繋がりを持てば、相互に発展の一助となることができる。

② 子どもの生活の統一的理解と子ども期の理解

子ども社会学は、前述のように一九八〇年代から本格的に研究され始めたが、それまでにも子どもを対象とした社会学的研究がなかったわけではない。しかしそれは多くの場合、「子ども社会学」として子どもを直接の研究対象にしたものではなかった。既存の社会学の各研究領域において、あるいはそれぞれの特殊社会学において、それぞれの領域の問題が子どもと関わる限りにおいて取り上げられてきたに過ぎない。例えば、家族領域（家族社会学）のなかでの親子関係の問題、学校領域（学校社会学）のなかでの教師生徒関係や生徒集団の問題、マスコミュニケーション領域（マスコミュニケーション社会学）のなかでの子どもに対するマスコミュニケーションの影響（効果）の問題、逸脱行動領域（非行・犯罪社会学）のなかでのいじめや子ども虐待の問題、体育・スポーツ領域

（体育社会学やスポーツ社会学）のなかでの幼児の遊びや遊戯集団の問題といった具合である。したがって子ども、あるいは子どもの生活を統一的に理解するためには、差し当たっては、こうしたそれぞれの研究分野における子ども研究を「子ども社会学」として包括し、現段階での研究の成果と課題を系統的に整理することが必要だろう。すでに、こうした立場から編集された研究書として、ジェンクス（Jenks, C.）編の『子ども期の社会学』（*The Sociology of Childhood*：1982）やハンデル（Handel, G.）編の『子ども期の社会化』（*Childhood Socialization.*：1988）などがある。前者は、歴史学（アリエスなど）、社会学（デュルケーム、パーソンズなど）、社会心理学（ストーン（Stone, G.））、心理学（ピアジェ（Piaget, J.））、人類学（ミード（Mead, M.））などの関連論文から子ども期を社会学的視点から総合的に理解しようとしているし、後者は社会学を中心に心理学、教育学、精神医学の一九論文から構成され、子ども期の社会化を子どもの生活領域に沿って理解しようとしている。またリチャーズ（Richards, M.）とライト（Light, P.）編の『子どもの社会的世界』（*Children of Social Worlds*：1986）も社会学、心理学、人類学、精神医学など一四論文から構成され、子どもの発達を社会的文脈との関連において理解しようとする論文集である。

子ども社会学は、もちろん子ども期に焦点を当てて研究するが、その理解するところは子ども期だけに限らない。子ども期の研究は人間の生涯についての理解にも繋がる。子ども期の生活経験がその後の社会化過程にどのような影響を与えるのか。青年期に生じるさまざまな問題は、その青年期の段階に原因があるのではなく、その前段階の子ども期に原因がある場合もある。また子ども期の生活経験や習慣が大人になってからの生活や習慣にまで継続する場合もあるし、生活様式を方向づけ、規定づける場合もあるだろう。子ども期の、どのようなタイプの生活経験や習慣がその後も継続し、その後の社会化過程に重要な影響を及ぼすのか。そして逆に将来参加する社会の観点から見て子ども期はどのような社会化が行われているのか。「将来を見越した社会化」である。過去は現在に作用するが、将来も予測によって現在に作用する。だから子ども期の研究は、子どもの生活や行動だけではなく、大人の生活や行動を理解する上でも重要な意味を持つのである。さらに子ども期は、以後の各発達段階をも含めて、現代の産業化社会のように社会構造が複雑化し、社会変動が急激な社会において、どのように変化していくのか。発達段階が社会によって規定されるとすれば、子ども期の理解は社会の制度や制度的秩序を理解する上でも重要になる。

(2) 子ども社会学の対象

子どもは社会の補充要員であり、未熟な存在であるから正規の社会成員である大人は子どもを庇護し、世話をし、指導して、成熟した社会的人間にまで育成していかなければならない。したがって社会は、補充要員である子どもの世界と子どもを庇護し、世話をし、指導している正規の社会成員である大人の世界とに大別してとらえることができる。それぞれを簡単に「子ども世界」(children's world) と「大人世界」(adult world) と呼んでおこう。だが、大人は子どもを庇護し、世話をし、指導するという圧倒的に支配的な、上位に位置している。したがって社会の全体的な秩序は大人が形成しているわけである。〈社会=大人世界〉なのである。だから〈大人=社会の正規の成員〉と見なされるのである。とすれば、子どもは、つまるところ子ども世界と〈社会=大人世界〉という二つの世界に属していることになる。そして子どもは未だ自立的に行動できない存在であるから〈社会=大人世界〉のなかでは、大人に対してもっぱら依存的であり、従属的であり、服従的であり、大人世界の影響を直接的に受ける。

しかしその一方で、子どもは、子ども世界のなかでは他の子どもとともに同じ補充要員という地位的位置にあって、それぞれ相互に独立主体として自立的に行動する。そして子ども世界では、子どもは他の子どもとともに社会的人間への形成過程(社会化過程)の途上にあるという共通性を有し、また同時代の社会的経験を共有しているために、共通の意識や行動様式を持つようになる。この子ども世界の意識や行動様式は、地位的位置や世代、時代、社会的経験を異にする大人世界のそれとは異なり、子ども世界に固有の意識や行動様式である。つまり下位文化である。

このように考えてくると、子ども社会学の研究対象としての子どもは、「子ども世界」と「大人世界」という二つの領域に分けて考えることができる。子どもにとっては、いわば独立変数の領域と従属変数の領域である。

従属変数の領域とは、大人世界のなかでの子どもである。大人の世界のなかでは子どもは大人から庇護、世話、指導という一定の規則的な働きかけを受け、大人からの影響を直接受ける。大人世界の事象が独立変数であり、子どもが従属変数だというわけである。先にあげた各研究領域における例のように、これまで子どもは社会学のそれぞれの研究領域において従属変数として扱われてきた。家族集団や学校集団のなかでの子ども、マスコミュニケーションの受け手としての子ども、学歴社会と子どもの生活、社会階層と子どもの生活機会、子どもの政治意識の形成などである。その他、子どもは前述のように、大人に対して依存的、従属的、服従的であるから大人が上位に位置するような〈大人―子ども〉関係に関わるあらゆる現象が含まれる。

それに対して独立変数の領域とは、子ども世界のなかでの子どもである。独立変数としての子ども世界は、大人の介入することのない子どもだけの世界である。この子ども世界では、子どもはそれぞれに同じ地位的位置にあって相互に同等であり、したがって相互に独立主体の行為者として働きかけ、交渉する。子どもは相互に独立変数でもあり、従属変数でもある。しかし子どもというカテゴリーから見れば、子どもは他の子どもとともに子ども世界を集合的に作り出しているから独立変数として扱われる。子どもの仲間集団は子ども世界の典型である。子どもの仲間集団は子どもだけをメンバーとし、大人の介入を一切許さない世界であり、子どもはそこにおいては独立主体の行為者として行動する。こうした仲間集団活動から生まれる仲間文化や遊び文化も研究対象になるし、また子ども世界に共通の、固有の行動様式である子ども文化も研究対象となる。さらに少年少女マンガは大人が制作した作品であるが、その享受者である子どもの受容過程は子ども自身の主体的過程であるから少年少女マンガ文化といった領域も考えられるだろう。そしてまた何ほどかの大人の援助や助力を受けているとしても、子ども自身が主体的に、あるいは支配的に営んでいる集団活動や団体活動なども対象と考えてよい[9]。

この二つの領域に加えて、子どもの社会化という基本的問題がある。子どもは大人世界と子ども世界の両方においてそれぞれに社会化される。大人の世界における社会化は、大人に圧倒的な力があり、また子どもは大人が要求し、期待する以外の方法での諸欲求の充足方法を知らないから大人による社会化は一方的であり、強制的である。要するに子どもは社会化客体（socializee）の立場にある。それに対して子ども世界における社会化は、同等の地位的位置にいる子ども同士の、いわば相互的社会化である。ここにおいて子どもは相互に社会化主体となり、また社会化客体ともなる。さらに子ども世界と大人世界を通しての一貫した連続的な社会化過程も重要な問題となる。

このように、子ども社会学の対象である子どもは、①従属変数としての子ども（大人世界のなかでの子ども）、②独立変数としての子ども（子ども世界のなかでの子ども）、③社会的人間への社会化の過程、の三領域に大別することができる。これまでの子ども社会学を概観すると、③子どもの社会化については伝統的に社会学の基本的問題として論じられてきているし、①大人世界のなかでの子どもについての研究も各研究分野に分かれてはいるものの従来から存在する。しかし②子ども世界のなかでの子どもという独立変数の領域での研究はきわめて少ない。

5　子ども社会学の課題――子どもの社会化と子どもの仲間集団を中心に――

さて最後に今後の課題について簡単に述べておきたい。ただし子ども社会学の全体的な課題ということになれば、私の能力を超えるので、ここでは子ども社会学の基本的な問題である子どもの社会化の課題と子ども世界の典型である子どもの仲間集団の課題を大まかに述べるに留めたい。

(1) 子どもの社会化研究の課題

子ども社会学は、ボッサードの先駆的な『子どもの発達社会学』以来、子どもの社会化過程に焦点を当ててきたから社会化研究の課題についてもすでにさまざまな指摘がある。大まかにまとめると以下のような課題があげられよう。

第一に、社会化理論の研究がある。社会化理論は、社会化過程における言語、相互作用、コミュニケーション、自我、価値や規範、地位と役割などの問題を一貫して理解しなければならない。そして先に述べたように社会化理論は、現象としての子どもの社会化の過程を具体的に説明できる理論でなければならない。しかし逆に子ども期の現象は社会化理論に対して豊かなデータを提供する（Denzin, N. K. 1977, pp. 59–60）。マートンに模して言えば、子ども期の現象は社会化理論を創始し、作り直し、方向を変え、また明確化するのである（Merton, R. K. 1957, 訳書 九五）。社会化理論は子ども期の現象から確証を得つつ進められることになる。

第二に、子どもの主体的・能動的な側面をも取り入れた社会化理論を構築しなければならない。伝統的な社会化理論は子どもを常に社会化される、受動的な存在と見なしてきたから子どもは社会的な鋳型にはめ込まれていくという受動的な過程だけを意味していた。しかし子どもといえども、現に位置しているそれぞれの発達段階での欲求を持っており、その欲求充足のために主体的、能動的に行動する。だから子どもを欲求の担い手として理解しなければならない。つまり主体的行為者としての子どもに焦点を当てた社会化過程の研究が課題となる。そしてそのための方法として子どもの視点を取り入れた解釈的アプローチが有効である（Cosaro, W. A. 2011, pp. 9–14）。

第三に、子どもの個人差の問題がある。子どもの社会化といってもすべての子どもが一律に同じ過程を辿るわけではない。同じ価値・規範・信念に立脚した社会であっても、その社会化過程において個人的な差異が生じてくる。子ども自身の態度・動機づけの違い、主観的解釈の違い、子ども自身の生活経験の違い、子どもに働きかける他者の立場や性格の違い、その他者との相互作用場面の違い、社会参加の仕方の違いといった個人的な条件によるさまざまな差異が、社会化過程を進行させていく反面において、個別化過程を進行させていくのである。だから社会化の程度も内容も個々に異なってくる。この社会化過程と個別化過程をどのように理解するかが課題となる。もっとも子どもの社会化研究は個人差を説明するものではないという意見もある（Handel, G. Cahill, S. & Elkin, F. 2007, p. 9）

第四に、逸脱行動の問題がある。子どもの社会化過程といっても常にスムーズに進行していくとは限らない。その過程において社会の価値や規範から逸脱していく場合がある。子どもの逸脱は、どのような逸脱であろうと未熟なゆえであるとして、また正規の社会成員への可能性を考慮して、大目に見られ、寛容に処置される。しかし子どもの社会化過程において生じる逸脱をどのように定義するか、その逸脱化過程をどのように理解し、説明するか、逸脱の種類や形態はどうかといった問題は、子どもの社会化過程や生活を理解していく上で重要な課題である。

第五に、子どもの社会化であっても、しばしば二方向過程を辿るということである。先に述べたように、子ども世界のなかでの子どもの社会化は相互的である。子どもは相互に社会化主体ともなり、社会化客体ともなる。だが、大人世界のなかでも大人の働きかけに対する子どもの反作用という形を通して、逆に大人を社会化していく場合も少なからずある。もっともそれは大人に対する社会化を意図しての反作用ではなく、子どもの反作用の結果として大人が社会化された場合に限られるだろう。親の働きかけに対する子どもの反作用を通して親性（parenthood）の価値を親が習得するといったような場合である。

第六に、子どもの社会化は、他者の意図しないことさえも学習していく側面があるということである。例えば、親が意識的に伝達しようとしないことさえも子どもは察知して、学習していく。マートン（Merton, R. K.）は「子どもは両親の日常目撃される行動や何げない会話のなかに社会的原型を感知する。子どもらは、たとえ文化的様式が暗黙的で規則化されていなくとも、これを見抜いて取り入れてしまう」と述べている（Merton, R. K. 1957, 訳書一四六）。こうした社会化過程は模倣、同一化、役割学習といったメカニズムを通して行われることになる。このような社会化のメカニズムは子どもの生活領域のそれぞれにおいて行われる。とすれば子どもが、その暗黙の役割モデルを選択した動機や理由は何か、役割モデルに対する受容度はどうか、役割モデル選択後の社会化過程はどうかといった問題が生じてこよう。

そして第七に、社会の補充要員として子どもは将来を予測しての「将来を見越した社会化」過程にあるが、その将来を見越した社会化の有効性はどうかという問題がある。

子どもの社会化研究においては、こうした課題を考えることができる。

(2) 子どもの仲間集団研究の課題

子どもの仲間集団は、独立変数としての子ども世界の典型であり、中核であるにもかかわらず、研究はあまり進んでいない。それは何よりも調査が困難なゆえである。子どもの仲間集団は自然発生的なインフォーマルな小集団であり、メンバーが決まってはいるものの集団形成のつどに異なるという流動性を有しているからである。しかも恒常的集団とはいえ集団活動は随意的である。このことが調査を困難にしている（住田 二〇〇四：一一－一六）。対象である子どもの仲間集団をとらえること自体が困難なのである。ブラウン（Brown, B. B.）とディーツ（Dietz, E. L.）も子どもの仲間集団は、メンバーの流動性のゆえに調査が困難であり、研究が乏しいことを指摘している

(Brown, B. B. and Dietz, E. L. 2009, p. 361)。もっとも子どもの仲間集団といっても幼児期と児童期とでは異なる。しかし子どもの社会化という視点から見れば、いわゆるギャング・エイジの仲間集団が中心になる。この時期に形成される仲間集団は凝集性も高く、組織的で、子どもの仲間集団の典型と見なされるからであり、それだけに社会化機能も強いと思われるからである。

子どもの仲間に関する研究は、これまでは心理学が対象としてきた。児童心理学や発達心理学がそれである。しかし心理学が対象とするのはもっぱら仲間関係である。「仲間集団」と銘打った研究であっても、内容は仲間関係の分析であることが少なくない。右のブラウンとディーツの「子どもと青年の仲間集団」の論文も内容は仲間間の相互作用が中心である(Brown, B. B. and Dietz, E. L. 2009, pp. 361-376)。ルビン(Rubin, K. H.)らは、子どもの仲間は家族や学校や近隣などによる社会化以上の強力な社会化エージェントであるとして『仲間の相互作用、仲間関係、仲間集団のハンドブック』(*Handbook of Peer interactions, Relationsnips, and Groups*)を刊行し、仲間研究の集大成であると述べているが(Rubm, K. H., Bukowski, W. M. and Laursen, B. (eds) 2009, p. viii)、掲載されている三二論文の大半は心理学研究によるものである。ルビンら三人の編者も心理学者であるし、ブラウンとディーツも心理学者である。

しかし子どもの仲間関係をいかに分析しても子どもの仲間集団の分析にはならない。社会関係の分析は、社会集団との関連において分析されねばならない。社会学の論理にしたがえば、社会関係が堆積することによって社会集団が形成されるが、現実的には社会関係は社会集団を場として現れ、社会集団の規範にしたがって展開される。現実の子どもの仲間関係も仲間集団を場として行われるのである。一般的に言えば、子どもの場合は集団的遊戯活動を目標に仲間集団が形成されるが、その仲間集団のなかで諸種の仲間関係の構造が生じるのである。仲間集団のなかで子どもは相互に一定の行動を期待し、つまり相互に地位と役割を割り当て、その地位にしたがって子どもは行動（役割）する。その行動する際の規準が集団規範である。仲間集団の規範は集団的遊戯活動がスムーズに展開されるように形成される。その規範形成や規範遵守の判定の際のリーダーの影響は大きい。そして子どもの仲間集団といえども、メンバーはこの集団規範にもとづいて行動する。仲間集団の規範がメンバーの行動やメンバー間の関係を規制するのである。したがって子どもの仲間集団を離れて子どもの仲間関係のみを対象として分析しても現実的ではない。だから心理学的研究によって明らかにされた子どもの仲間関係の諸事実を自然状態に移した場合に、そのまま妥当するかどうかは明らかではないのである（住田　一九九五：一四）。子ども集団研究者のファイン（Fine, G. A.）も同様の指摘をしている（Fine, G. A. 1987, 訳書　i頁）

しかし子どもの仲間集団の社会学的研究が全くないわけではない。初期の子ども社会学者であるボッサード（Bossard, J. H. S.）やエルキン（Elkin, F.）の著作をはじめ、子ども社会学や子ども期の社会化の研究書では、子どもの仲間集団における社会化の重要性が指摘されている。ただし一般論であって実証的研究ではない。同じ仲間集団であっても青年期の仲間集団はメンバーが固定化し、排他的になってクリーク（clique）化してくるから集団を把握することも比較的容易なために実証的研究もある。ホワイト（Whyte, W. F.）の『ストリート・コーナー・ソサイエティ』（*Street Corner Society*, 1943）やコールマン（Coleman, J. S.）の『青年社会』（*The Adolescent Society*, 1961）といった著名な実証的研究もある。

子どもの仲間集団の実証的研究の先駆をなしたのはスラッシャー（Thrasher, F. M.）の『ギャング』（*The Gang : a study of 1,313 gangs in Chicago*, 1927）である。ギャングとは子どもの遊び仲間から青年期の犯罪集団にいたる集団を指しているが、彼は参与観察やインタビュー、手記など多様な調査法を駆使してギャングの生活や娯楽活動、ギャングの組織構造や集団過程について詳細に調査し、モノグラフとして記述している。子ども期のギャングは、街路や近隣の空き地で近隣の仲間をメンバーとして形成される自然発生的な遊戯集団（play-group）で、未だ組織化されてはおらず、結束を欠く集団であるという（Thrasher, F. M. 1927 p. 60）。しかしこうした散漫型のギャングが他の集団との闘争を通して次第に団結型、因襲型になっていく集団過程を明らかにしている。

しかしスラッシャー以後、青年期は除いて子ども期に限って言えば、仲間集団の実証的研究はあまり見られない[(10)]。そうしたなかでファインは子どもの野球集団のリトルリーグを対象に参与観察法によって集団構造や集団活動、仲間文化の事実を解明している。（Fine, G. A. 1987, 訳書 二〇〇九）。また住田は子どもの仲間集団を活動集団と交友集団に類型化し、それぞれの集団を観察法と面接法によってとらえ、さらに面接法とソシオメトリックテスト等を駆使してそれぞれのタイプの仲間集団の外部構造と内部構造、集団内の相互作用過程を明らかにし、また事例分析によって社会化機能を考察している（住田 一九九五、二〇〇〇）。

だが、概して子どもの仲間集団研究は進んでおらず、停滞したままである。だから子どもの仲間集団に関わる諸現象の一切が研究課題だと言っても過言ではないだろう。子どもの仲間集団の定義から始まり、仲間集団の把握の方法、仲間集団の調査法、仲間集団の形成過程、仲間集団の外部構造や内部構造、仲間集団内での相互作用過程、仲間集団の社会化機能、仲間集団活動の展開過程、仲間集団文化、さらには地域社会や全体社会との関連といった具合である。ただ仲間文化の研究については少なくない。例えばアドラー夫妻は八～一二歳の子どもの仲間文化に焦点を当てつつ子どもの生活の多様な側面を参与観察によって明らかにしながらエスノグラフィの手法を用いて記述しているし（Adler, P. A. & Adler, P. 1998）、コーサロも仲間文化を幅広くとらえて、これまでの研究の蓄積を紹介している（Corsaro, W. A. 2011 pp. 219–269）。そしてまた児童期の仲間間集団のみならず、幼児期の仲間集団についても実証的研究を進めていかなければならない。

子ども社会学が子ども期のあらゆる現象の統一的理解を目指そうとすれば、子どもの仲間集団に関わる諸事実の解明は、いかに調査が困難であろうと、避けては通れない。子どもの仲間集団は独立変数としての子ども世界の典型であり、中核なのである。

[注]

(1) 幼児を対象とする心理学的研究を幼児心理学（psychology of early childhood）というが、しかし一般的には乳児期から幼児期、児童期、あるいは青年期の一部も児童心理学の研究対象とされている。

(2) 子どもを補充要員と呼ぶのは、子どもが成長・発達し、大人の老化による隠退とともに逐次交替していくという意味を含めたいからである。交替要員とか後継要員という言い方もあるかも知れないが、逐次交替というニュアンスが感じられないので補充要員とした。

(3) ここでは、「自律」を自らの意思・判断に従って行動を規制することができる能力を意味し、「自立」とは他からの世話や援助を受けることなく自身の力で物事を遂行していく能力を意味している。

(4) 私の調査経験では、小学校低学年（二年生くらい）でも質問文を簡単にし、選択肢や全体の質問項目数を少なくすれば、自記式の質問紙法でも可能である。だが、小学校三年生（児童前期）と四年生（児童後期）とでは、わずか一年の違いでしかないが、質問の理解力、応答能力にかなりの差があるように思われる。子どもの面接調査の困難さについては、住田（二〇〇〇：二一五−二二〇）を参照。

(5) ちなみに日本の社会学のジャーナルに掲載されている子ども研究の論文数と割合を見ると表9−4のようである。論文には特集論文、研究ノートも含めているが、海外情報などは除いている（ただし「子ども社会研究」については特集論文を除いている）。また「子ども」を義務教育終了後までの年齢層（中学生以下）としている。ただし中学生・高校生を合わせて問題としているような場合は「子ども」に含めている（「子ども社会研究」は高校生以下の年齢層を「子ども」としている）。さらに親の養育態度のように子どもを直接問題とはしていないが、子どもの問題に密接に絡む内容の論文や社会化研究のような理論的な論文をも含めている。「社会学評論」や「ソシオロジ」のような社会学雑誌は子ども研究の論文はいたって少ない。「家族社会学研究」は親子関係や親の養育態度など子どもと密接に関わる領域だが、さほど多くはない。「教育社会学研究」は他に比して子ども研究が割合に多いが、大雑把に言って幼児の問題、学校教育、非行・犯罪の問題に傾いているきらいがある。「子ども社会研究」は、ほぼ全てが子ども研究の論文であるが、社会学的研究に限らず、学際的であることを旨としている学会の機関誌であるから、社会学的研究が多いものの、掲載論文の全てが子どもの社会学的研究とは限らない。

表9-4　日本の社会学のジャーナルにおける子ども研究の論文数と割合

ジャーナル	期　間	全論文数	子どもに関する論文	子どもに関する論文の割合
社会学評論	第1巻～第255巻（1950～2013）	1498	12	0.8
ソシオロジ	第1号～第178号（1952～2013）	989	21	2.1
家族社会学研究	第1号～第25号（1989～2013）	295	22	7.5
教育社会学研究	第1集～第93集（1951～2013）	981	147	15.0
子ども社会研究	第1号～第19号（1995～2013）	140	140	100.0

（注1）論文には実践論文、研究ノートを含む。海外情報などは除く。
（注2）「子ども社会研究」を除いて特集論文も含む。

（6）『子どもの発達の社会学的研究』（*Sociological Studies of Child Development*）はアドラー夫妻（Adler, P. A. & Adler, P.）を編者として一九八六年に第一巻が刊行されたが、第六巻（一九九四）から編者はマンデル（Madel, N.）に替わり、タイトルも*Sociological Studies of Children* に変更されている。さらに第八巻（二〇〇一）から編者はキニー（Kinney, D. A.）となり、研究対象を青年にまで広げて、タイトルも*Sociological Studies of Children and Youth* に変更されている。二〇一三年現在、第一六巻（二〇一三）まで刊行されている。

（7）右記注6参照。

（8）以下の記述はタイトルに「子ども社会学」、「子ども期の社会学」、あるいは「子ども期の社会化」と銘打っている研究書、テキストに限っている。

（9）Fine, G. A.のリトルリーグの研究は、この例である（Fine, G. A. 1987, 訳書二〇〇九）。

（10）もっとも青年期についても仲間集団の実証的研究は少ない。教育心理学者のブラウン（Brown, B. B.）は、一九七〇年代から青年期の仲間関係については多々研究されてきたが、仲間集団の研究は全く停滞したままだと述べている（Brown, B. B 1990 p. 172）。

［引用文献］

Adler, P. A. & Adler, P. (eds.), 1986, *Sociological Studies of Child Development*. Vol. 1, JAI Press Inc.

Adler, P. A. & Adler, P., 1998, *Peer Power : Preadolescent Culture and Identity*, Rutgers University Press.

Ambert, A. M., 1986, Sociology of Sociology, in Adler, P. A. and Adler, P. (eds.), *Sociological Studies of Child Development*, Vol. 1, JAI Press Inc.

Ariès, P., 1960, *L'Enfant et la vie familiale sous l'Ancien Régime*, Plon.（＝一九八〇、杉山光信・杉山恵美子（訳）『〈子供〉の誕生——アンシァン・レジーム期の子供と家族生活——』、みすず書房。）

我妻洋、一九八五、『家族の崩壊』、文藝春秋。

Berger, P. L. & Berger, B., 1975, *Sociology : A Biographical Approach*. 2ed., Basic Books Inc.（＝一九七九、安江孝司・鎌田彰仁・樋口祐子（訳）『バーガー社会学』、学習研究社。）

Blau, P. M. & Duncun, O. D., 1967, *The American Occupational Structure*. New York : John Wiley & Sons.

Bossard, J. H. S. and Boll, E. S. 1960, *The Sociology of Child Development*. 3rd ed. Harper & Row.（＝一九七一、末吉悌次（監訳）『発達社会学——幼児期から青年前期まで——』、黎明書房。）

Broom, L., P. Selznick and D. Broom Darroch, 1981 *Sociology : A Text with Adapted Readings*. 7th. Edition. New York: Harper and Row.（＝一九八七、今田高俊（監訳）、『社会学』、ハーベスト社）。

Brown, B. B. 1990 Peer Groups and Peer Cultures., in Feldman, S. S. and Elliott, G. R. (ed.), *At the threshold : The Developing Adolescent*, 1990 Harvard University Press.

Brown. B. B. and Dietz, E. L. 2009 Informal Peer Groups in Middle Childhood and Adolescence. in Rubm, K. H., Bukowski, W. M. and Laursen, B. (eds.), *Handbook of Peer interactions, Relationsnips, and Groups*, The Guilford Press.

Clausen, J. H. (ed.). 1968 *Socialization and Society*, Little, Brown and Company.

Coleman, J. S., 1961, *The Adolescent Society : The Social Life of the Teenager and its Impact on Education*, The Free Press,

Corsaro, W. A., 2011, *The sociology of childhood*. 3rd ed. (Sociology for a new century series), SAGE Publications Ltd.

Denzin, N. K., 1977, *Childhood Socialization*, San Francisco : Jossey-Bass.

Dreitzel, H. P., 1973, Recent Sociology No. 5 : *Childhood and Socialization*, New York : MacMillan.

Elkin, F. and Handel, G. 1960, *The Child and Society* : *The Proess of Socialization*. (1989 5th ed.), McGraw-Hill.

Fine, G. A., 1987, *With the Boys : Little League Baseball and Preadolescent Culture*, The University of Chicago Press.（＝二〇〇九、住田正樹（監訳）『リトルリーグの社会学——前青年期のサブカルチャー——』、九州大学出版会。）

船津衛、一九七六、『シンボリック相互作用論』、恒星社厚生閣。

Handel, G. (ed.), 1988, *Childhood Socialization*. Aldine de Gruyter.

Handel, G., Cahill, S. & Elkin, F., 2007, *Children and Society : The Sociology of Children and Childhood Socialization*, Oxford University

Press.

James, A. and Prout, A. (ed.), 1997, *Constructing and Reconstructing Childhood : Contemporary Issues in the Sociological Study of Childhood*, Falmer Press.

Jenks, C. (ed.), 1982, *The Sociology of Childhood : Essential Readings*. London : Batsford.

Koller, M. R. and Ritchie, O. W., 1978, *Sociology of Childhood*, 2nd Edition. Englewood Cliffs, New Jersey : Prentice-Hall.

熊谷文枝、二〇〇五、『アメリカの家庭内暴力と虐待』、ミネルヴァ書房。

Mead, G. H, 1934, *Mind, Self, and Society : from the Standpoint of a Social Behaviorist*. The University of Chicago Press.（＝一九七三、稲葉三千男・滝沢正樹・中野収（訳）『精神・自我・社会』、青木書店。）

Merton, R. K., 1957, *Social Theory and Social Structure*, The Free Press.（＝一九六一、森東吾・森好夫・金沢実・中島竜太郎（訳）『社会理論と社会構造』、みすず書房。）

森田明、一九九九、『未成年者保護法と現代社会――保護と自律のあいだ――』、有斐閣。

Newcomb, T. M., 1950, *Social Psychology*, The Dryden Press Inc.（＝一九五六、森東吾・萬成博（訳）、『社会心理学』、培風館。）

Oakley, A., 1994, Women and Children First and Last : Parallels and Differences between Children's and Women's Studies. in Berry Mayall, B. (ed.), *Children's Childhoods : Observed and Experienced*, The Falmer Press.

Richards, M. and Light, P. (ed.), 1986 *Children of Social Worlds : Development in a Social Context*, Polity Press.

Rocher, Guy. 1972 *A General Introduction to Sociology: A Theoretical Perspective*. Toronto: MacMillan of Canada.

Rubm, K. H., Bukowski, W. M. and Laursen, B. (eds.), 2009 *Handbook of Peer interactions, Relationsnips, and Groups*, The Guilford Press.

Simmel, G. 1908, *Soziologie : Untersuchungen über die Formen der Vergesellschaftung*, Duncker & Humblot, Berlin.（＝一九九四、居安正訳『社会学――社会化の諸形式についての研究（上）』、白水社。）

住田正樹、一九九五、『子どもの仲間集団の研究』九州大学出版会。［第二版］二〇〇〇。第二版では、「観察データのカテゴリー分類について」および「ベールズ（Bales, R. E.）の相互作用過程の観察カテゴリー（抜粋）」を追加した。

住田正樹、二〇〇四、「子ども社会研究の可能性：仲間集団研究の立場から」日本子ども社会学会『子ども社会研究』（二〇〇四、ハーベスト社。）

住田正樹（編著）、二〇一二、『家庭教育論』放送大学教育振興会。

田中和子、一九八一、「社会学におけるセクシズム」女性社会学研究会『女性社会学をめざして』、垣内出版。
田中美知太郎（責任編集）、一九九四、「政治学」『アリストテレス』（世界の名著8）中央公論社。
Thrasher, F. M., 1927, *The Gang : A Study of 1,313 Gangs in Chicago*, The University of Chicago Press. ただし、一九六三年にショートによる縮小版が出ている。Short, J. F. Jr. (Abridged Edition) 1963. ここではショートの縮小版による。
Waskler, F. (ed.), 1991, *Studying the social worlds of children: Sociological readings*, London: Falmer.
Whyte, W. F., 1943, *Street Corner Society : The Social Structure of An Italian Slum*, The University of Chicago Press.（＝一九七四、寺谷弘壬（訳）『ストリート・コーナー・ソサイエティ』、垣内出版。＝二〇〇〇、奥田道大・有里典三（訳）『ストリート・コーナー・ソサエティ』、有斐閣。）

【文献解題】

Fine, G. A., 1987, *With the Boys : Little League Baseball and Preadolescent Culture*, The University of Chicago Press. 290pages. 住田正樹（監訳）『リトルリーグの社会学――前青年期のサブカルチャー――』（二〇〇九、九州大学出版会）三四六頁。

三年間にわたってリトルリーグという少年の野球チーム（一〇チーム）を参与観察し、集団内部の構造や子どもの文化、集団活動、道徳的社会化を解明していった研究成果。子どもの集団はどのような集団であっても、それだけで一つの社会を形成し、一つの文化を形成すると述べている。

Handel, G. Cahill,S. & Elkin, F. 2007 *Children and Society : The Sociology of Children and Childhood Socialization*, Oxford University Press. 372 pages.

本論でも取り上げたが、象徴的相互作用論の立場から子どもの社会化過程を分析していった子ども社会学のオーソドックスなテキスト。三人の著者はいずれも著名な子ども社会学者である。子ども期の社会化、社会化エージェント、社会化の多様性、子ども期の連続と不連続、という四部構成になっている。

Qvortrup, J., Corsaro, W. A. and Honig, M. S. (eds.), 2009 *The Palgrave Handbook of Childhood Studies*, Palgrave Macmillan. 452 pages.

社会学者を中心とした論文集。社会学、社会政策学、社会福祉学、教育学、文化研究、歴史学、地理学、法律学といった各分野の研究者がそれぞれの分野における子ども研究の今後の研究課題についてまとめている。子ども期の研究、子ども期の歴史的・社会経済的文脈、世代関係、子どもの日常生活、子どもの実践、子どもの権利の六部構成になっている。

補論

社会化研究と仲間集団研究の課題

社会化研究の課題と子どもの仲間集団研究の課題については、第九章で要約的に述べておいたが、ここではいま少し詳細に述べ、「子ども社会学」の研究課題としておきたい。

1 社会化研究の課題

(1) 社会化の概念

社会化（socialization）とは、個人が、他者との相互作用を通して、当該社会ないし集団の価値態度・技能・知識・動機などの集団的価値を習得し、当該社会ないし集団の成員として、その社会ないし集団における一定の許容範囲内の思考・行動様式を形成していく過程をいう。つまり個人が社会ないし集団の成員性を獲得し、成員として受け入れられるようになっていく過程である。したがって社会化は、個人と社会を相互に結びつける過程であり、個人と社会の双方の側から規定されていると言える。個人の側から言えば、社会化は個人が集団的価値を獲得してパーソナリティを発達させていく過程であるが、社会の側から言えば、社会化は新しく生まれてきた個人に集団的価値（文化）を伝達して、個人をその社会ないし集団の一定の生活様式に適合させていく過程である。このように社会化は、個人的学習（individual learning）と文化伝達（cultural transmission）という二つの機能を同時に遂行させていく過程なのである。したがって社会化は、成熟した社会人への成長・発達過程の途上にある乳幼児期や児童期、青少年期に典型的に見られる適応過程としての現象であると言えるが、しかし社会化は、単に乳幼児期や児童期、青少年期だけではなく、人間の一生を通じて行われる生涯の過程なのであり、成人期や老人期においても見られる現象である。ただ、乳幼児期や児童期、青少年期における社会化がそれぞれ生物学的動因の規制やアイデンティティ（identity）の確立といったドラスティックな現象であるのと比すると、成人期以降の社会化は、職業的役割という特定の行動パターンにかかわって行われたり（職業的社会化）、親としての成長という親役割の形成（親への社会化）や家族的役割の形成など特定の役割の習得が中心になり、その変化も漸次的・部分的にとどまる場合が多いために（継続的社会化）、規模の大きさや激しさは見られない。

(2) 社会化研究の概観

社会化の科学的な研究が始められたのは二〇世紀に入ってからであるが、その萌芽となったのは、一九二〇年代に急速に発達した実験心理学による児童心理の研究であった。

しかしこの時期の研究にあっては、まだ社会的観点は十分に考慮されてはいなかった。社会化の科学的研究が本格化してきたのは第二次大戦後である。社会化研究は主要には心理学・社会学・人類学の領域で研究されてきたが、その研究対象とするところはそれぞれにいくぶん異なっている。心理学はパーソナリティ要因や心理的機能・認知的機能の発達、また個人の学習過程の基底的メカニズムの解明を課題とし、模倣（imitation）、同一化（同一視）（identification）、内面化（内在化）（internalization）、モデリング（modeling）などの社会化の内的メカニズムに焦点を置いているが、社会学は社会化を背後の歴史的・社会的な生活事実と結合した形でとらえること、また個人が獲得する社会化内容の分析を課題としており、社会的に期待される行動様式（役割）を習得していく役割学習（role learning）の過程に焦点を置いている。人類学においては、社会化の過程を文化伝承のメカニズムととらえ、文化とパーソナリティとの相互依存関係の分析に焦点を置いているが、とくに文化に規定された育児様式が民族的性格やモーダル・パーソナリティ（modal personality）を形成するという幼児期決定論の人類学的理論は、現在では認められていないとはいえ、社会化研究の発展に大きな貢献をした。

社会化の実験的研究で有名なのは心理学者ハーロー（Harlow, H. F.）のアカゲザルの新生児を使った実験である。この観察実験によってハーローは乳幼児期の社会化における母親とのスキンシップ的接触（相互作用）の重要性を例証した。母親の最も重要な役割はスキンシップ的接触による慰めであり、そのスキンシップ的接触による安心感によって母親に対する愛着が形成されるのであって、もし母親喪失という愛の欠如が生じれば子ザルの発達に深刻な悪影響を及ぼすことを証明したのである。

社会学者のクーリー（Cooley, C. H.）は、自己（self）（すなわちパーソナリティ）は周囲の人々との相互作用によって形成される社会的所産であるとし、本質的には社会的自己であるとした。人間は自分を鏡に映すことによって初めてその容姿を知るように、人間の自己は、他の人々との相互作用という社会的鏡を通して初めて理解され、形成されるとした。この社会的鏡を通して知り得た自己をクーリーは「鏡に映った自己」（looking-glass self）と呼んでいる。こうしたクーリーの考え方は今日の社会学的社会化理論の出発点をなしていると言ってよい。ミード（Mead, G. H.）は、こうしたクーリーの視点を取り入れて、子どもの相互作用の原初段階から自己の形成過程を追跡的に分析した。自己は自他の作用と反作用との相互作用の過程において発生し、形成されるものであるが、人間は他者に対して行動すると同時に、自分自身に対しても行動しているのであって、その自分と自分自身との自己相互作用の過程（内的対話）において自己は他者の役割を取得する、つまり他者の目を通して自分自身を知覚し認識することができるようになり、自分自身に関する一定の客観性を獲得することができるとした。

精神分析学者であるフロイト（Freud, S.）は人間のパーソナリティの構成要素としてイド（id）・自我（ego）・超自我（super-ego）の三層を考えたが、このうち自我が本能的衝動的なイドと道徳的な社会規範を内容とする超自我との圧力を調整する役割を担う中核的な存在であり、この自我の働きによって個人は現実への適応が可能になるとした。

社会学者のパーソンズ（Parsons, T.）はフロイトのパーソナリティ論を修正しつつ社会システム論を取り入れて、社会化をその個人が属する社会ないしは集団の観点からとらえた。社会化とは社会体系がその存続・維持のために成員に一定の行動の型（役割期待）を内面化させるメカニズムであるとして、社会体系の機能的要件とし、核家族における子どもの社会化過程を分析した。

フロイトの理論を受け継いだエリクソン（Erikson, E. H.）は精神分析学に立脚しながらも同時に社会学的なクーリーの理論、社会心理学的なミードの理論をも視野に入れ、人間の社会化過程を総合的に把握しようとした。彼は人間の発達を自我の発達に焦点を置いて考え、人間の生涯を八段階（口唇感覚期、筋肉肛門期、移動性器期、潜在期、思春期と青年期、若い成年期、成年期、円熟期）よりなるライフサイクル論（life cycle）を構想した。人間の発達はこの一連の継起的な段階を経て進行していくという。人間の一生を社会化の生涯学習過程と見たのである。

(3) 社会化の過程

人間の社会化は、誕生の、その瞬間から始まる一生涯の過程であるが、その過程は一様ではない。人間のそれぞれの成長・発達段階によって、その個体には心理的構造や機能の質的変化が見られ、また社会の期待する行動様式（役割）も異なるから、社会化の方向と内容は各成長・発達段階によってそれぞれに異なり、したがって、社会化の過程は、例えば、乳幼児期の社会化、児童期の社会化、青少年期の社会化、成年の社会化、老人の社会化などのように各段階における社会化を移行していく過程だとも言える。さらに乳幼児期の社会化過程は、パーソンズが社会化の位相として区分したように、口唇依存期、肛門位相、愛依存期、エディプス位相、潜在期などのように分けることも可能である。いずれにせよ、個人は、その成長・発達に伴って、また他者との相互作用のパターンの変化を伴いながら、その潜在性を成就していくのである。こうした社会化の過程は、具体的には、人間が所属するさまざまな集団のなかに見られる。家族、遊戯仲間集団、近隣社会、学校、職場集団などである。こうした集団は、人間の生涯において誰もが所属し、あるいは通過する対面的な集団（face-to-face group）であって（第一次集団 primary group と言う）、それぞれに特定の集団的価値（文化）や集団規範を持っており、成員がそれらを内面化して集団に適応することを要求する。集団は、個人を社会化する主体としてのソーシャライザー（socializer）であり、個人は、社会化される客体としてのソーシャライジー（socializee）なのである。しかしソーシャライザーは、直接的には、そうした集団や機関において個人と対面的関係にある成員であり、そうした直接的対面的関係にある成員との相互作用を通して、個人の社会化は進行していく。ソーシャライザー（社会化主体）とソーシャライジー（社会化客体）との相互作用としての人間関係は、このように顔と顔とを見合わせるような対面的な関係（face-to-face relation）あるいは身振りでコミュニケーションができるような関係（act by act relation）であって、こうした関係のパターンを第一次接触（primary contact）というが、こうした第一次接触による人間関係的な相互作用を通して社会化は進行していくのである。ただし、ソーシャライザーとソーシャライジーとの関係は、一方向的ばかりでなく二方向的である。ソーシャライザーはソーシャライジーを社会化するが、同時にその過程で、例えば親が子どもを社会化すると同時にその過程で親としての役割を習得していくように、ソーシャライジーによって社会化されることもある。しかし、社会化は、こうした直接的対面的な人間関係の相互作用を媒介とするばかりではない。間接的な第二次接触であるマス・メディアとの関係を通しても社会化は進行していく。テレビ、ラジオ、雑誌などを通して、メディアの世界は人々の、とくに子どもや青少年の世界に日常的に入り込み、子どもや青少年が接触する架空の、あるいは現実の他者を構成する。こうしたメディア他者との接触は、今日では、子どもや青少年の場合、親との相互作用の経験を越えるほどである。

個人を社会化するさまざまな集団や機関が同質的な価値や規範を有しているような同質的社会においては、社会化は途切れることなく継続的に進行していくライフサイクルの過程として示される。ある発達段階での経験は次の発達段階への導入となり、それぞれの発達段階での経験と学習課題は予測可能である。しかし異なった価値や規範を有する集団が相互に競い合っているような異質的社会にあっては、個人の社会化過程は断続的であり、個人は集団所属を変更するごとに、その集団の価値や規範を新たに内面化しなければならず、前の集団の影響力は減退して、いわば脱社会化（desocialization）が生じる。つまり個人は過去の社会化経験を否定することを要求されるわけである。こうした社会にあっては、個人のライフサイクルの過程は絶えず変化と危機のなかにあり、個人は不断に再社会化（resocialization）されていかなければならなくなる。

(4)　社会化のメカニズムと内容

社会化は、ソーシャライザー（社会化主体）とソーシャライジー（社会化客体）との間の相互作用として展開するが、その相互作用としての関係は、相互に意図的・意識的な場合もあるし、無意図的・無意識的な場合もある。あるいは一方が意図的・意識的な場合もあるし、他方が無意図的・無意識的な場合もある。子どもは親が意識的に伝達しようとする価値や規範を内面化していくであろうが、そればかりではなく、親の無意図的・無意識的な態度や行動あるいは何気ない感情表現や会話などに内在されている価値や規範や動機などを無意識のうちに内面化して、社会化されていくこともある。子どもや青少年の社会化は、むしろ、こうした相互に無意図的・無意識的な関係のうちに進行している場合の方が多い。

社会化は、ソーシャライジーの模倣、同一化、内面化、分化（differentiation）、モデリング、役割学習（role learnig）といったメカニズムを通して行われる。このうち模倣、同一化、役割学習が基本的に重要である。模倣は、ソーシャライザーの行動や特性をソーシャライジーが観察することによって、それと類似的なあるいは同一の行動パターンや特性を意識的・無意識的に習得していくことであり、同一化は、ソーシャライジーがソーシャライザーの態度・感情の一部あるいは全体を無意識のうちに取り入れて、それと情緒的に結合した存在になっていくことである。役割（role）とは集団内で一定の地位を占めている人々に対して期待される行動様式であり、その実際の具体的な行動が役割行動（role behavior）であるが、そうした役割行動を学んでいくことが役割学習である。ソーシャライジーは、ソーシャライザーを役割モデル（role model）として、その役割行動パターンを学習していくのであるが、その過程でソーシャライジーは、行動パターンばかりでなく、それに伴う感情や見方をも学習していく。そうした役割学習はソーシャライジーの意識や態度のなかに内面化されてパーソナリティの一部を構成するようになる。

社会化は個人が集団成員性を習得していく過程であるから、その社会化の内容は当該集団の価値や規範である。したがって集団（社会）によって成員として必要とする価値や規範の具体的内容は異なるから、社会化の具体的内容も集団によって異なってくる。だが、社会化の内容として共通するところは、基本的生活習慣や基本的言語能力、対人的行動に対する態度、社会的役割とその遂行のための態度・技能、集団の文化的価値と規範である。社会生活ないし集団生活を営む上での、こうした基礎的行動パターンを個人が発達していく段階において習得していかなければならないものとすれば、それは当該集団において獲得されるべき発達課題（developmental tasks）なのであり、したがって、社会化は当該集団の発達課題の達成過程であるとも言える。また社会化の過程を通して個人は個性化されていく。社会化されていくことは単に社会的な型式にはめ込まれていくことだけを意味するわけではない。個人はそれぞれに遺伝的・生物学的な個人的資質を持って生まれてくるが、そうした個人的資質の差異によって他者の対応の仕方、つまり相互作用の質と量は異なってくるから、そうした個々に異なる社会化の過程を通して個人は個性化されていくのである。こうした社会化過程を通して、個人はアイデンティティを獲得していくのである。

(5) 現代の社会化の特徴

現代社会は価値の多様化した異質的社会であり、したがって伝統的な同質的社会におけるように、社会化は自然的かつ漸次的に進行していくものではなくなってきた。伝統的な同質的社会においては社会化の完態（complete state）としての成人のモデル、つまり「一人前」の基準は明確であり、子どもはその方向に向かって社会化されていけばよかったし、社会も、特に地域社会にあっては、そうした方向への社会化の内容を準備していた。しかし、現代社会にあっては価値の多様化ゆえの世代間の価値葛藤・集団間の価値葛藤があり、そうしたなかにあって社会化の完態としての成人のモデルはもはや通用しなくなった。現代は社会化のモデルを喪失した混迷の時代にある。そして子どもの社会化も親自身の責任の元に置かれるようになった。しかし親の世代の価値観は混迷し、親世代は自信と権威を喪失して不安に陥り、それゆえに逆に他と同調的な方向に向かうことによってその不安と自信喪失を隠蔽しようとする。高学歴獲得のために子どもを駆り立てるのは不安と自信喪失からくる親の、他との同調的行為にほかならない。学歴社会はそうした親子の、他への同調的行為の結果である。社会変動の激しい現代社会にあっては、こうした社会化の完態としての成人のモデルの喪失は、他方において、成人世代の再社会化を要求するようになる。社会化を達成し、社会への適応能力を身につけた存在という成人のイメージは、価値・技術・知識の急速な変化と多元化によって崩壊した。個人はその生涯にわたって社会化されていかなければならなくなったのである。他方、マス・メディアは子どもや青少年の日常生活領域に侵入して、彼らの日常的な娯楽と空想の世界を構成し、ソーシャライザーとして子どもや青少年と日常的に接触している。こうしてマス・メディアは子どもや青少年の社会化を促進したり、脱社会化（親や教師の価値規範に対抗）させたりする。しかしマス・メディアが商業主義的であるだけに脱社会化に対する危惧は大きい。さらにマス・メディアは成人の思考様式を次第に標準的、画一的、受動的な方向へと向け、潜在的に個人を社会化していく。

(6) 社会化研究の課題

社会化研究の主要な課題として二つのことが挙げられる。第一は、社会化の理論のなかに個人の主体性・能動性・創造性をどのように組み込んでいくかという問題である。これまでの社会化研究は、個人が社会ないし集団によって形成される側面に焦点を置いていたため、個人の主体的側面を看過してきた。役割期待の内面化過程について言えば、ソーシャライザーの役割定義がそのままソーシャライジーに受け入れられるわけではない。ソーシャライジーは、ソーシャライザーの期待する役割を自己の経験と能力に基づいて解釈し、判断し、修正しながら選択的に取り入れていく。

したがってソーシャライザーの期待する役割とソーシャライジーの解釈した役割期待との間には齟齬が生じるのが普通である。しかし従来の構造機能主義的アプローチでは、こうした社会化経験の主体的側面をとらえることは困難である。そこでこうした欠陥を補うために一九六〇年代後半から現象学的社会学、象徴的相互作用論などの解釈的アプローチが注目されるようになってきた。解釈的アプローチは行為者個人の経験と観点を重視する点に特徴があるが、しかし科学的理論の発展は不可能と考えられている。第二は、これまでの社会化研究は幼児期や青少年期を対象とした子どもの社会化が主要な研究テーマであったが、社会変動が激しくかつ異質的な現代社会にあっては、社会化は人間の生涯にわたるライフサイクルの過程としてとらえられねばならないということである。そうなれば、これまで看過されてきた成人期以降の社会化も研究対象とされねばならない。また社会の変動性や異質性と関連して、社会化の不連続性・再社会化・脱社会化の問題も大きな課題となってこよう。

2 子どもの仲間集団研究の課題

ここでは、子どもの仲間集団研究の課題を明らかにするために、子どもの仲間集団の特質をとらえたうえで、子どもが社会的に発達していく過程において仲間集団がいかに重要であるか、仲間集団のなかで子どもはいったいどのように社会的に発達していくのかを考察し、その考察にもとづいて、今日の子どもの仲間集団の現実とそれゆえに生じてきた子どもの諸問題を検討して、今後の子どもの仲間集団研究の課題を明らかにしたい。

⑴ 子どもの社会化と仲間集団——仲間集団研究の意義——

① 子どもの仲間集団の特質

ギャング・エイジと仲間集団　子どもの社会的な発達過程とは子どもが社会的な働きかけを受けつつ発達していく過程のことであるが、こうした子どもの発達過程を問題とする場合、社会化（socialization）の概念が有効である。社会化とは、前節で述べたように、個人が、他者との相互作用を通して、社会や集団の成員として社会や集団の規範や価値態度、行動様式を獲得していく過程をいう。端的に人間形成の社会的過程と言ってもよい。子どもは誕生以後、さまざまな集団や機関からの働きかけを受けつつ社会化されていく。家族集団、仲間集団、学校集団、職場集団などの集団や機関からの働きかけである。こうした集団や機関を社会化エージェント（socializing agent）と言う。社会化エージェントはそれぞれ独自の性質と強度と方向をもって子どもを社会化していくのである。では、仲間集団という社会化エージェントは、どのような性質と強度と方向をもって子どもを社会化していくだろうか。

しかし仲間集団が子どもを社会化していくといっても、子どもの社会化過程全般にわたって同等の比重で子どもを社会化していくわけではない。仲間集団がとりわけ強く働きかけて子どもを社会化していく時期がある。これが通常、ギャング・エイジ（gang age）と呼ばれる時期である。発達段階で言えばおおよそ児童期（とくに児童中期・後期）に当たる。この時期は、子どもが同世代者との対人活動に強い関心を持ち、他の子どもたちと徒党を組んで集団活動を展開する。ギャングというのは子どもたちの結束の固い集団を意味する。

仲間集団とは――子どもの世界――　子どもにとって仲間とは、ある共通の関心を契機にして相互に選択され、共通の集団行動をとる同世代の他人を言う。そしてこうして相互に選択された仲間が寄り集まって自然発生的に成立した小集団を仲間集団（peer group）と言う。こうした仲間と仲間集団の規定から、他の社会化エージェントとは異なった仲間集団独自の性質を導き出すことができる。いま子どもの社会化の視点に絞って仲間集団の特質を考慮すると、おおよそ以下の三点を指摘することができる。

ヨコの人間関係　第一に、仲間集団の成員は同世代の仲間であるから、成員間には社会的勢力の差異がなく、相互に対等な関係、すなわちヨコの関係であるということである。こうした対等な関係構造、いわゆる水平的構造は他の社会化エージェントには全く見られない。その意味で子どもの仲間集団はまさに「子どもの社会」であり、「子どもの世界」をなす。しかし対等な関係構造であるがゆえに仲間集団内部の構造、例えばリーダーシップなどの勢力構造は個々の成員（仲間）の能力によって決定される。

仲間との葛藤　第二に、子どもの仲間集団はコンフリクト（conflict：葛藤）の発生誘因を内包した集団だということである。子どもは仲間集団に参加する以前にすでにそれぞれに個性を有する家族集団において社会化されている。だからどの子ども（仲間）もすでに独自のパースペクティブ（perspective：ものの見方）を形成している。そうしたそれぞれに異なった独自のパースペクティブを持った他人同士の子どもたちが寄り集まって形成するのが仲間集団である。だから相互の交渉過程においても集団行動の過程においても、子どもたち相互のパースペクティブが一致するとは限らない。むしろ他人同士なのであるから相互に齟齬が生じ、コンフリクトが発生することの方が当然だと言えるだろう。だから子どもの仲間集団は元来がコンフリクトの発生誘因を内包している集団なのである。

遊びたいから集まる　第三に、子どもの仲間集団は集団的遊戯活動を結合の契機にしているということである。仲間が選択される契機となる共通の関心とは集団的遊戯活動に対する欲求であり、子どもは集団的遊戯活動をしたいがために仲間集団を形成する。だから仲間との関係が現に肯定的関係であるか否かを問わない。集団的遊戯活動に対する欲求が強ければ、たとえ現に否定的関係にある子どもであっても仲間として選択する。あくまでも集団的遊戯活動が一次的であり、仲間は二次的である。

多様な仲間関係　しかし仲間との集団的遊戯活動という集団行動を通して子どもは、仲間と同一集団に所属しているという一体感と連帯感を形成し、また同世代であるための共通経験・共通思考から相互に親密になって親和的な情緒的関係を形成して、「われわれ意識（we-consciousness, we-feeling）」を形成するようになる。これが仲間意識である。その限りにおいて子どもの仲間集団は第一次集団（primary group）と言ってよい。しかし子どもの仲間集団は元来がコンフリクトの発生誘因を内包しているから、仲間意識が形成されず仲間との否定的関係が継続するままに集団的遊戯活動に際してのみ寄り集まるという場合もある。だから子どもの仲間集団には肯定的関係（親密）から否定的関係（コンフリクト）に至るまであらゆる関係形式が内包されている。その意味でも子どもの仲間集団はまさに「子どもの社会」であり、「子どもの世界」だと言えるだろう。

② 子どもの発達と仲間集団の重要性

パースペクティブの修正　以上のような特質を有する仲間集団に参加し、所属することによって子どもは社会化されていくが、その社会化の方向は、第一に、子どもの、それまでの家族集団のなかでの、いわば個別的な社会化の継続を仲間という他人の世界（子どもの社会）に適合するような普遍的な方向へと修正するということである。先に述べたように、仲間集団はそれぞれに異なった独自のパースペクティブを持った他人同士の子どもの集まりであり、ために元来がコンフリクトの発生誘因を内包している集団であるから、相互の交渉過程においても集団的遊戯活動の過程においても、子どもたちの間でコンフリクトが発生するのは当然なのであるが、しかしそうした仲間とのコンフリクト状況に遭遇することによって、子どもはそれまで家族集団のなかでは自明とされてきた態度・行動が否定されることを経験する。それまでの自明的な態度・行動は他人である仲間との世界では通用しないことを知るのである。そのために子どもは自己を直視しなければならなくなると同時に、自己とは異なる、他人である仲間のパースペクティブを考慮せざるを得なくなる。そして仲間との集団的遊戯活動を継続したければ、自己のパースペクティブを修正し、他の仲間たちのパースペクティブと適合的になるようにしていかなければならない。そうでなければ、子どもは仲間集団から排除され（仲間外れ）、対人的に孤立することになる。だが仲間との集団的遊戯活動に対する欲求が強い児童期の子どもにとって対人的孤立は不安であり恐怖であり、したがって子どもは、たとえ不承不承であっても自己のパースペクティブを修正して仲間集団に留まるのである。

他人の世界の中で　このことは家族という身内を成員とする、狭く限定された集団のなかで形成されてきた子どもの狭小な限定的パースペクティブが仲間という他人の世界においても通用するような、より普遍的・客観的なパースペクティブを形成する機会を仲間集団が提供していることを示している。さらにそうした仲間間のコンフリクト状況と仲間間でのコンフリクトの解決方式を眼のあたりにすることによって、子どもは自己のパースペクティブが狭小で限定的であることを認識し、より普遍的・客観的なパースペクティブを知るのである。かくして仲間集団はまさにサリヴァン（Sullivan, H. S., 1953）の言うように「家庭の限界や偏りが是正される機会」（訳書、二五六頁）を提供するのであって、子どものパースペクティブをより普遍的・客観的な方向へと社会化していくのである。

連帯感と情緒的な安定　第二に、仲間との集団的遊戯活動という集団行動を通して子どもたちの間に一体感と連帯感、そして親和的な情緒的関係が形成され、親密な仲間意識が形成されていくのであるが、そうした親密な仲間意識のなかに子どもは対人関係の安定性と情緒的安定感を感じ取り、自己の存在を確認して、自らの自己評価を持続的に持つことができる機会を得るようになるということである。したがって子どもにとって仲間集団の存在とその情緒的影響は家族集団と等価な、もしくは場合によってはそれ以上の重要性を帯びてくる。(1) だから子どもが、たとえ家族集団のなかで自己の存在を否定的感情によってとらえ、十分に社会化されていなかったとしても、同世代の仲間との親密で安定的な情緒的関係を結ぶことができるならば、そうした関係を通して、それまでの歪んだ社会化を矯正し、自己を肯定的に評価する見方の方向に展開させることができる。

協力・競争・妥協　そして第三に、子どもは、こうした仲間との否定的関係から肯定的関係にいたる多様な関係形式を集団的遊戯活動を展開していく過程において経験し、そのことの結果として協力、競争、妥協といった能力を発達させていくということである。仲間との集団的遊戯活動は、当然のことながら子どもたちが自由に行う集団行動であるが、それは子どもたちが自ら設定した規則にしたがって行う集団行動であり、したがってそもそも集団的遊戯活動は集団成員相互の協力（collaboration）、競争（competition）、妥協（compromise）といった諸要求を内包している集団行動なのである。だから子どもたちは、その集団的遊戯の能力にしたがって役割を配分して相互に協力し、また妥協しつつ集団的遊戯活動を展開させていくのであって、その展開過程において子どもたちはことさらに意識することなく自然な形で協力、競争、妥協といった能力を発達させていくのである。この仲間間での役割配分が仲間集団の役割構造、勢力構造を成し、またそうした構造を通してコミュニケーション構造が形成される。

対人的関係能力を培う　集団的遊戯活動のなかでも、とくに児童中期・後期の子どもたちに見られる集団的遊戯活動はゲームという勝敗を競う遊戯形態をとるから、そこには仲間相互の間での協力と、公平を原則とした競争と、規則にしたがった妥協が集約的に現れていると言ってよい。こうした協力、競争、妥協の繰り返しの経験が、つまるところ、子どもの、より広い社会での対人関係能力を培っていくのである。児童期において仲間集団経験が乏しく、対人的に孤立した状況が継続すると、子どもは対人関係能力を永続的に欠如した状態のままで青年期に移行することになる。だが、すでに対人関係能力を形成する機会を逸し、それを回復する機会はもはや存在しない。(2) ハヴィガースト（Havighurst, R. J. 1953）が「友だちと仲よくすること」を児童期の発達課題（developmental task）とした所以である（訳書、四九-五〇頁、六五-七二頁）。

このように、ギャング・エイジと呼ばれる児童期の子どもたちは集団的遊戯活動の興味・関心に引かれて仲間集団を形成し、そうした仲間との遊戯活動から生じる集団的興奮に沸き上がるのであるが、しかしそうした集団的遊戯活動を通して仲間と親密な情緒的関係を結び、社会化されていくのである。人間の発達過程における児童期の重要性を指摘したサリヴァンは「児童期こそ現実に社会人となる時期」であると述べている（Sullivan, H. S., 1953, 訳書、二五六頁）。

(2) 子どもの仲間集団の現実

① 子どもの仲間関係の希薄化

理論的に考察すれば、子どもの仲間集団は、以上のような独自の集団的性質と社会化機能を有する重要な社会化エージェントなのであるが、しかし現実の子どもの仲間集団は、各種の調査データが示しているように、衰退化の一途を辿っている。だから今日の子どもは仲間集団経験が乏しく、したがって仲間集団による社会化経験がない。仲間集団における多様な関係形式を知る機会がないのであるから、そうした関係の経験から結果する協力、競争、妥協といった対人関係能力を培っていけないのである。そのために「成熟できない若者たち」（町沢 一九九二）が生まれているのではないか。そこでまず今日の子どもの仲間集団の様相を見てみよう。

仲間集団形成の条件　仲間集団形成の条件には主観的条件と客観的条件とが考えられる。後者は、仲間との集団的活動を成立させるための時間、空間、仲間という、いわゆる「三間（サンマ）」であり、前者は仲間との集団的遊戯活動に対する子ども自身の欲求である。このうち時間、空間については各種の豊富な調査データがある。そうした調査データによれば、全般的に集団的遊戯活動の時間も、そして空間も減少傾向にあることが示されている。[3] 学校からの帰宅時間が遅いこと、帰宅後も塾や習い事のために自由時間がないこと、子どもたちも個々に生活スタイルが異なるから仲間との共有時間を持つことが難しいこと、そのために仲間との集団的活動の時間がないか、あっても短時間でしかないこと、また集団的遊戯活動の可能な、戸外での空間（場所）が減少し、その一方でテレビゲームが登場して遊戯活動は個人化・室内化してきたこと、こうしたことのために仲間との集団的遊戯活動の機会が大幅に減少してきたのである。[4]

仲間との希薄な関係　それでは仲間についてはどうか。仲間との関係のあり方は、仲間集団の形成に直接反映するが、各種の調査データの結果から今日の子どもの仲間関係は、浅薄化、限定化、断片化、喪失化としてとらえることができる（住田 一九九五〔二〇〇〇、第二版〕）。仲間関係の浅薄化とは、子ども同士の関係がそれぞれの互いの私生活に深入りすることのないような皮相的な関係のことである。今日の子どもたちは自分の私生活を何よりも優先する。だから仲間との関係であっても自分の私生活が乱されない限りにおいての、あるいは私生活が煩わされない限りにおいての関係でしかない。そうした次元での関係しか取り結ばない。たとえ仲間であっても自分の私生活に介入されたくないのである。[5]今日の子どもたちはそれぞれに自分自身の生活スタイルをすでに確立してしまっている。だから既に確立してスムーズに進行している自分の生活スタイルを一時的にしろ変更してまでも仲間の都合に合わせるようなことはしない。今日の子どもたちの仲間関係は皮相的な関係でしかないのである。

仲間を限定する　しかし逆に、仲間の生活スタイルと自分の生活スタイルが類似的であったり、あるいは仲間の方が自分の生活スタイルに同調的であったりすれば、仲間関係を結ぶ。だから仲間といっても、生活スタイルが類似的な仲間に限定されることになる。今日の子どもの仲間のほとんどが同級生であり、また同性であるのは、同じクラスや同性であるために生活リズムが同じであり、生活スタイルが類似しているからである。[6]だから今日の仲間は同年齢化、同級生化、同性化してくる。だが仲間が限定されると、実際の仲間関係はさらに縮小化されてくる。仲の良い友だちが多くいたとしても、その時に実際に仲間集団を構成して集団行動をとることのできる仲間は少数に限定されることになるからである。[7]

欲求に応じて仲間を選ぶ　そうした少数の限定された仲間との関係でさえ、今日では断片的となっている。今日の子どもたちは私生活上のそれぞれの領域における欲求にしたがって、そのつどに仲間を選択しているからである。私生活上のある領域での欲求を充たすためにある仲間を選択するが、私生活上の別の領域の欲求を充たすためには別の仲間を選択する。[8] 欲求の種類や内容にしたがって、その欲求を充足してくれるような仲間をその都度に選択するのである。いわば仲間を分散化しつつ欲求を充足しているといってよい。それは子どもの生活が個々の領域に分断されていることを示しているだろう。

煩わしい仲間関係は避ける　しかしながら自分の私生活を常に最優先するような生活スタイルを継続しようとすれば、子どもはそもそも仲間関係を忌避するようになる。いかに親密な仲間であっても全く自分の思い通りに振る舞うことはできない。先に述べたように、仲間はすでにそれぞれに個性を有する家族集団において社会化され、それぞれのパースペクティブを形成しているのであるから、相互の交渉過程において何らかの齟齬が生じるのは当然である。だがそうした齟齬を調整し仲間とのコンフリクトを回避することは実際には大儀なことであり、煩わしいことである。そのことのために私生活が乱されることにもなりかねない。だから煩わしいような仲間関係を忌避するのである。[9] 仲間関係の喪失化である。

私生活化への傾斜　こうした子どもの仲間関係の様相の背後には、社会的潮流としての私化（privatization）現象がある。[10] 戦後日本人の公から私への意識・態度の変化、すなわち私生活化への傾斜である。こうした社会全体の私生活化現象は、それに包含されている子どもたちの間にも浸潤し、子ども社会においても私生活化が急速に進行している。私生活化の要因には、第五章で述べたように、管理社会化による疎外からの逃避、権利意識やプライバシー観念の浸透、大衆消費社会化の進行、余暇活動領域の拡大、娯楽中心のマスメディア報道などがある。私生活化が進行すると、人々は自分の生活や家族生活といった私的領域における満足感や幸福感、楽しみを優先させ、政治や社会といった公的事象に関心を持とうとしなくなる。こうした私生活化は、現在は家族が単位となっている。今日の人々にとって家族は生活の拠点であり、家族生活の欲求充足が最優先なのである。そして子どもの生活は、当然のことながら親の生活に依存し、親の意識的・無意識的な統制のもとに営まれるから親の私生活優先主義的な考え方や生き方は子どもの意識・態度・行動にそのまま反映する。

また一方で、大衆消費社会化の進行とともに人々は家族生活の欲求を充足させるために、さまざまな商品を享受するようになった。かつては家事労働を短縮する「三種の神器」（洗濯機、冷蔵庫、掃除機）だったが、大衆消費社会化と言われる一九七〇年代には「3C」（カラーテレビ、クーラー、乗用車）となり、一九九〇年代からは家族生活の利便性を高めるVTR、パソコン、携帯電話となっている。

こうした家族生活の欲求充足は子どもの生活にも及ぶ。その端的な表れが子どもの個人的所有物の増加である。今日の子どもの多くは個室を持ち、その個室に自分で自由に楽しむことのできる多種多様な玩具や用具を所有している。だから自分の個室のなかだけで生活が完結してしまう。私生活スタイルの確立化と言ってもよいだろう。こうなると子どもは仲間と一緒に遊ぼうとは思わない。仲間に煩わされることなく一人で自由に遊ぶことができる。テレビを見、ビデオを見、テレビゲームをし、ステレオを聴き、ピアノを弾き、漫画や雑誌を見るのである。[11] ことにテレビゲームは、その応答性のゆえに擬似的な人間関係を形成するが、それは子どもにとっては思うがままに操作することのできる対人的関係となる。こうした子どもの私生活化が、一方では仲間関係の浅薄化、限定化、断片化、喪失化という、総じて子どもの仲間関係の希薄化現象を結果し、他方では子どもの集団的遊戯活動に対する興味・関心あるいは欲求を希薄化させているのである。この仲間との集団的遊戯活動に対する興味・関心あるいは欲求が子どもの仲間集団形成の主観的条件であることは言うまでもない。今日の子どもはもはや集団的遊戯活動に対する欲求を喪失してしまっているのである。

② 子どもの仲間集団の衰退と崩壊

仲間集団の衰退と崩壊　こうした子どもの仲間関係の希薄化と集団的遊戯活動に対する興味・関心の希薄化は当然のことながら仲間集団の様相に反映する。

仲間関係の限定化は仲間を同年齢化、同級生化、同性化に限定するから仲間集団成員は同質化するが、それゆえに仲間集団は少人数化して集団規模は縮小する。同様に仲間関係の断片化も子どものそれぞれの生活欲求ごとにおける少数の仲間の選択を意味するから仲間集団規模の縮小となって現れる。しかも断片的な仲間関係であるから仲間集団の子どもの生活への関与度は低く、また子どもの仲間集団への帰属度も低い。だから仲間集団の集団としての持続性はない。今日の子どもにとって仲間集団は自分の私生活の一部を構成するに過ぎないのである。

仲間関係の浅薄化は仲間との皮相的な関係を意味するから、それは仲間集団成員間の親近性が低いことを示している。だから仲間集団の凝集性は低くなり、組織度も低い。したがって仲間集団の自立度も低くなり、集団の安定性も低くなる。仲間関係の喪失化は、仲間関係を煩わしいとして忌避することであるから、文字どおり仲間集団そのものの崩壊を意味する。

そして仲間との集団的遊戯活動に対する興味・関心あるいは欲求という仲間集団形成の主観的条件の希薄化も、仲間集団そのものの崩壊を意味するだろう。

失われる社会化機能　先に述べたように、子どもの仲間集団は同世代の他人である仲間だけを構成員とし、それゆえに成員間の対等な関係構造から成る集団であって、このことこそが仲間集団の独自の性質であった。そしてそうした仲間集団経験を通して子どもは他人との協力や競争や妥協といった対人的関係能力を発達させていく。だが、今日にあっては仲間集団は衰退し、あるいは崩壊していると言ってもよく、したがって子どもはそれまでの社会化経験の限界や偏りを是正することのないままに、つまり自己の狭小なパースペクティブを継続したままに思春期ないしは青年期へと移行する。しかしそのときになって子ども（青年）は初めて自己の狭小なパースペクティブが社会という他人の世界では通用しないことを知るのである。そのために子ども（青年）は対人的な関係において不安、焦燥、恐怖、そして欲求不満に陥り、ために例えば不登校、社会的孤立や引っ込み思案、対人関係障害、成熟拒否、精神障害的症状などの思春期特有のさまざまな問題に直面することになる（Asher, S. R. & Coie, J. D., 1990, 訳書、一九九六、森田 一九九一、清水 一九九六）。

仲間集団研究の困難　こうした思春期や青年期の対人関係的な問題は、これまで家族集団との関連においてのみ取り上げられてきたけれども、しかし仲間集団が子ども社会そのものであり、子どもの世界であることを考えれば、遡って児童期の仲間集団との関連が取り上げられてもよいだろう。だが、そのためには研究対象としての仲間集団がとらえられなければならない。先に述べた子どもの仲間集団の性質や社会化機能は理論的な考察でしかなく、検証されているわけではない。とはいえ、具体的な対象把握の困難なことが子どもの仲間集団研究を停滞させてきたのである。子どもの仲間集団は自然発生的な集団だからである。

(3) 子どもの仲間集団研究の現状と課題

① 子どもの仲間集団研究の現状——仲間集団研究の困難——

とらえにくい仲間集団　子どもの社会化過程における仲間集団の重要性については、これまでにも頻りに論じられてきた。実際、教育社会学などのテキストには必ずと言ってよいほど「仲間集団」に頁が割かれている。だが、仲間集団の実証的研究となると極めて少ない。それは何よりも研究対象としての仲間集団を把握すること自体が困難だからである。同じ社会化エージェントであっても家族集団や学校集団は一定空間において成立している集団であるから、その存在は明白である。だが子どもの仲間集団は、そうした一定の空間を有しない。仲間集団は子どもにとって日常的な集団ではあるが、その都度の集団的遊戯活動に対する興味・関心にしたがって成立する自然発生的な集団であり、したがって集団成立の時間も空間も、また寄り集まってくる仲間も、その都度に異なる。だから仲間集団の存在自体を把握することがそもそも困難なのである。

ソシオメトリーの問題点　そのためにこれまでは仲間集団の存在と範囲を把握し、集団の規模（成員数）および成員の属性（性、年齢、種類）といった、いわば集団の外部構造を把握するためにソシオメトリック・テストを用いてきた。しかしソシオメトリック・テストはすでに範囲が確定されている集団の感情構造やコミュニケーション通路といった内部構造を分析するための方法であり、集団の存在や範囲を把握する方法ではない。仲間集団の存在と範囲を把握するためにソシオメトリック・テストを用いること自体が間違いなのである（住田 一九九五〔二〇〇〇、第二版〕）。したがって厳密に言えば、これまでの仲間集団調査によって明らかにされた外部構造の様相も、仲間集団の存在と範囲を把握した上での分析ではないから、必ずしも妥当性を有しているとは言えない。

社会化機能研究の困難　仲間集団の社会化機能についても、実のところ何らの事実も明らかにされていない。社会化はもともと長期にわたる過程であり、またその社会化過程を統制することは実際には困難であるから、そのままの形で社会化過程を実証的に分析することはほとんど不可能である。もっとも社会化の問題は何も仲間集団に限らない。家族集団であっても学校集団であっても同様に困難な問題である。だが家族集団や学校集団は可視性が高い集団であるから外部構造についても内部構造ついても明らかにされている事実は多く、したがって集団構造と社会化機能とを相互関連的にとらえやすいのである。だが子どもの仲間集団は外部構造にしろ内部構造にしろ、まだ明らかにされている事実は少ないから社会化機能と関連づけて論理的に説明することはほとんどできない。

こうした研究の困難性のゆえに子どもの仲間集団の実証的研究は少ない。アメリカでは年報『子どもの発達社会学研究』が一九八六年（第一巻）から刊行されているが、第七巻（一九九五年現在）までの論文数七三のうち、子どもの集団をテーマとした論文はわずか一つである（*Sociological Studies of Child Development*, 1986–1995）。日本においても同様に仲間集団研究は乏しい。ただアメリカにおいても日本においても子どもの仲間関係についての心理学的研究は多い。仲間関係は関係の範囲もとらえやすいし、ソシオメトリック・テストによってその関係構造をとらえることもできる。だが仲間関係即仲間集団ではない。子どもの仲間関係を如何に分析しても子どもの仲間集団の分析にはならない（第九章5を参照）。

② 子どもの仲間集団研究の課題

しかし研究が困難だからといって等閑に付してよいわけではない。繰り返し述べるように子どもの仲間集団は子ども社会そのものであり、子どもの世界なのであるから子どもを巡る今日の諸問題の多くは子どもの仲間集団に起因するところが大きいと思われる。先に述べた不登校、社会的孤立や引っ込み思案、対人関係障害、成熟拒否、精神障害的症状など思春期に特有とされる問題も、とどのつまりは、子ども期の仲間集団経験の乏しさに起因するのではないかと思われる。そしてまた今日の子どもは、再三指摘されているように、コミュニケーションも対人関係も下得手で、他者への配慮がなく、欲望だけが肥大して忍耐力がなく、衝動的であり、また強いストレスを受けており、体格はよいが体力が弱く、運動不足やストレスによる肥満が多いとされているが、こうした諸問題も仲間集団の衰退と崩壊に起因するのではないか。だからこそ子どもの仲間集団は「子どもの世界」なのである。だから今日の子どもの多様化した諸問題を仲間集団との関連において考察し、検討してみなければならない。

事例研究の積み重ね　では、子どもの仲間集団の研究方法をどのように考えればよいか。以上のことから、さしずめ二つの方法が考えられよう。一つは、困難ではあっても、直接観察を繰り返し行うことによって具体的な研究対象としての子どもの仲間集団の存在と範囲をとらえ、その上で成員（子どもたち）への面接やインタビューなどの手法を駆使して内部構造の事例分析を積み重ねていくことである。仲間集団の外部構造（成員数、成員の性別、成員の種類など）は可視性が高いから観察法によって、あるいは自記式の質問紙法の質問項目等を工夫することによってとらえることができるだろうが、しかしその内部構造については仲間集団の成員を対象とした面接やインタビューなどの手法によって事例的に分析していくしかない。二つは、先に述べた子どもを巡る多様な現代的諸問題を仲間集団経験との関連から考察し、仲間集団の社会化機能ないしは社会化効果について考察していくことである。いわば逆の視点からのアプローチである。例えば、家庭内暴力児を事例的に分析していくと、幼児期や児童期における仲間集団経験の希薄なことが理解されよう（住田 一九九五〔二〇〇〇 第二版〕第九章参照）。

子どもの仲間集団研究の課題

ところで小集団の社会学的研究には三つの基本的視点がある。①小集団と個人との関係、②小集団間の関係、③小集団と社会との関係である。先に述べた二つの方法は、①小集団と個人との関係の次元における研究である。この次元では、また社会化エージェント間での相対的な影響力の程度も問題となるだろう。しかし子どもの仲間集団研究をさらに発展させていくためには、さらに②小集団間の関係、③小集団と社会との関係の次元へと進まねばならない。仲間集団研究に照らして言えば、前者②は、例えば仲間集団間の関係、家族集団と仲間集団との関係、仲間集団と学校集団との関係などであり、後者③は、例えば仲間集団と地域社会との関係、仲間集団と全体社会との関係などである。こうした、それぞれの次元における実証的研究の積み重ねこそが子どもの仲間集団を解明していくことになる。子どもの社会化過程における仲間集団の重要性が繰り返し指摘されながらも、実証的研究の蓄積が乏しく、ただ観念的な次元に留まっているためになおも説得力に欠けるのである。

［注］

（１）これまでの各種の調査データから子どもや青少年の準拠集団が仲間集団であることは度々指摘されている。例えば東京都の調査によれば、児童・生徒の困ったときの相談相手は「友だち」（三九％）が最も多く、次いで母親（三六％）、父親（九％）となっている。東京都生活文化局『大都市における児童・生徒の生活・価値観に関する調査』一三〇頁。また博報堂生活総合研究所の調査によれば、家族と友だちとどちらが大切かの質問で、小学生男子（四～六年生）の一三％、女子の一二％、中学生男子（一～二年生）の二八％、女子の二四％が「友だちの方が大切」と回答している。博報堂生活総合研究所『AMENBO KIDS――少子化時代のアメンボ・キッズ』〈資料編〉一六九頁。

（2）仲間集団経験の乏しい例として家庭内暴力児があげられる（住田 一九九五〔二〇〇〇 第二版〕第九章参照）。

（3）差し当たり、日本子ども家庭総合研究所（編）『日本子ども資料年鑑（第一～六巻）』、子ども調査研究所『子ども調査資料集成（第Ⅱ集）』、また東京都生活文化局『大都市における児童・生徒の生活・価値観に関する調査』を参照。子どもの集団的遊戯活動の全般的な傾向を把握することができる。

（4）資料は古いが、子ども調査研究所の調査によれば、「遊びをより楽しくするのに必要なもの」として小学校三年生と六年生の三四％は「気の合った友だち」、三三％は「自由な時間」、二二％は「広い遊び場所」と回答している。子ども調査研究所、七二一頁。

（5）総務庁の調査によれば、小学生（四～六年生）男子の一七％、女子の一四％と中学生男子の一六％、女子の二五％は「友だちづきあいがめんどくさいと感じることがある」としている。総務庁青少年対策本部（編）九六頁。また博報堂生活総合研究所の調査においても同様の傾向が見られる。博報堂生活総合研究所、九四頁。

（6）小学校五年生と中学校二年生を対象とした仲間調査によれば、小学校五年生の八六％、中学校二年生の六三％がグループは仲間には「同じクラスの人が多い」とし、小学校五年生の八〇％、中学校二年生の八六％は仲間は「同性だけ」としている。日本子ども家庭総合研究所（編）（第六巻）四六七頁。

（7）総務庁の調査によれば、小学生（四～六年生）男子の四八％、女子の三一％と中学生男子の四七％、女子の三一％は「仲の良い友だちが一〇人以上いる」としている。総務庁青少年対策本部（編）九三-九四頁。しかし小学校五年生と中学校二年生を対象とした調査によれば、男子の四一％、女子の五九％が自分たちのグループ（仲間集団）の人数を三～五人としている。日本子ども家庭総合研究所（編）（第六巻）四六七頁。つまり仲の良い友だち即グループ（仲間集団）の人数ではないのである。

（8）子どもの仲間関係の断片化を示す調査は少ないが、東京都生活文化局の調査によれば、中学生男子の三〇％、女子の二三％が「することや話題によってつきあう相手をかえる」としている。東京都生活文化局『大都市青少年の人間関係に関する調査』四九頁。

（9）小学生（四～六年生）男子の一六%、女子の一二%と中学生（一～二年生）男子の二一%、女子の二五%は「誰かと一緒にいるときより一人でいる方がよい」としている。博報堂生活総合研究所〈資料編〉一五一頁。

（10）私化（privatization）は私秘化、私事化、または私生活化ともいう。公よりも私に比重を置くという私生活重視、私生活優先といった私生活主義的な意識・態度のこと。公とは国家や社会、あるいは政治、経済、労働といった公共的なこと、公務的なことであり、私とは個人的なことや家族のことといった私的なことを指す。戦後日本人の意識は大きく変化してきたが、その方向は公から私への傾斜として捉えることができる。第五章参照。ここでは私生活優先という生活意識、生活態度、生活の仕方にウエイトを置いて考えているので分かりやすく「私生活化」としている。

（11）小学校四～六年生のうち二〇%以上が所有している持ち物を見ると、机、自転車、腕時計、テレビゲーム、電卓、自分一人の部屋、ラジカセ・ステレオ、ピアノ・エレクトーン、カメラであり、中学生では、これに専用のテレビ、ビデオデッキが含まれる。総務庁青少年対策本部（編）二六頁。

［引用文献］

Adler, A. A., Adler, P. & others (eds.), 1986-1995, *Sociological Studies of Child Development*, vol. 1. (1986)-vol. 7. (1995). London. Jai Press Inc.

Asher, S. R. & Coie, J. D. (eds.), 1990 *Peer Rejection in Childhood*, New York, Cambridge University Press.（＝一九九六、山崎晃・中澤潤（監訳）『子どもと仲間の心理学』、北大路書房。）

Clausen, J. A., 1968, *Socialization and Society*, Little, Brown and Company.

Clausen, J. A., 1986, *The Life Course : a sociological perspective*, Prentice-Hall Inc.（＝一九八七、佐藤慶幸・小島茂（訳）、『ライフコースの社会学』早稲田大学出版部。）

Cooley, C. H., 1902, *Human Nature and Social Order*, Schoken Books（＝一九二一、納武律次（訳）、『社会と我』、日本評論社。）

Erikson, E. H., 1950, *Childhood and Society*, W. W. Norton & Company, Inc.（＝（一）一九七七、（二）一九八〇、仁科弥生（訳）、『幼児期と社会』、みすず書房（一）（二）。）

Goslin, D. A. (ed.), 1969, *Handbook of Socialization Theory and Research*, Rand McNally College Publishing Company.

Havighurst, R. J. 1953, *Human Development and Education*, New York. Longmans, Green & Co. Inc.（＝一九九五、荘司雅子（監訳）、

『人間の発達課題と教育』、玉川大学出版部。

博報堂生活総合研究所、一九九七、『AMENBO KIDS―少子化時代のアメンボ・キッズ』（調査年報 一九九七、子供の生活）および同〈資料編〉。

菊池章夫・斉藤耕二編、一九七四、『社会化の心理学』、川島書店。

菊池章夫・斉藤耕二編、一九七九、『社会化の理論』、有斐閣。

子ども調査研究所、一九八七、『子ども調査資料集成（第Ⅱ集）』。

町沢静夫、一九九二、『成熟できない若者たち』、講談社。

Mead, G. H., 1934 *Mind, Self, and Society : from the Standpoint of a Social Behaviorist.* The University of Chicago Press.（稲葉三千男・滝沢正樹・中野収（訳）、一九七三、『精神・自我・社会』、青木書店。）

森田洋司、一九九一、『「不登校」現象の社会学』、学文社。

日本子ども家庭総合研究所（編）一九九三～一九九八、『日本子ども資料年鑑（第一～六巻）』、KTC中央出版。

Parsons, T. and Bales, R. F, 1956. *Family : Socialization and Interaction*, Routledge & Kegan Paul Ltd.（＝一九七〇～一九七一、橋爪貞雄・山村賢明・高木正太郎・溝口謙三・武藤孝典（訳）、『核家族と子どもの社会化』（上）（下）、黎明書房。

Sullivan, H. S. 1953, *The Interpersonal Theory of Psychiatry*, Norton, New York.（＝一九九〇、中井久夫・宮崎隆吉・高木敬三・鑪幹八郎（訳）、『精神医学は対人関係論である』、みすず書房。）

清水将之、一九九六、『思春期のこころ』、日本放送出版協会。

住田正樹、一九九五、『子どもの仲間集団の研究』（第二版 二〇〇〇）、九州大学出版会。

住田正樹、二〇〇一、『地域社会と教育』、九州大学出版会。

総務庁青少年対策本部（編）、一九九七、『日本の青少年の生活と意識』。

東京都生活文化局、一九八五、『大都市青少年の人間関係に関する調査』。

東京都生活文化局、一九九六、『大都市における児童・生徒の生活・価値観に関する調査』。

あとがき

本書は、これまで私が発表してきた論稿のうち、「子ども」に関するものを中心にまとめたものである。各章の初出は以下の通りであるが、それに若干の個人的な感懐を述べた。

第1章「子どもの居場所と子どもの発達」は、住田正樹・南博文（編著）『子どもたちの「居場所」と対人的世界の現在』（九州大学出版会，二〇〇三）の序章「子どもたちの『居場所』と対人的世界」である。この「子どもたちの居場所」の研究は科学研究費補助金基盤研究（A）（1）（一九九八〜二〇〇〇）による調査で、同僚の南博文九州大学教授とともに大学院生を含む総勢二五名にも及ぶ研究団を組織して、調査を実施した。テーマごとにグループを作って調査作業を進めるようにしたが、全体会議も数回開いて全体の調整を図るようにした。そのために全員で合宿もした。私にとっては懐かしい追想へ誘うような調査である。

第2章「子どもの居場所と臨床教育社会学」は、日本教育社会学会編『教育社会学研究』第七四集（東洋館出版社二〇〇四）に掲載されている。臨床社会学について調べているうちに、Bruhn, J.G. and Rebach, H. M., Clinical Sociology (1996) と Rebach, H.M. and Bruhn, J. G. , Handbook of Clinical Sociology (2001) をどうしても読みたくなって、知り合いの洋書店に頼んで探してもらった。

第3章「いじめの構図と集団活動」は、日本特別活動学会編『特別活動研究』第四号（一九九五）に掲載された「『いじめ』の構図と特別活動の役割」と『放送大学研究年報』第二五号（二〇〇八）に掲載した「いじめのタイプとその対応」を下敷きにして全面的に書き改めたものである。これにさらに後から実施したインタビュー調査の結果を追加した。そのために執筆時期と調査時期にずれが生じ、継ぎ当てのような感じがするかもしれない。いじめは一九八〇年代中頃から既に大きな社会問題になっているにもかかわらず、いまだに一致した「いじめ」の定義さえない。調査研究も断片的にしか行われていない。語られている解決策も具体性に欠けている。二〇一一年一〇月に大津市中二のいじめ自殺事件が起き、この事件がきっかけとなって「いじめ防止対策推進法」が制定されたが、もとより行政や法律で片付くような問題ではない。子どものいじめは秘密裏に行われることが多いから学校（教師）が把握できないのも無理からぬところがあるが、学校も教育委員会も後手の対応に終始しているのではないかと思われるところもある。しかし実効ある対応策を講じようにも学校（教師）の力だけでは限界もあるだろう。カウンセラーやいじめ相談といっても、とどのつまりは被害者の子どもの相談に応じるだけで、いじめの状況が何ら変わるわけではないから解決にはつながらない。近頃はいじめの傍観者も加害者だと言われるが、そんなことはない。いついじめの被害に遭うか分からず、しかも集団での、ときに暴力的な行為をどうして阻止などできようか。きれいごとでは通らない。傍観者だと言っても何も好んで傍観しているわけであるまい。傍観するしかないのだ。いじめはあくまでも加害者の問題である。昔もいじめはあったというが、今のいじめとは全く違う。第一、いじめの定義さえ一致していないのにどうして比較などができようか。現にいじめに耐えている子どももいようし、誰にも相談できず密かに悩んでいる子どももいよう。いじめの後遺症に苦しんでいる子どももいよう。しかもいじめはSNSを使ってのいじめ（ネットいじめ）などますます悪質化している。あちこちに腹立たしさを覚えつつ、ともかく考えていることを述べた。

第4章「生徒の非行行動と教師集団の指導性」は、日本犯罪社会学会編『犯罪社会学研究』第九集（立花書房 一九八四）に掲載されたものである。調査時の一九八三（昭和五三）年は校内暴力が全盛の時代で全国的に校内暴力が吹き荒れていた。調査時から相当の年月が経ってしまったが、類似の調査がなく、また私自身いまだに引用することもあるので収録した。この論文は後に、所一彦・星野周弘・田村雅幸・山上皓（編）『日本の犯罪学7（一九七八―九五）I 原因』（東京大学出版会 一九九八年）に再録された。この調査は渡辺安男香川大学助教授（当時）との共同調査で、それぞれの居住県を対象として調査した。本章は私が担当した福岡県のみを対象としている。この郵送調査には苦い経験がある。質問紙を郵送した直後から調査に対する苦情や非難、批判の葉書、手紙が相次いだ。住所・氏名を記しているものについては調査の趣旨、目的、公表方法などについて説明した手紙を送付したが、匿名のものについてはそのままにしておかざるを得なかった。質問紙の回収期間を一ヵ月としていたが、その間は毎日が憂鬱だった。もっとも私が被調査者なら同じように反発を強めたかも知れない。生徒の暴力による教師の被害状況とか学校内での生徒の逸脱行動やその指導効果など無神経な、不躾な質問に先生方は腹が立ったに違いない。そのために当初は督促状を発送する予定で準備もしていたが、中止した。しかし逆に言えば、そのような無神経な質問の調査にもかかわらず、ほぼ半数の先生方が協力してくれたのであるから、これらの先生方には大いに感謝しなければならない。郵送調査においては常に回答者と未回答者との意見の相違や属性の相違が問題にされるけれども、それ以上に人柄の違いがあると思っている。郵送調査に限らず、調査をするたびに応じてくれる方々の温厚で気さくな人柄を感じる。

第5章「子どもの集団活動と学校・地域の連携――コミュニティの学校支援――」は、柴野昌山（編著）『青少年・若者の自立支援』（世界思想社 二〇〇九）に同名で入っている。私は、現在勤務している放送大学で二〇〇九年度から実施している教員免許更新講習の必修科目「教育の最新事情」の主任講師を同僚の小川正人放送大学教授とともに務めているが、担当している第五回「子どもの生活変化と生徒指導」は本章を下敷きにしている。

第6章「父親の育児態度と母親の育児不安」は、当時九州大学大学院生だった中田周作君（現中国学園大学准教授）との共同調査研究で『九州大学大学院教育学研究紀要』第二号（通巻第四五集 二〇〇〇）に同名で載せた。当時はまだ父親の育児態度の研究は乏しかったためか『平成一五年版厚生労働白書』にも引用されたが、表現が十分でない箇所とか表の誤植等もあったので全面的に書き改めた。ただし資料はそのままである。

第7章「母親の育児不安と育児サークル」は、当時九州大学大学院生だった溝田めぐみさん（現香蘭女子短期大学講師）との共同調査研究で『九州大学大学院教育学研究紀要』第三号（通巻第四六集）に同名で載せたが、今回全面的に書き改めた。ただし資料はそのままである。この調査は福岡市の全区の保健所を回り、担当者から保健所が把握している育児サークルに連絡を取ってもらって調査協力の承諾を得られた育児サークルを対象に調査を実施したものであるが、一つの区の保健所だけからは協力が得られなかった。期間をおいて再訪問したが拒否された。多忙なことはどこの保健所も同じだろうから面倒だったのだろう。調査拒否は、どこでもよくあることだから慣れてはいるが、やはり気分がなえる。私は、香川大学に勤務していた頃、高松市に隣接していた綾歌郡国分寺町（二〇〇六年高松市に編入合併）をフィールドにして地域組織活動や子供会活動を調査をしていたが、赴任五年目の初夏の頃のこと、町の小学校に科学研究費補助金による調査の依頼に行ったとき、校長が「ど～んとやんなはれ、ど～んと。何でも協力しまっせ。若いうちや」と関西弁の大きな声で言ったので思わず声をあげて笑ったが、つくづく人柄というものを感じさせられた。こうした協力的な態度に接すると気分がはずんで、研究意欲が湧く。

第8章「現代日本の子ども観」は、住田正樹・多賀太（編著）『子どもへの現代的視点』（北樹出版 二〇〇六）に同名で入っている。この書は、私が九州大学を退職するに当たって研究室出身の若い研究者や大学院生が執筆してくれた記念論文集である。現任校に異動後しばらくの間、都合で千葉と福岡を往復していたこともあって論文の執筆になかなか取りかかれず、往復する車中で流れていく車窓の街並みや景色を眺めながらあれこれ考えていたことを思い出す。私は飛行機が嫌いである。

第9章「子ども社会学の現状と課題」は、原田彰・望月重信（編著）『子ども社会学への招待』（ハーベスト社 二〇一二）に同名で入っている。しかし何を勘違いしたか原稿の規定枚数を大幅に超えてしまい、気がついたときには締切日直前だったので編者の先生方に謝りを入れるも、そのまま提出した。編者の先生方もそのまま承認してくださった。再録に当たっては説明不足を補うなど若干の修正を加えた。本書のタイトル『子ども社会学の現在』はこの章から取っている。

補論「社会化研究と仲間集団研究の課題」は、細谷俊夫・奥田真丈・河野重男・今野喜清（編）『新教育学大事典』（第一法規 一九九〇）の「社会化」の項目と日本子ども社会学会編『いま、子ども社会に何がおこっているか』（北大路書房 一九九九）に掲載されている「子どもは仲間集団のなかで育つ」の論文とを合わせたものであるが、それぞれ若干の修正を施している。

奉職後の研究生活もちょうど四〇年目になる。来年（二〇一五年）三月末には現在勤務している放送大学も定年退職となる。若い頃、といっても九州大学に勤務していた三〇代の終わり頃だが、年配の先生方と雑談しているときに「若いうちだよ。光陰矢の如し、光陰流水の如し、だよ」とよく聞かされた。そのときは丸で実感が湧かなかったが、今になって身にしみて実感する。正に「歳月人を待たず」、「光陰夢の如し」である。「うかうか三十、きょろきょろ四十」で早くも定年を迎えることになってしまった。

定年後は買ったまま、積み上げたまま、並べたままの本を少しずつ読みたいと思っている。広くもないマンションの二部屋を仕事部屋と書庫にしているが、部屋の周囲に並べ立てた本棚に縦に並べ横に積み重ねた本のどれだけを読んだかと問われれば数えるほどに過ぎない。以前に読んだ著名な経済学者の著書の「あとがき」に「読んだと言える本は二〇冊ほどに過ぎない」と書いてあったので、そんなものかと思っていたが、実際二〇冊も読んだと言えるのはなまなかの努力ではないことが今になってよく分かった。ともあれ「学に老若の別なし」というから少しでも本を読み続けていきたい。

今回もまた九州大学出版会のお世話になった。編集部の永山俊二氏にはもう三〇年近くお世話になっている。本書はもっと早くに刊行する予定で、永山氏もそのような段取りで事を進めてくださっていたのだが、私の一方的な都合のために大幅に遅れてしまい、余計な迷惑をおかけしてしまった。この間、永山氏にはいろいろと配慮していただき、一方ならぬお世話になった。厚くお礼を申し上げたい。

二〇一四年六月

住田正樹

ナ行

ハ行

マ行

ラ行

ワ行

人　名

タ行

ナ行

ハ行

サ行

索　引

〈著者略歴〉

住田正樹（すみだ　まさき）

1944 年　兵庫県に生まれる
慶應義塾大学文学部卒業（社会学専攻）
東京大学大学院教育学研究科博士課程退学（教育社会学専攻）
香川大学助手，講師，助教授を経て
1982 年　九州大学教育学部助教授
1991 年　九州大学教育学部教授
1996—1998 年　九州大学教育学部長・九州大学大学院教育学研究科長
2000 年　九州大学大学院人間環境学研究院教授
現　在　放送大学教授・九州大学名誉教授・博士（教育学）
専　攻　発達社会学・教育社会学

〈主要著書・訳書〉
著書：
『子どもの仲間集団と地域社会』（九州大学出版会 1985），『子どもの仲間集団の研究』（九州大学出版会 1995［第 2 版 2000］），『地域社会と教育』（九州大学出版会 2001）
編著書：
『現代教育学の課題』（共編著 北樹出版 1991），『現代教育学を学ぶ』（共編著 北樹出版 1996），『人間の発達と社会』（共編著 福村出版 1999），『子どもの発達と現代社会』（共編著 北樹出版 2002），『子どもたちの「居場所」と対人的世界の現在』（共編著 九州大学出版会 2003），『教育文化論』（共編著 放送大学教育振興会 2005），『生徒指導』（共編著 放送大学教育振興会 2006），『子どもへの現代的視点』（共編著 北樹出版 2006），『人間発達論』（共編著 放送大学教育振興会 2009），『子どもと地域社会』（編著 学文社 2010），『子どもと家族』（編著 学文社 2010），『子どもの発達社会学』（共編著 北樹出版 2011），『児童・生徒指導の理論と実践』（共編著 放送大学教育振興会 2011），『家庭教育論』（編著 放送大学教育振興会 2012）
訳書：
『教育社会学』（共編訳 九州大学出版会 2004），『リトルリーグの社会学』（監訳 九州大学出版会 2009）

子《こ》ども社会学《しゃかいがく》の現在《げんざい》
——いじめ・問題行動・育児不安の構造——

2014年9月24日 初版発行

著 者 住 田 正 樹

発行者 五十川 直 行

発行所 一般財団法人 九州大学出版会
〒812-0053 福岡市東区箱崎7-1-146
九州大学構内
電話 092-641-0515（直通）
URL http://kup.or.jp/
印刷・製本／大同印刷㈱

ISBN978-4-7985-0135-2